和中学生一起读
《论语》

任明新 著

海峡出版发行集团 | 福建教育出版社

图书在版编目（CIP）数据

和中学生一起读《论语》/任明新著. —福州：福建教育出版社，2012.3
ISBN 978-7-5334-5814-0

Ⅰ.①和… Ⅱ.①任… Ⅲ.①儒家②论语－青年读物③论语－少年读物 Ⅳ.①B222.2－49

中国版本图书馆 CIP 数据核字（2012）第 046065 号

和中学生一起读《论语》
任明新　著

出版发行	海峡出版发行集团
	福建教育出版社
	（福州梦山路 27 号　邮编：350001　电话：0591－83706771
	83733693　传真：83726980　网址：www.fep.com.cn）
出版人	黄　旭
发行热线	0591－87115073　83752790
印　刷	福建省地质印刷厂
	（福州市金山工业区　邮编：350011）
开　本	720 毫米×1000 毫米　1/16
印　张	15.5
字　数	232 千
插　页	2
版　次	2012 年 5 月第 1 版　2012 年 5 月第 1 次印刷
书　号	ISBN 978-7-5334-5814-0
定　价	29.00 元

如发现本书印装质量问题，影响阅读，
请向本社出版科（电话：0591－83726019）调换。

目 录

当代中学生还需要《论语》吗 / 1

第一章　成长快线 / 1
　一、看孔子的成长历程 / 1
　二、志不强者智不达 / 12
　三、成长需谨记 / 26

第二章　君子高洁 / 36
　一、君子强化自身修养 / 37
　二、君子与人的关系 / 48
　三、君子处世方式 / 53
　四、君子与自然的关系 / 61
　五、在对比中愈见君子与小人的差异 / 62

第三章　智慧魔方 / 68
　一、智者的表现 / 68
　二、慧眼识人是为智 / 76
　三、做事有谋 / 80
　四、中庸亦为智 / 89
　五、智慧的要义 / 94

第四章　学习修身　/　107
　　一、体会学习乐趣　/　107
　　二、端正学习态度　/　110
　　三、掌握学习方法　/　118
　　四、明确学习的作用　/　123

第五章　孝敬无价　/　130
　　一、孝是做人的本分　/　132
　　二、不只是养，还要做到敬　/　134
　　三、游必有方：离家也不忘行孝　/　138
　　四、如何面对父母的过错　/　139
　　五、尽心尽力行孝道　/　140

第六章　修养丰盈　/　145
　　一、每天多次反省自己　/　146
　　二、培养正当的爱好　/　152
　　三、不要患得患失　/　155
　　四、充实和完善自己　/　156
　　五、加强道德修养　/　160
　　六、穷且益坚，安贫乐道　/　162

第七章　交友有道　/　167
　　一、为何交友：齐贤自省　/　167
　　二、交友原则　/　168
　　三、交友方式　/　180

第八章　忠信立本　/　183
　　一、孝悌乃做人之本，忠的基础　/　183
　　二、对国事忠于职守　/　184
　　三、一以贯之　/　186
　　四、正人需先正己　/　187

五、忠心耿耿　/　189
　　六、诚信至上　/　190
第九章　心灵修仁　/　196
　　一、主动追求"仁"的境界　/　197
　　二、"仁"的价值内涵　/　200
　　三、"仁"的实践价值　/　203
　　四、如何做到仁爱　/　205
第十章　礼用和贵　/　211
　　一、合于礼节乃是仁　/　211
　　二、大臣要懂礼　/　213
　　三、礼的根本　/　214
　　四、克己复礼为仁　/　216
　　五、注重生活中的礼　/　218
第十一章　诗艺兴观　/　223
　　一、孔子眼里的《诗经》　/　223
　　二、孔子评价音乐　/　230
　　三、整理中国文化　/　233
　　四、语言在精不在多　/　234

参考书目　/　237

当代中学生还需要读《论语》吗

出生于20世纪90年代的当代中学生,生活在物质生活精神追求日益繁盛的今天,他们还需要《论语》吗?

回答应该是肯定的。犹如成长中的青少年在饮食上需要适量的牛奶、牛肉等"钙质物"一样,在精神上还需要经典文化作为他们的钙质物。而可以补充他们精神养分的钙质物中最好的选择当是《论语》。

用当代学者刘梦溪的话来说,我们今天所处的时代,的确是一个具有多重身份、多重性格的时代。你可以从不同的角度、不同的侧面加以解读。比如,你可以说,现在是一个大力推进现代化进程的时代,是一个全球一体化的时代;也可以说,这是一个信息爆炸的时代,是知识过剩的时代,当然也是一个文化垃圾充斥的时代;还可以说,这是一个形式超过内容的时代,是过去、现在与未来拥挤在一起的时代,或者换一个说法,可以说是过去、现在与未来互相脱节的时代;还可以说,这是一个消解文字的时代,一个读图时代,等等。

尤其最近几年,随着中国经济振兴与社会发展,世界各国都将目光投向中国,重新唤起人们对上下5000年中华文明的极大兴趣,以传播中国文化为载体的孔子学院在许多国家兴起。《论语》早已成了后人学习、了解和研究孔子思想和儒家思想的代表著作。

作为21世纪的中学生,我们了解并学习孔子,不要把他看作一个高高在上的圣人,"圣人"这一名称是西汉时董仲舒"罢黜百家,独尊儒术"的人为的哄抬。我们可以把他看作一个慈眉善目的老爷爷，一个先哲贤人，一个有思想的思考者。他不是一个完美的人，不是一个成功的人，甚至还可以说，在他所处的春秋时代，他在政治上就是一个失败者。但是，他的很多言论，他的思想中的智慧，到了今天依然熠熠生辉，光彩照人。

《论语》所给与人类的利益，确如子贡所言，像"日月"一样，不求任何回报，源源不断、一刻不停给予光明和能量。任何一个真心追求利人利己、幸福圆满的人，只要"学者为己"，只要正确理解，只要"学而时习之"，就一定能心想事成，"贫而乐，富而好礼"，"穷则独善其身，达则兼济天下"。否则，任凭你天资聪明过人，必定无得而还。

《论语》虽被历朝历代奉为中国人之"圣经"，名列"四书五经"之首，但其语言却非常浅显直率，精炼简约，全无想象中的高深莫测和晦涩难懂，也没有《老子》开篇那种一上来就让人犯迷糊的"道可道，非常道"之玄机，这使得千百年来《论语》中的语言一直为人们所喜爱并流传至今，其中的某些词汇便逐渐演变成约定俗成的成语。此书总计15800多字，但仅沿用至今的成语就有300多个。

打开《论语》，我们像是穿越几千年的时光隧道，看到了一个充满睿智的鲜活的人正向我们昂首走来——孔子，一个伟大的思想家、教育家，一个影响了中国2000年教育文化、社会礼仪、文明道德的伟人，他留下了许多供我们对生活、对学习永久反思并值得借鉴的文字。尽管他的思想言论尚不全部与我们今天所处的时代完全吻合，但足可以成为一面镜子，供后人照出自己的面貌。

司马迁在《史记》中为孔子作记《孔子世家》。《史记》中的"世家"体例，本来是记载诸侯和大臣的事，而孔子不是诸侯，也列入"世家"，司马迁的意思，是孔子有千秋的事业，说孔子的言行思想，影响将及于千秋后世，所以将他列入"世家"。在《孔子世家》的结尾他说：

太史公曰："《诗》有之：'高山仰止，景行行止。'虽不能至，然心向往之。余读孔氏书，想见其为人。适鲁，观仲尼庙堂车服礼器，诸生以时习礼其家，余祇回留之不能去云。天下君王至于贤人众矣，当时则荣，没则已焉。孔子布衣，传十余世，学者宗之。自天子王侯，中国言六艺者折中于夫子，可谓至圣矣！"

北宋理学家程颐说，《论语》，有读了后全然无事者；有读了后其中得一两然喜者；有读了后知好之者；有读了后不知手之舞之足之蹈之者。颐自十七八读《论语》，当时已晓文义。读之愈久，但觉意味深长。

张岱年先生在1983年的一篇文章中说："尊孔的时代已经过去了，或者说应该过去了；反孔的时代也已经过去了，或者说也应该过去了。尊孔就是以孔子为偶像而极力崇拜，以孔子的是非为是非，这样就会堵塞探索真理的道路，阻碍社会的进步。反孔就是对孔子采取虚无主义的态度，不加分析地全盘否定，这也就违反了科学的实事求是的精神。……现在我们的任务是研孔、评孔，对孔子进行研究，进行分析，进行评论。"（《张岱年全集》）

国学大师南怀瑾说："孔子学说与《论语》本书的价值，无论在任何时代，任何地区，对它的原文本意，只要不故加曲解，始终具有不可毁的不朽价值，后起之秀，如笃学之、慎思之、明辨之，融会有得而见之间，必可得到自证。"

我对南怀瑾先生的评价是这四句话：上下五千年，纵横十万里。经纶三大教，步入百家言。他对中国古代文化的浸淫实在是深刻，我一直记得他说的中国三大教的特点："儒家是粮食店，佛家是百货店，道家是药店。"这话说得真精彩。我们自己的文化这么博大精深，我们自己要是再不努力珍惜的话，就太对不起先人了。宋朝的理学家张载曾经说过："为天地立心，为生民立命，为去圣继绝学，为万世开太平。"

于丹教授在《论语心得》中说："可以得之于心的《论语》，是每个人心中有而口中无的简单真理。所以，我看《论语》的温度，不烫手，亦不冷漠，略高于体温，千古恒常。"让我们用心走近《论语》，汲取他在2500多年前留给我们的智慧。当代中学生依然需要《论语》。

作　者

第一章　成长快线

中学生正处于人生之路中最为关键的成长阶段，在这个阶段中，身体的成长，心理素质的健全，知识的增长，良好性格的形成，情感态度价值观的完善和充实……都处在巨变的过程中。所以，作为中学生最关注的一个词是什么？是成长，是如何健康且快乐地成长。我们要走上健康成长的快线，走向知识丰富、人格充盈的理想境界，要做到不走弯路至少少走弯路。

我们要顺利地健康地成长起来，一方面离不开父母的精心培育和谆谆教诲，另一方面离不开老师的不倦教导和鼓励，同时我们还可以从《论语》中得到关于成长的有益启示。

一、看孔子的成长历程

孔子所生活的春秋时代，其社会是一个动荡不安的社会，其时代也是一个不断变革的时代。相对于今天的时代来说，那是一个知识荒芜的时代。但是孔子为什么最终能成为中国历史上著名的思想家和教育家，留下让后人享用不尽的无穷智慧，这是让我们感到好奇的。我们不妨从孔子自己的成长经历探寻他成长的诀窍，看看我们能从中得到哪些有益的启示。

1. 终身学习，不断完善

孔子是一个出身卑贱的人，虽然他的祖先出身贵族，但到他自己，相隔太久了，失去了贵族的地位，他说，"吾少也贱，故多能鄙事"，孔子说他早年出身贫贱，因此能做很多种杂活，"鄙事"就是干杂活。他3岁时父亲就去世了，母亲带着他住在阙里，母子二人相依为命，家庭境况可想而知，极为贫寒。但是孔子15岁时立志求学，这算是求学比较晚的时候了，孔子学不嫌迟。他说："吾十有五而志于学，三十而立，四十而不惑，五十而知天命，六十而耳顺，七十而从心所欲不逾矩。"

这句话中"有"是一个通假字——"又"，"十有五"就是"十又五"，也就是15岁，15岁立志求学，在这里"志"很关键，没有这个志，就不可能学有所成。我们有些中学生在这一点上不太明确，不知道自己为什么而学习，感觉是父母亲让我学习我才去学的，是老师让我完成作业我才不情愿地完成的，缺少内在的志向。孔子30岁就立足于社会，40岁就不再迷惑了，50岁知道自己的命是上天注定，自己无法改变的。孔子那时候没有唯物主义的观点，还是一个宿命论者，他相信天命。60岁的时候别人说什么都能听得进去，70岁时自己想干什么就干什么，但还不会越过规矩尺度的。前几年我读过一篇文章叫《给堕落一个理由先》，就是说品德修养好的人，偶尔想堕落的时候却很难，因为找不到堕落的理由，实际上是已经养成好的生活习惯了。

这是孔子自己的人生经历，但是后来这个年龄标准就成为我们大家通用的标准。"而立、不惑、知天命、耳顺、从心所欲不逾矩"这几个词就成为人们在30岁、40岁、50岁、60岁、70岁一个个年龄段的代称了。

孔子按智力和掌握知识的不同把人分为四等："生而知之者，上也；学而知之者，次也；困而学之，又其次也；困而不学，民斯为下矣。"

孔子说："生来就知道的是最上等的；通过学习才知道的是次一等的；遇到困难才学习的又是次一等的；遇到困难仍然不学习的人是最下等的了。"

孔子并不认为自己就是那"生而知之者"，他说："我非生而知之者，好古，敏以求之者也。"

在春秋时代，应该算是一个知识荒芜的时代，对于博学多识的孔子，人们不禁要问：孔子博学的知识是从哪里来的呢？有人就问到这个问题。孔子说，我也不是天生就知道的，我爱好古代文化，我就勤奋地去学习它。看来他是学习在他之前的文化，别的也没有什么诀窍。

孔子一生并不富裕，只不过吃得起饭而已，他本人并不看重吃穿，随身之物几乎都是书，一生都好读书。他好古，是喜好上古三皇五帝、文武周公的圣贤之道。

"敏以求之"，大家要注意这个"敏"，它意味着不僵化、不古板、不教条、不墨守成规。很多人在学习这些的时候，往往就会陷入僵化、古板和教条，这三者是我们学习的障碍。敏以求之，就包括前面的发愤忘食，而且还要孜孜不倦。

传统文化是一个巨大的宝藏，金山银山都蕴含于其中，但是大家却不晓得去挖掘，宁肯在社会上找寻精神快餐，乃至精神垃圾。我们向孔子学习"敏而好古"的精神，这笔前人留下来的巨大的精神财富就会展现在我们眼前，这笔精神财富根本无法用金钱衡量。

我有一些朋友已经是大富大贵，他们都有一个共同的特点，就是对古人的这一套学问非常尊崇，而且也在认认真真地学习，认认真真地修行。那些权力越大、经济实力越高的人，往往越有如履薄冰之感，他们也曾借助于西方文化，但最终他们都会发现还是要回归到我们中国的圣贤之道上，在这上面寻找力量，寻找智慧。大家都可以自我反省一下，看看自己是不是也能如孔子"敏而好古"呢？

2. 一切秘诀在于好学

孔子也曾遇到过这样的困惑，他说："吾尝终日不食，终夜不寝，以思，无益，不如学也。"

他说，我曾经整天不吃饭，整夜不睡觉，来思考，但是并无什么益处，还不如去学习。

看来只去空想，而不去更多地吸取知识智慧，是没有益处的。这是孔子自己亲身体验所得出的感受。

孔子是一个极为谦虚的人，当有人问到他学有所成的诀窍时，他说："十室之邑，必有忠信如丘者焉，不如丘之好学也。"

意思是说即使只有十户人家的小村子，也一定有像我这样讲忠信的人，只是不如我那样好学罢了。看来孔子的博知还是得益于自己的好学。

孔子的好学达到怎样的境况呢？孔子对此有过阐述。

叶公问孔子于子路，子路不对。子曰："汝奚不曰：其为人也，发愤忘食，乐以忘忧，不知老之将至云尔。"（《论语·述而》）

叶，音 shè。叶公姓沈名诸梁，楚国的大夫，封地在叶城（今河南叶县南），所以叫叶公。云，代词，如此的意思。"尔"同"耳"，而已，罢了。

叶公向子路问孔子是个什么样的人，子路没有回答。孔子（对子路）说："你为什么不这样说，他这个人，发愤用功，连吃饭都忘了，快乐得把一切忧虑都忘了，连自己快要老了都不知道，如此而已。"

孔子从读书学习中体味到无穷乐趣，是典型的现实主义和乐观主义者，看来"知之者不如好之者，好之者不如乐之者"，这是孔子自己的学习体会。同时从养生学的角度说，"不知老之将至"，就是常保年轻的心态，也是人生的一种理想境界。

发愤忘食就是我们通常所说的废寝忘食的精神，但孔子废寝忘食不是为了玩耍娱乐，而是为了学习。孔子一生谦虚谨慎，唯有对自己学习的态度毫不自谦。他曾在多种场合公开表示，自己一旦学习，就一定能达到忘我的境界。

古往今来，凡成大事者，往往有渊博的学识，这些无一不是从学习得来的。因此我们说，要成大事，需要从学习开始。

曾国藩出生在一个耕读之家，他的父亲竹亭老人曾经长期苦学，却为科举考试所困，43岁时才补为县学生员。曾国藩的祖父星冈公没有读过多少书，但壮年后悔过，因此对竹亭公督责最严，往往在大庭广众之下，就大声地呵斥儿子。至于竹亭老人，他的才能既然得不到施展，就发愤教育儿子们。曾国藩曾经在信中提到过这样的事："先父……平生苦学，他教授学生，有20多年。国藩愚笨，从8岁起跟父亲在家中私塾学习，早晚讲授，十分精心，不懂就再讲一遍，还不行再讲一遍。有时带我在路上，有时把我从床上唤起，反复问我平常不懂之处，一定要我搞通为止。他对待其他的学童也是这样，后来他教我的弟弟们也是这样。他曾经说：'我本来就很愚钝，教育你们当中愚笨的，也不觉得麻烦、艰难。'"

就是在这样的环境中，曾国藩受到了良好的家庭教育，曾国藩9岁时已经读完了"五经"，15岁时，受教读《周礼》、《礼仪》，直到能够背诵。还读了《史记》和《文选》，这些恐怕就是曾国藩一生的学问基础。曾国藩在14岁时因一首诗而得了一门亲事。他之所以少年能早早显达，推究其根源，实在是靠家学的传授。

不过从根本上来说，他一生的成就还是源于他自己的苦读，正是他一生的学习不倦，才成就了他多方面的辉煌。

对曾国藩来说，美服可以没有，佳肴可以没有，华宅乃至女人也可以没有，但是不能没有书，不能不读书，读书成了他生命中的最重要部分。

曾国藩从小就特别喜爱读书，1836年的那次会试落第后，他自知功力欠深，便立即收拾行装，怅然赋归，搭乘运河的粮船南归。虽然会试落榜，却使这个生长在深山的"寒门"士子大开眼界，他决定利用这次回家的机会，作一次江南游，实现"行万里路，读万卷书"的宏愿。这时曾国藩身边所剩的盘缠已经无几。路过唯宁时，遇到了唯宁知县易作梅。易作梅也是湖南人，与曾国藩家是世交，也认得曾国藩。他乡遇故人，易知县自然要留这位老乡在他所任的县上玩上几天。在交谈中得知这位湘乡举人会试未中，但从其家教以及曾国藩的言谈举止中，便知这位老乡是个非凡之人，前程自然无量。他见曾国藩留京一年多，所带银两肯定所剩无几，有心帮助曾国藩。于是当曾国藩开口向易作梅知县借钱作路费时，易作梅立刻借给了他一百两银子，临别时还给了他几两散银。经过金陵时，他见金陵书肆十分发达，留连忘返，十分喜爱这块地方。在书肆中曾国藩看见一部精刻的《二十三史》，更是爱不忍释，自己太需要这么一部史书了。一问价格，使曾国藩大吃一惊，恰好与他身边所有的钱相当。他下定决心，一定要把这部史书买下来，而那书商似乎猜透了这位年轻人的心理，一点价都不肯让，开价一百两银子一钱也不能少。曾国藩心中暗自盘算：好在金陵到湘乡全是水路，船票既已交钱定好，沿途就不再游玩了，省吃少用，所费也很有限。自己随身所带的冬季衣物在这初夏季节也用不着，不如送去当了换点盘缠。

于是曾国藩把一时不穿的衣物，全部送进了当铺，毅然把那部心爱的《二十三史》买了回来，此时，他如获至宝，心理上得到了极大的满足。他平生第一次花这么多钱购置财物，这就是书籍。此一举动，足见曾国藩青年时代志趣的高雅。在曾国藩的一生中，他不爱钱，不聚财，却爱书，爱聚书。

家中的老父得知他用上百两银子换回一大堆书的消息后，不怒反喜："尔借钱买书，吾不惜为汝弥缝（还债），但能悉心读之，斯不负耳。"父亲的话对曾国藩起了很大作用，从此他闭门不出，发愤读书，并立下誓言："嗣后每日点十页，间断就是不孝。"

曾国藩发愤攻读一年，这部《二十三史》全部阅读完毕，此后便形成了每天点史书十页的习惯，一生从未间断，一部《二十三史》烂熟于胸。

曾国藩读书还讲究一个"恒"字，读书是他坚持了一辈子的事情，日日读书，日日写作，真正是活到老学到老，勤奋不息。

在翰林院，曾国藩已经是一个做了高官的人，许多人到了他这样的地位，早已觉得功成名就，可以放下书本了。可是他却把自己的书房命名为"求阙斋"，而且还非常认真地定下了一份详细的读书计划。

"读书读熟十页，看应看书十页，习字一百，数息百入，记过隙影，记茶余介谈一则，右每日课，逢三日写回信，逢八日作诗古文一艺，右月课；熟读书：《易经》、《诗经》、《史记》、《明史》、《屈子》、《庄子》、《杜诗》、《韩文》。应看书不具载。"（《曾国藩家书》）

曾国藩不仅靠勤奋读书实现了自己的人生理想，而且能沉醉于读书之中，把它当做生活中的一种乐趣。

不少政治家、学问家对曾国藩有很高的评价。

蒋介石也把曾国藩视为终身学习的楷模，并在其任黄埔军校校长时，把《曾胡兵书》列为黄埔军校的必修课目之一。

蒋介石经常向其子蒋经国讲述自己在学习曾国藩时所获得的心得和体会，

并再三叮嘱蒋经国要终身对《曾国藩家书》进行学习和研究。

所以，勤奋学习是我们成就事业、顺利成长必要的条件。

3. 学无常师，广泛求教

生活于战乱的春秋时代，孔子为什么这样博学，他的学问是从哪里来的？

有一个人提出了这个问题，那就是卫国的公孙朝。

卫公孙朝问于子贡曰："仲尼焉学？"子贡曰："文武之道，未坠于地，在人。贤者识其大者，不贤者识其小者，莫不有文武之道焉，夫子焉不学，而亦何常师之有？"（《论语·子张》）

卫国的公孙朝问子贡："孔子的学问是从哪里学来的？"子贡说："文王、武王之道，并没失传，还在人间。贤人能了解其中的大道理，不贤的人只能了解其中的小道理。到处都有文武之道。孔子处处都学，哪有固定的老师呢？"

当公孙朝向子贡提出问题，要查询圣人的师门时，遭到了子贡雄辩而有力的反诘。按照子贡的说法，圣人无处不可以学习，无人不可以学习，只要是合于文武之道的就行。这种看法在唐代韩愈那篇著名的《师说》里得到了发挥。韩愈说："生乎吾前，其闻道也因先乎吾，吾从而师之；生乎吾后，其闻道也亦先乎吾，吾从而师之。吾师道也，夫庸知其年之先后生于吾乎？是故无贵无贱，无长无少，道之所存，师之所存也。""道之所存，师之所存也"就是子贡在这里描述孔子学习的状况。

孔子到了周公庙，事事都向人请教，有人讥笑他不知礼，他却说，不懂就要问，正是礼。

善于广泛地吸取知识，广泛地向别人学习，这是孔子好学的表现，也是他善学的智慧。他曾经说："三人行，必有我师焉。择其善者而从之，其不善者而改之。"

孔子说："几个人一起走路，其中必定有可以做我的老师的人。我选择他的优点向他学习，看到他不好的地方就作为借鉴，改掉自己的缺点。"

子曰："见贤思齐焉，见不贤而内自省也。"（《论语·里仁》）

见到贤能的人就要（努力向他）看齐，见到不贤能的人就要反省自己有没有和他一样的毛病。

见贤思齐是个多步骤的系列过程。首先要具备识别贤与不贤的眼光，才能见贤；其次是见而生爱，欣羡不已，有歌中所唱"多年后，我就成了你"的强烈内心向往；最后则是以榜样为标杆，紧盯目标，付诸行动，孜孜以求。

米开朗琪罗说，"当我看到一个具有才能或思想的人，或一个为人所不为，言人所不言的人时，我不禁要热爱他，我可以全身心托付给他，以致我不再是我了。"

无视自己的成就和名望，衷心诚服于另一个人，将具有卓越才智和高尚美德的他者，作为自己的表率。在向之看齐中，浑然忘我，甚至丢掉了自身的存在，潜心其中，身体力行，向目标步步追赶。这本身就是一种仁德之行，非贤人不可操之。

而孔子提出的后一项要求更高。

见不贤，不是拂袖而去，或远远躲开，再忿忿吐口唾沫以示不屑，而是"内自省也"。将不贤当做一面镜子，反观自照，检查自己身上是否也有这种毛病。

有容乃大，所有圣人的心都郁郁葱葱，疆域无边。

《浮士德》里，与浮士德博士结伴而行的摩非斯特，是阻止追求真、善、美理想的恶魔，他一次次邪恶诱引，阻碍向善，最终却都成了浮士德不断追求、自强不息的反向动力。

"见不贤而内自省也。"仅用夫子半句话，歌德就为世界创造了一部永远不朽的诗剧。真是伟大。

孔子向哪些老师学习了呢？

苌弘博学多才，知天文、识气象、精音律、通历法，常与周景王应对星象吉凶征兆。孔子久仰其才，于周敬王 2 年（公元前 518 年）前往周国，专门造访苌弘，因对韶乐与武乐之异同和不解之处而虚心求教。

还有个老师是师襄。师襄是春秋时期的一位古琴家，在卫国做乐官。其实，让他更加出名的还是孔子，因为他是孔子的老师。大约在公元前 496 年时，孔子离开鲁国到了卫国，听说师襄是一位音乐家，便拜其为师，学习琴曲

《文王操》。过了一段时间后，师襄听了孔子的演奏说：你可以再学别的曲子了。可孔子仍然要继续练习这首，又过了一些时候，孔子再弹给老师听，师襄又说，你可以再学别的曲子了。可孔子仍然还要继续练习这首曲子，这样反复了数次。孔子认为只是弹出乐曲还远远不够，还要掌握它的内部逻辑，还要深刻理解曲意，抵达乐曲的意境。师襄正是利用学生学而不厌的精神，让其发挥主动。

老子和孔子都是我国古代伟大的思想家，也都被列入世界100位历史文化名人。老子生活在春秋晚期，曾任周守藏室之史，相当于今天的国家图书馆、档案馆馆长。老子和孔子基本同处一个时代，孔子又比老子稍晚。老子博览群书，学识渊博，通晓古今礼乐制度，闻名当朝。用今天的说法，他是当时"天下第一"的大学问家。老子和孔子的缘分，在于孔子曾多次问礼于老子，这成为我国古代文化史上的佳话。

孔子一生曾多次向老子问礼。汉武帝时期，董仲舒"罢黜百家，独尊儒术"的思想成为官方圣典，一直影响中国两千多年。汉代画像中出现孔子虚心好学的题材"孔子问礼于老子"也就成为不足为奇的事情。老子创立道教，孔子创立儒教，儒道两家的思想共同构成了中国传统文化的两大主干，若明若暗地影响了中国历史的发展进程。

由以上历史事实，我们分明看到一个不仅仅依靠书本还善于广泛地向别人学习的孔子。

圣人无常师。我们这些平庸之人还有什么不可以随处拜人为师的呢？由此想到，那些到处炫耀师门，炫耀是某某名牌大学名牌系科毕业的人，说来真是浅薄。孔子没有师门，没有名牌大学的毕业证书，不也照样成了著名的思想家和教育家了吗？考证历史，许多真正为人类、为民族做出过重大贡献的人，大多还真的没有受过正规教育，真的像孔子一样"无常师"呢！

4. 坚持不懈，甘于贫贱

学有所成还有一个必备的条件，那就是坚持不懈，持之以恒，这个观点孔子也有自己的切身体会。

子曰："譬如为山，未成一篑，止，吾止也。譬如平地，虽覆一篑，进，吾往也。"（《论语·子罕》）

"比如堆一座山，只因为差了一筐土，这座山就堆不成了。这时停下来，那是我自己要停下来的；譬如在平地上堆山，虽然只倒下一筐，这时继续前进，那是我自己要前进的。"

孔子在这里用堆土成山这一比喻，说明功亏一篑和持之以恒的深刻道理，他鼓励自己和学生们无论是在学问还是道德上，都应该坚持不懈，做到自觉自愿。

坚持一下，成功就在你的脚下。持之以恒地挑战挫折，你就能获得最后的成功。让压力成为你冲向终点的动力，一个绝境就是一次挑战、一次机遇。只要坚持一下，总有一天你会成功。

司马光是个贪玩贪睡的孩子，为此他没少受先生的责罚和同伴的嘲笑，在先生的谆谆教诲下，他决心改掉贪睡的坏毛病。为了早早起床，他睡觉前喝了满满一肚子水，结果早上没有被憋醒，却尿了床，于是聪明的司马光用圆木头做了一个警枕，早上一翻身，头滑落在床板上，自然惊醒，从此他天天早早地起床读书，坚持不懈，终于成为了一个学识渊博的写出了《资治通鉴》的大文豪。

坚持是走向成功的唯一秘诀。

有一个科学家，经过了808次试验，终于发明了一种神奇的药物。这种药物的发明，让他获得了诺贝尔奖。

一次，记者采访他："你在这808次的实验中，哪一次的实验让你感到最痛苦？"

"当然是807次失败的那次试验了。"科学家这样回答。

"那么，哪次实验又使你最感到快乐了呢？"

"当然是808次成功的那次试验啊！"科学家笑着回答。

"那么请你谈谈，在这项发明中，你体会最深的又是什么呢？"

"事实证明，在科学实验中，当我感到最痛苦、最无奈的时候，也就临近了最快乐的时候。这，就是我最深刻的体会！"

科学家的话，在人群中久久回荡，激起了经久而热烈的掌声。

我们从这个故事中看到，科学家的坚持不懈，让他在经过了漫长的艰辛实验后，品尝到了成功的喜悦。

其实，有时成功离我们只有一步之遥。关键时刻，也正是再添一把柴的时候。再添一把柴，99摄氏度的水就能达到沸点！

我们每个人何尝不是这样。不管遇到怎样的挫折和打击，能够坚持下来的，最终一定会得到梦寐以求的幸福的果子。我们不缺乏时间，我们缺乏的是耐心和坚持下来的持久性。

你可以追逐成功，但记住，一定要坚持，你会因此而生活得更好。

孔子做学问，特别能超越环境和物质条件的不足，专心于志学。子欲居九夷。或曰："陋，如之何？"子曰："君子居之，何陋之有？"

九夷：古时对东方民族的称谓。北称戎，东称夷，南称蛮等。孔子见中原无明君举用他，遂有居住于九夷之意。或：有的人。陋：僻陋，指夷地僻陋，不通于礼义。

孔子想要住在偏远的地方，有人说："那里很僻陋，怎么办呢？"孔子说："有德行的人居住在那里，有什么简陋的呢？"

孔子的理想国，永远都在前方，所以孔子永远都是在路上。这或许就是孔子的宿命。凤凰总是不来，河图总是不见。孔子就只能是在路上孤独地走着。用某些人的话来说，孔子就像丧家犬一样在奔走着……但是，孔子仍然不断地在寻找着……

唐代思想家、文学家刘禹锡在他的《陋室铭》里很自信很自豪地引用了孔子的这句话作为篇末点题的收束：孔子云，何陋之有？

孔子是自学成才的典范，勤奋不倦地学习是贯穿孔子一生的主题。正是通过刻苦的学习，孔子才掌握了渊博的知识，并授徒讲学，成为一位大教育家、大思想家。

孔子是最好学的学生。透过时间的氤氲，我们仿佛看到了那个风尘仆仆地奔波于求职路途上的好学不倦者的身影。

二、志不强者智不达

1. 坚定自己的人生理想

如何树立正确的志向，一方面要取决于一个人的兴趣和追求，另一方面要有正确的原则。孔子认为要树立远大的理想，并为之不懈努力，人生才更有意义。

在孔子的思想里，实现自己的人生之志是至高无上的追求，为了实现它，即使牺牲生命也在所不惜。

子曰："朝闻道，夕死可矣。"（《论语·里仁》）

朝（召）[括号内的字读音与括号前的一样，作注音用。后面不再解释]：早上。

孔子说："早上理解仁爱之道，晚上死也是值得的。"这个"道"是什么，应该是孔子"仁爱"的政治理想。

这句话其实表明了孔子追求自己人生理想的一种矢志不渝的决心。

孔子刚说完"朝闻道，夕死可矣"似乎觉得还不能够说服众门人，于是乎接着说道："士志于道，而耻恶衣恶食者，未足与议也"。

"士"，即君子，也叫"士君子"，是贵族下层的一般称呼，在《论语》中常见。恶：粗，不好。

孔子说："立志追求真理，而耻于粗布淡饭的人，不值得与他交谈。"

在孔子看来，有远大志向的人，是不应该讲究和计较吃穿的。人的志向有大小的区别，在檐下觅食做巢的是燕雀小志，翱翔于长空的是鸿鹄大志。讲究和计较吃穿，一味追求物质享受的人，不会有远大的志向，而有远大志向的人，也绝不会以恶衣恶食为耻。

英国有位物理学家、化学家，叫卡文迪许（1731～1801）。他用扭秤实验验证了万有引力定律，从而确定了引力常数和地球的平均密度。在化学方面，他确定了水和空气的组成，为物理化学的研究做出了巨大贡献。英国最著名的卡文迪许实验室,就是为表彰这位伟大的科学家而命名的。

卡文迪许拥有百万财富,平生乐善好施,而他自己却经常穿着破旧的衣服,吃着粗茶淡饭。他吝啬吗?当然不是。因为他把全部精力都倾注在科学事业上,根本无暇顾及和讲究个人的吃穿。卡文迪许不愧是有远大志向的人。

世上也还有另一种人,他们也曾树立过雄心壮志,也发誓要为什么而奋斗。但是,或者由于受不了缺吃少穿之苦而当逃兵,而叛变投敌,或者因为远大志向太远大,解不了近渴,还是顾眼前的享乐要紧,于是搞研究的不研究了,搞写作的停下了笔,半途而废。孔子对这种人看得十分透彻,一个人如果以恶衣恶食为耻,不管他说得多么好听,立下什么样的大志,许下什么样的宏愿,都是靠不住的,所以不值得同这种人谈经论道,因为他们的心思原本就没放在这上面。

孔子认为有远大志向的人不应该以恶衣恶食为耻,不应该讲究和计较吃穿,但绝不是提倡人人都恶衣恶食,而是要告诫人们立大志做大事,就得不怕吃苦,就得把心思都用到事业上去,否则必将一事无成。只有这样理解孔子的话,才是积极的。

人的精力是有限的,如果花到物质享受上的多,自然分到学业事业上的就会相应减少。然而世界需要有鸿鹄,也需要有燕雀,自然之理,恐怕不是人所能决定的。

在与学生的交流中,孔子特别强调立志乐道要有恒心和百折不挠的精神,能经受困难的考验。他说到志向要坚定时说:"三军可夺帅也,匹夫不可夺志也。"

这里的两个"夺"意思不同,前一个是"夺走"、"掳走",后一个是"改变"的意思。三军人数虽多,如果军心不齐,他的主帅也会被人夺走。匹夫是平民百姓,一个男子汉哪怕是一个平民百姓,他的志向是不能被强迫改变的。

孔子这句话告诉学生,一个人应该坚定信念,矢志不渝。"三军可以夺帅,匹夫不可夺志"这句话,2500多百年来不知道激励了多少中华儿女,使他们堂堂正正挺立在人世间,也成了中华民族威武不屈的民族精神之一。

对于一个人来讲,他有自己的独立人格,任何人都无权侵犯。他应维护自己的尊严，不受威胁利诱，始终保持自己的"志向"。

1974年，在政协学习小组批林批孔会上，梁漱溟开门见山地说："我只批林，不批孔。今天我们应当如何来评论孔子？我的观点是，做人不能讲违心的话。批孔是从批林引起的，我看不出林彪与孔子有什么关系，所以我不批孔。"

梁漱溟的话使政协学习组炸开了锅，批林批孔在政协立即调整为批林批孔捎带批梁漱溟。到9月底，批梁运动鸣锣收兵，组织者觉得梁漱溟该老实了，问他可有感想。梁漱溟一字一句地回答说："三军可夺帅也，匹夫不可夺志也。"组织者感到受了嘲弄，勒令他对此作出解释。梁漱溟意味深长地说："我认为，孔子本身不是宗教，也不要人信仰他，他只要人相信自己的理性。我也只是相信自己的理性，而不轻易去相信别的什么。别的人可能对我有启发，但也还只是启发我的理性，归根结底，我还是按我的理性而言而动。因为一定要我说话，再三问我，我才说了'三军可夺帅也，匹夫不可夺志也'的老话。'匹夫'就是独自一人，无权无势。他的最后一着只是坚信自己的志，什么都可以夺掉，但这个志，没法夺掉，就是把这个人消灭掉，也无法夺掉！"梁漱溟在给友人的信中谈及此事时，说："我以拒不批孔，政治上受到孤立。但我的态度是独立思考和表里如一，无所畏惧，一切听其自然。"

这就是知识分子应该具有的独立人格，是值得我们学习的。

一个人不能因为环境或者条件的改变就轻易改变自己的人生追求。

子曰："岁寒，然后知松柏之后凋也。"（《论语·子罕》）

经历了一年中最寒冷的时候，才知道松树和柏树是最后凋谢的。

孔子在此勉励他的学生们要树立松柏一样坚定不移的志向，保持高洁的人格。

孟子后来发展了这一思想："富贵不能淫，贫贱不能移，威武不能屈，此之谓大丈夫。"（《孟子·滕文公下》）孟子认为这样的品格是大丈夫的表现。

"仁"是孔子政治思想的核心，为了保证这一政治理想的实现，孔子说："志士仁人，无求生以害仁，有杀身以成仁。"

志士仁人，没有为乞求苟全生命而损害仁德的，只有牺牲自己的生命来实现仁道。为了实现仁的理想，我们可以不惜牺牲自己的生命。

孟子发展了他的这一思想，他在《孟子·告子上》中说："鱼，我所欲也，熊掌亦我所欲也；二者不可得兼，舍鱼而取熊掌者也。生亦我所欲也，义亦我所欲也；二者不可得兼，舍生而取义者也。"

太史公司马迁作《报任少卿书》中说："人固有一死，死有重于泰山，或轻于鸿毛。"

文天祥在被俘后作《过零丁洋》一诗中说："人生自古谁无死，留取丹心照汗青。"

苏武、岳飞、文天祥、夏完淳等古代为国为民舍生取义的英雄人物，为了民族的利益，不惜牺牲了自己的生命。

子曰："笃信好学，守死善道。危邦不入，乱邦不居，天下有道则见，无道则隐。邦有道，贫且贱焉，耻也。邦无道，富且贵焉，耻也。"（《论语·泰伯》）

这句话是说，要专注谨慎，坚守信誉，努力学习，誓死守卫并完善治国为人的大道。不进入政局不稳的国家，不在纷扰战乱的国家居住，天下有道，就可以出来做官，天下无道，就隐居不出来做官。治世中，贫贱就是耻辱；乱世中，富贵也是耻辱。

"笃信好学，守死善道。"就是坚守思想、坚守信仰，服从真理，要绝对笃信，还要好学。真理是不变的，不受时代环境的影响，不受区域环境的影响，也不受物质环境的影响。所谓"守死善道"就是守住这个信仰、这个主义，"善道"就是最好的道路，最好的思想原则。

2. 要明确自己的志向

孔子曾多次向他的学生们问志，以指导学生树立崇高的道德理想，确定适合于自己的最恰切的人生理想。

颜渊季路侍，子曰："盍各言尔志？"子路曰："愿车马，衣轻裘，与朋友共，敝之而无憾。"颜渊曰："愿无伐善，无施劳。"子路曰："愿闻子之志。"子曰："老者安之，朋友信之，少者怀之。"（《论语·公冶长》）

颜渊、子路陪在孔子身边。孔子说："何不各自说说你们的志向呢？"子路说:"我愿意将自己的车马衣服拿出来与朋友们分享,用破了也不会抱怨。"颜渊说:"我愿意做到不夸耀自己的长处,不把劳苦的事加在别人身上。"子路说:"希望听听先生您的志向。"孔子说:"我的志向是使老年人能享受安乐,使朋友能够信任我,使年轻人能够怀念我。"

"老者安之",直接与"孝道"和"仁道"相关。老者不安,应是孝道出了问题。孝道有问题,涉及仁道。仁道不见,孔学整个大厦就等于坍塌。

这三个志向,孔子不是随意说出的,而是深思熟虑的结果。它们是孔学"理想国"的图景。孔子用最简洁的感性画面,抽象出了由"内圣"达成"外王"的文化形态。这个形态看上去很简单,却有着极为丰富的思想内涵和社会内容。

古人常说人生最大的福就是在晚年。幼年时寒窗苦学,青旺年则要为社稷黎民造福,到晚来才是享受人生最大的福报。人一生劳碌,并培养子女,老来就是一生的总结。儒家提倡孝道,目的就在于此。人生劳苦并不算苦,心苦是最苦。老年人贫穷一些没什么,最怕的就是子女在自己眼前争来争去。因此儒家提倡孝道,不但一生要尊重父母,特别重要的是不要让晚年的父母有所遗憾。很多年轻人并不懂这些,特别是信无神论的,把人死看成一根稻草似的,不但生前不懂父母心理,死后随便一处理,这都是违背古礼。

老年人这一关非常紧要,人要安享晚年,实在是人生最大的福报。很多人仅知道拿补品来孝养老人,真的还不如逗他们开心一笑。因此,孔子指出来了,人都有老年时候,不要怕年轻吃苦受委屈,老年之福是真福。最怕的就是年轻享乐,造作恶事,到头来子女不孝,万事迁心。

对少者的关怀,最好的就是教育,教育他们走上正道,培养端正的品性。孔子一生从事教育,自然对培养幼小是非常重视的。少年性纯,最易培养,到年长,习气根深就难除掉了。我们现代教育确实值得反思的,现代教育不重培养品德,虽有口号,但不以理以性入教,如对牛弹琴,是不重人个性而千篇一律之教,所以效果不太好。

子路、曾皙、冉有、公西华侍坐,子曰:"以吾一日长乎尔,毋吾以也。居则曰:不吾知也。如或知尔,则何以哉?"子路率尔对曰:"千乘之国,摄乎大国之间，加之以师旅，因之以饥馑，由也为之，比及三年，可使有勇，且知方也。"夫子哂之："求，尔何如？"对曰："方六七十，如五六十，求也为之，比及三年，可使足民。如其礼乐，以俟君子。""赤，尔何如？"对曰："非曰能之，愿学焉。宗庙之事，如会同，端章甫，愿为小相焉。""点，尔何如？"鼓瑟希，铿尔，舍瑟而作，对曰："异乎三子者之撰。"子曰："何伤乎？亦各言其志也。"曰："暮春者，春服既成，冠者五六人，童子六七人，浴乎沂，风乎舞雩，咏而归。"夫子喟然叹曰："吾与点也。"三子者出，曾皙后，曾皙曰："夫三子者之言何如？"子曰："亦各言其志也已矣。"曰："夫子何哂由也？"曰："为国以礼。其言不让，是故哂之。""唯求则非邦也与？""安见方六七十如五六十而非邦也者？""唯赤则非邦也与？""宗庙会同，非诸侯而何？赤也为之小，孰能为之大！"（《论语·先进》）

子路：姓仲，名由，字子路，又字季路，小孔子9岁。曾皙：姓曾，名点，字子皙，曾参的父亲，小孔子20多岁。冉有：姓冉，名求，字子有，小孔子29岁。公西华：姓公西，名赤，字子华，小孔子42岁。以上四人都是孔子的学生。孔子和他们交谈的顺序是"以齿为序"，按古人的称名道字的习俗，孔子称学生"名"，辑录者称四子"字"，由此可见古代长幼有别，尊卑有序的"礼"文化。

这段话以"志"为线索，写了三方面的内容：孔子问志，学生言志，孔子评志。

注意文中几个通假字：1. 鼓瑟希，铿尔：希，通"稀"，稀疏。2. 莫春者，春服既成：莫，通"暮"，暮春，阴历三月。3. 唯求则非邦也与：与，通"欤"，语气词。注意这个倒装句——毋吾以也：不要这样看待我。

有一天，孔子的四个学生，子路、曾皙、冉有、公西华侍坐，陪坐在老师旁边，然后孔子很随意地跟他们讲，说"以吾一日长乎尔，毋吾以也"。你们不要觉得我比你们年长几岁大家就很拘束，今天随便聊聊，平时我老听见你们说"居则曰不吾知也"，随便待着的时候也没有人了解我。其实这也很像我们今天，在课堂上看到的学生，经常说别人都不理解我有鸿鹄之志，我心中的想法，谁真正能够了解呢。那老师说了，今天你们都随便说一说，"如或知尔，则何以哉",今天假如我想听听你们的志向,你们会说什么呢。听老师这么一说,他的大弟子子路,这是一个性格特别急躁率直的人,所以《论语》上写的叫"子路率尔而对曰",非常着急地起来就说:老师我的理想是这样的,给我一个大大的国家,这个国家有着外来侵略的忧患和粮食不足的危机,但只要给我三年的时间我就能把这个国家治理得富强起来,使老百姓不仅丰衣足食,而且人人有信念懂礼仪。这几句话一出,我们想一想,对于那么看重礼乐治国的孔子来讲,学生有如此业绩,可以转危为安去拯救这样一个国家会受到什么样的评价。可是谁也没有想到孔子的反映不仅是淡淡的,而且稍稍有点不屑,叫做"夫子哂之",冷笑了一下。

然后就开始问第二个学生:"求,尔何如?"问冉有这个学生,叫着他的名字,说冉求你怎么样呢。冉有的态度比起子路显然要谦逊很多,没有敢说那么大的国家那么多的事,我的理想是,给我一个小国我去治理,我也只用三年,可以让老百姓丰衣足食;但要让人民都有信念懂礼仪,恐怕要由比我更高明的君子来做了。"可使足民",也就是做到老百姓衣食富足而已,至于礼仪的事情,冉有说我可不敢做,"如其礼乐,以俟君子。"想要让大家对国家有信念,做到礼乐兴邦这样一件事情等着比我更高明的君子来吧,我好像做不到。他的话说完了,老师未置可否。

接着问第三个学生,"赤,尔何如?"叫着公西华的名字公西赤,你有什么样的理想呢?那么这个徒弟就更谦逊了一层,"对曰,非曰能之,愿学焉"。先亮出自己的态度,我可不敢说我能干什么事,现在在老师这儿,我只敢说我愿意学习什么事。我的理想就是,希望自己在一个礼仪中能够担任一个小小的角色,辅助着主持人做一点我力所能及的事情就行了,至于治理国家管理人民这些事我可不敢说。大家会看到,这三个弟子的态度一个比一个要谦逊,一个比一个要平和,每一个理想都更接近自己实际的能力,而不是一个终端的愿望。

到此为止,还有一个人没有说话,所以老师又问了:"点,尔何如?"曾点你还没说呢,你觉得怎么样?这个时候曾点没有说话,《论语》写得惟妙惟肖,值此一刻大家听到的先是一阵音乐的声音逐渐稀落了下来,叫做"鼓瑟希"。原来刚才曾点一直在专心致志地弹着琴,听到老师说,这个声音逐渐缓和下来,缓和到最后一声,"铿尔","当"一声把整个曲子收住。像《琵琶行》所说的"曲终收拨当心画",有一个完完整整的结束,不慌不忙,舍瑟而作。把琴放在一边,毕恭毕敬直起身来对老师说话,这样的几个字描写能够看出来什么呢,就是曾点是一个从容不迫的人,他是一个成竹在胸的人,他不会率尔而对,他会娓娓道来,所以他一上来还要先说一句,征求一下老师的意见:老师,我的想法跟三个同学有点不一样,能说吗?那有什么关系,人各有志,但说无妨。这个时候曾晳才从容地开始了他的描述:"莫春者",就是到了大概四五月末的时候,就是春深似海的时候;"莫春者,春服既成",穿上新做的春装;"冠者五六人,童子五六人,浴乎沂,风乎舞雩,咏而归",他说这就是我的理想。在一个春深似海的季节,穿上整齐干净的新衣裳,带上几个成年的好朋友,再邀请上一批学生弟子,带上一批孩子,大家一起去刚刚融化的沂水中趁着春水把自己洗涤得干干净净,然后到鼓乐台,舞雩台之上,沐着春风,唱着歌谣回去了,他说这就是我的理想,我只想做这样一件事。他的话说完了,一直没有表态的老师,"夫子喟然叹曰:吾与点也!"老师长长地感叹了一声,说,我的理想和曾点是一样的。这就是四个人在谈自己理想过程中老师唯一发表的一句话,然后他们就下去了,走了。

"三子者出,曾晳后。"三个同学都走了,曾晳在最后去问他老师:"夫三子者之言何如?"老师你觉得他们说得怎么样呢?老师也很微妙,他挡了一下先不想做评价,"子曰:亦各言其志也已矣。"无非是每个人说说自己的志向罢了。然后曾点不依不饶还要继续问老师,"夫子何哂由也?"老师,为什么子路说完后你冷笑了一下呢?问到了这个问题,老师不能不说话了,"为国以礼,其言不让,是故哂之。"老师说,这个秘密就是一个人你真的想要治理一个国家吗,那么最核心的部分是用礼仪去治理,你看,子路说话的时候那么草率,抢在大家之前就说出一个宏大理想,"其言不让",没有一点谦逊辞让之心,所以我就哂笑他,因为他从内心缺乏这样一种恭敬啊。

孔子接下来评价另外两个学生,"唯求则非邦也与,安见方六七十,如五六十而非邦也与?"说冉求说的那个就不是个国家吗,难道说方圆六七十里或者五六十里甚至更小一点那就不叫国吗,也就是不在于国土的疆域大与小,只

第一章 成长快线 | 19

要你出言说我去治国，那么请你首先心里面有一面镜子，反躬自省，看一看我的学养，我的为人，我能够做这件事吗？老师说难道他那不是治国吗。接着又说第三个人，愿意学礼仪的这个人，公西华，这件事情他应该说得很谦虚了吧，但老师说"唯赤则非邦也与，宗庙会同，非诸侯而何，赤也为之小，孰能为之大"。礼仪的事情还算小啊，他做的要还是小事，那还有谁做的叫大事？那么礼仪应该是最重要的，不仅是贯穿在每个人生活从始至终的，也是一个国家最重要的事情。

我们来梳理以下四位学生所表述的各自的人生之志：

子路——使民有勇且知方

冉有——可足民难为礼乐

公西华——宗庙会同小相

曾晳——浴乎沂咏而归

在礼乐崩坏的春秋末期，曾点能对古礼作如此具体生动的描绘，以此寄托自己的理想，这在孔子与曾点者，以点之言为太平社会之缩影也。（见杨树达《论语疏证》）全文突出了儒家的礼乐治国的理想。（刘盼遂等主编的《中国历代散文选》）

从以上两个言志的故事看，孔子很重视指导学生树立切合自身实际的远大理想。

今天的青少年，不缺少远大的理想，很多时候缺的是向着理想迈进的扎扎实实的脚步。那就是说在思考自己的人生理想时，容易不切实际，目空一切，好高骛远。我们生活中就不乏这样好高骛远的人，这些人没有积累，没有真才实学，只是出名和暴富心切，就口出狂言，其实是极为可笑的。举两个这方面的例子。

2010年12月26日，天津卫视的《非你莫属》节目中迎来一个口出狂言的女求职者，她叫孙铭，来自安徽马鞍山的一个小山村，高中毕业，她说她自小就喜爱艺术，今年已经39岁，离婚以后到北京追寻自己的梦想。因为上当钱被骗得精光，吃过很多苦，住过厕所，睡过天桥、地下通道等，现在在一家饭店做清洁工，却从未放弃过对音乐梦想的追求。她为了引人注目，特意理了一个男士小平头，还展示了自己作的歌词《欢迎致电时光隧道热线》，这是几句有些幻想的白话歌词，很平常，但是在作者眼里极不寻常。她评论当今的流行音乐，说潘玮柏和胡彦斌只能算是周杰伦的走狗，目前歌坛无人能将周杰伦超越，"如果给我一个机会，我会比周杰伦还红"。这真是一个缺少自知之明的人，她真的不知道适合自己的目标是什么，所以在她求职的现场，她所求的网站音乐编辑一职最后被 12 位达人否决。

还有一个贵州青年杨天下，于 2011 年 6 月 26 日登上天津卫视《非你莫属》的舞台，他曾经于 2004～2007 年连续四年参加高考，最后考入海南大学，然而在他大四的时候又退学了。主持人张绍刚问他为什么退学，他说大学里所学的没有他想要的有用的东西，他要学习对所有人有用的智慧之学，而且是实现我中华民族伟大复兴的能帮助天下所有人的智慧之学。主持人问他学到了什么样的智慧，他说听了刘一秒的成功励志课程，就掌握了最高的智慧。他还说"杨天下"并不是他的本名，他本名叫杨波，是他在退学的时候给自己改的名字。

他求职的目标是老板的私人顾问，月薪 5000 元，一年后年薪 100 万元。杨天下还弄了一个《天下语录》，里面有什么"把最亲的人当做最陌生的人"等深奥的观点。他说："天下有我，唯我独尊。所有问题在我这里，都不是问题。"

这个人不知道自己有什么真正的特长，却宣称自己掌握了能帮助天下所有人的智慧之学，主持人说你还是先帮助自己吧。他的结果是求职失败。看来他确实应该先帮助自己制订合理的人生目标。

3. 贫贱中不放弃理想

实现人生理想的道路当然不可能是一帆风顺的，我们最常遇到的挫折往往是贫穷、不被别人理解、不受重用等等。

孔子是如何看待理想之路上的挫折与不幸的呢？

孔子提倡安贫乐道，和很多古代宗教一样，他也强调苦修苦行。孔门之中，谁最安贫乐道？颜回。孔子在陈绝粮，仲由见老师和同学挨饿，看不下去，发脾气，被孔子批评。

吃苦，很多人能做到，特别是待在穷乡僻壤，从没见过钱的人。人最怕的，其实还不是穷，而是人比人。人比人，气死人。谁能经受这种考验，才是真君子。

子曰："贤哉回也！一箪食，一瓢饮，在陋巷，人不堪其忧，回也不改其乐。贤哉，回也！"（《论语·雍也》）

箪（单）：饭筒。

孔子说："颜回真贤德！一筒饭，一瓢水，在陋巷，人人都愁闷不堪，他却乐在其中。颜回真是贤德啊！"

这是一种很好的人生境界。

在一个简陋的环境中，我们从容面对了，这固然可喜，但还不如那些没有抱怨的人。即便没有抱怨，也不是最坦然的，因为最高境界是乐在其中。

在孔子的72个弟子中，颜回是孔子屡加赞赏、备感得意的学生。他异常尊重老师，对孔子无事不从无言不悦。颜渊以德行著称，孔子称赞他"贤哉回也"，"回也，其心三月不违反，仁"。自汉代起，颜回被列为七十二贤之首，有时祭孔时独以颜回配享。此后历代统治者不断追加谥号，明嘉靖九年改称"复圣"。山东曲阜还有"复圣庙"。

要快乐地过每一天，即便身边的人再无聊，身边的事再烦心，在一天中也总会有一丝丝还算过得去的事吧！如阳光灿烂，捡到一元钱，在马路边看到一朵花的盛开……

这就要求我们降低我们的幸福感。因为怎么过都是一天，为什么不快快乐乐呢？

有时悲伤都是自找的！说者无心，听者有意。一遍一遍咀嚼痛苦，一遍一遍用针扎痛了内心。

更有趣的是，现代社会的人面对多项选择，总因为困顿而对生活失去兴趣。

还是看看那些不如我们的人吧！我们和他们相比，已身在天堂，还有什么理由困顿呢？还有什么借口感慨生活的索然无味呢？

2005年3月，台湾地区歌手周杰伦的一首《蜗牛》被收入上海中学生爱国主义歌曲推荐目录之列。同时，上海确立2005年为上海德育落实年、师德建设年。

该不该搁下重重的壳/寻找到底哪里有蓝天/随着轻轻的风轻轻地飘/历经的伤都不感觉疼/我要一步一步往上爬/等待阳光静静看着它的脸/小小的天有大大的梦想/重重的壳挂着轻轻的仰望/我要一步一步往上爬/在最高点乘着叶片往前飞/让风吹干流过的泪和汗/总有一天我有属于我的天/该不该搁下重重的壳/寻找到底哪里有蓝天/随着轻轻的风轻轻地飘

这是一首励志歌曲，小小的蜗牛有自己的梦想，它不畏重负地背着自己沉重的壳，一步一步地往上爬，要找到属于自己的天。

我们每一个中学生不也就是那一只只蜗牛吗，为了自己的梦想，我们愿意一步步地爬，让风吹干流过的泪和汗，总有一天我们有属于我的天。

在生活中，我们要时刻做好战胜困难和挫折的准备。

孟子在他的《孟子·告子下》中发展了孔子的坚定追求自己人生理想的决心，而且作了有理有据的严密论述：

……故天将降大任于斯人也，必先苦其心志，劳其筋骨，饿其体肤，空乏其身，行拂乱其所为，所以动心忍性，曾益其所不能。

西汉史学家及文学家司马迁在遭遇不公平的宫刑后发愤19年著成被誉为"史家之绝唱，无韵之离骚"的史学经典巨著《史记》。他在《报任安书》一文中就写道："盖文王拘而演周易；仲尼厄而著春秋；左丘失明，厥有国语；不违迁蜀，世传吕览；孙子膑脚，兵法修列；韩非囚秦，说难孤愤；屈原放逐，乃赋离骚；诗三百篇，大抵圣贤发愤之所作也。"

法国19世纪现实主义作家巴尔扎克就说过"苦难是人生的老师"。"苦难对于天才是一块垫脚石……对于能干的人是一笔财富，对于弱者是一个万丈深渊。"

卢梭也说过，"磨难，对于弱者是走向死亡的坟墓，而对于强者则是生发壮志的泥土。"

我们再来看下面几个我们所知道的现在已经有成就的人，他们在成功之前也曾历经磨难。

其实和你一样——他出身卑微，却身怀远大理想。多年前，他在1983年版的《射雕英雄传》中扮演那个宋兵乙，为增添一点点戏份，他请求导演安排"梅超风"用两掌打死他，结果被告之"只能被一掌打死"。这个年轻时被称作"死跑龙套的"卑微小人物，第一次当着导演的面谈到演技时，在场的人无一例外都哄堂大笑。但他依然不断思索、不断向导演"进谏"，直至2002年自己当上导演。那年，他获得了金像奖"最佳导演奖"。

其实和你一样——20世纪90年代，在一趟开往西部的火车上，梳着分头、戴着近视眼镜的他看上去朝气蓬勃，内心却带有微微的彷徨。那时的他严肃乏味，常常独坐好几个小时不说话。后来转行做主持人，1998年他第一次主持的电视节目播出时，他发现自己说的话几乎全被导演剪掉了。他让身为制片人的妻子准备了一个笔记本，把自己在主持中存在的问题一一记录下来，哪怕是最细微的毛病都不肯放过，然后逐条探讨、改正。即使今天其身价已过4亿，成为中国最具影响力的主持人，他仍未放弃面"本"思过。

其实和你一样——5年前的他是一个防盗系统安装工程师，依他的说法，"就是跟水电工差不多的工作"，"有时候装监视系统要先挖洞，一旦想到歌词就赶快写一下"，当年的他就是这么边干活边写词，半年积累了两百多首歌词，他选出一百多首装订成册，寄了100份到各大唱片公司。"我当时估计，除掉柜台小妹、制作助理、宣传人员的莫名其妙、减半再减半地选择性传递，只有12.5份会被制作人看到吧，结果被联络的几率只有1％。"其实那1％就是100％！1997年7月7日凌晨，他正准备去做安装防盗工作，有人打电话给他，那个人叫吴宗宪，同时走运的还有另一个无名小卒——周杰伦。从他和周杰伦合作的歌从没人要，到要曲不要词，慢慢地曲词都要，之后单独邀词，但还会有三四个作者一起写，直到最后指定要他的词。

可能你已经猜到他们是谁了，一个是周星驰，一个是李咏，一个是方文山。他们是目前中国最具知名度的人中的一部分。

他们在成名前和你并无多大不同。不要抱怨贫富不均，生不逢时，社会不公，机会不等，制度僵化，条理繁复，伯乐难求。要知道，其实每个人都平等地享有出人头地的机会。明天，或者明年，同样会诞生像他们一样成功的人，就看是不是今天的你。

颜渊喟然叹曰："仰之弥高，钻之弥坚，瞻之在前，忽焉在后。夫子循循然善诱人，博我以文，约我以礼。欲罢不能，既竭吾才，如有所立卓尔。遂欲从之，末由也已。"（《论语·子罕》）

喟然，叹气的样子。弥，更加，越发。瞻，怀着敬仰之情地观看。"博我以文"就是以文博我，"约我以礼"就是以礼约我。

颜渊喟然叹道："孔夫子的道理，越仰望越显得高远，越研钻它越显得坚固，看它好像在前面，一忽又像在后面。夫子循着次序一步步诱导我；先教我博学文章典籍，然后要我以礼约束自己的行为。我想停止不学了也不可能，已经用尽我的才力，而夫子的道依然卓立在我的面前，我想再追从上去，但总感到无路可追上去。"

颜渊简直把老师神化了，他非常崇拜老师。他接着说，老师总是有办法巧妙地引导你，"循循然善诱人"，遵循他的意志，循他的个性和道理，把你带上求学之路。他广征博引，总是有办法把学生引导到人文道路上，并且用礼来约束。听他讲学，让我们有"欲罢不能"的感慨。我颜回自己，尽所有的才能、力量跟着他学习，然后感觉收获很大，好像自己也建立了一套理论，觉得可以"卓尔"——站起来了，可以不用靠老师了，但是，冷静下来一想，差得远呢。虽然跟着老师指点的路走，按照老师的精神做，但茫然无头绪，最终还是不知道怎么走。孔子是万世师表，他的道德境界，无论怎么努力，都没有办法赶得上。

我们当今的中学生，绝大多数是独生子女，"小皇帝"，从小生活条件优越，有父母和亲人过多的关爱，在这种情况下我们要从小学会吃苦，学会战胜各种困难，锻炼独立生活的能力，掌握各种各样的生活技能是非常重要的。

三、成长需谨记

1. 不是所有的花朵都能结出果实

子曰:"苗而不秀者有矣夫!秀而不实者有矣夫!"(《论语·子罕》)

秀,庄稼开花;实,结果。

孔子说:"出了苗而不开花的情况是有的!开了花而不结果的情况也是有的!"

所谓苗就是根苗。有些植物,种子种下去,发出的芽非常好,应该前途无量,但结果却长不大,枝叶并不茂盛,这是"苗而不秀"。也就是说有许多人,小时了了,大时糊涂。尤其在教育界更看得到,有些年轻人非常好,眼看他慢慢变了,变到最后不成器。再就是"秀而不实",虽然花叶扶疏,但没有结出果实来。

求学的人很多,我们每过几年就会淘汰掉一批,比如,初中升高中时淘汰掉一大批,占初中生总数的60%左右,高中升大学淘汰掉一批,约占高中生总数的50%吧,然后本科升入研究生再淘汰掉一批,约占70%……

如此看来,"苗"很多,可是"秀"的有多少?"秀"的也有一部分,可是"实"的又有多少呢?不是入学的人都能成才的,也不是上了大学都能实现自己的人生理想的。

儒家的理想是建立"三不朽"的事业,"万古流芳"。能做到的,就更少了!所以,孔子说:"禾苗长不出穗来的,大大的有呀!长出穗来,结不出果来的,也大大的有呀!"

但是,如果我们不要求这么高,取得成就的人,还是很多的。

看看我们身边的人,就有很多学有所成的人。他们也许是老师、教授,也许是作家、记者,也许是工匠、工程师,也许是……

通过自己刻苦地学习,我们每个人,都会结出果实来。

青年人，努力学习吧！

要切记："少壮不努力，老大徒伤悲。"

唐代文学家韩愈说过：宝剑锋从磨砺出，梅花香自苦寒来。

2. 要珍惜青春的大好时光

宰予旦寝，子曰："朽木，不可雕也，粪土之墙，不可杇也。于予与何诛？"（《论语·公冶长》）

杇：指泥工抹墙的工具，也作动词用，指把墙面抹平。与：语气词，同"欤"，下文"于予与改是"中的"与"同义。诛：责备。

宰予大白天睡觉。孔子说："腐烂的木头不堪雕刻，粪土的墙面不堪涂抹；对于宰予这样的人，还有什么好责备的呢？"

在孔子为班主任的这个班级里，宰予，也叫宰我，是个差生。宰我使孔老师不满意的一条，就是好大白天睡觉。拿今天的话说，大概是经常午睡时间过了头，上课迟到。或者虽然坐在课堂上了，还断不了打个瞌睡。圣人为此发过脾气，说出过很重的话。"朽木不可雕也，粪土之墙不可杇也。"特别这句"朽木不可雕也"，就成了此后数千年来，所有的师长前辈用来责备年轻人没出息的惯用语。

子在川上曰："逝者如斯夫，不舍昼夜。"（《论语·子罕》）

孔子在河边看着滔滔东流的河水说："时光如流水！日夜不停留。"

孔子可能是为了教育自己的学生要珍惜时间，特意把学生们带到河边来，让学生们观察一去不复返的流水。

在孔子看来，时间如滔滔东逝的流水，一去而不可倒流。学生在课堂上听老师讲课，也应该专心致志，心无旁骛才行，否则就是用志不专，不可能学有所成。

水永远是向下流，而且不分昼夜地流，就此引申出来，水是"逝者如斯夫"，不断地流逝，不断地过去。时间也是如此，生命也是如此，思想也是如此。苏东坡有句名言"大江东去，浪淘尽，千古风流人物"。如果用辛弃疾的话来说，就是"风流总被雨打风吹去"，孔夫子呢？就是"逝者如斯夫！"

时间没有任何情面可讲，永远都在刹那地过去，永远都在不断地消逝，在这种情况下，什么东西可以留住，什么东西留不住？当我们站在历史的高度上来看，秦皇汉武还有没有，唐宗宋祖还有没有？

记得1976年9月9号，中央人民广播电台发布重要新闻，伟大的领袖、伟大的统帅、伟大的舵手、伟大的导师毛主席因病去世，听到这个消息，全国8亿人民都哭了，就是那些饱受阶级斗争之苦的人也一样地哭，被划为走资本主义的当权派也一样地哭，那时大家对中国未来的走向一下子就觉得非常茫然了。好在后来有了总设计师邓小平，但是他老人家也走了，这让人不得不叹一句："逝者如斯夫"啊！这是不以人们的意志为转移的客观规律。这就是自然规律，任何人都没有办法。

很多成年人都不注重自己的自然生命，总以为自己很年轻，总以为这个生命用不完，总觉得死亡离自己还很遥远，一点都不着急爱惜；上网、打麻将、斗地主、喝酒、唱卡拉OK，半夜两三点了还不睡觉，要么坑蒙拐骗打砸抢，触犯刑法被关进监狱，严重地威胁了自己的自然生命。

所以在我们学习时想打瞌睡，想做小动作，想说闲话，想做与学习无关的三心二意的事情的时候，不妨用孔子批评宰予的这句话警戒自己，也许会很有效果的。

20世纪80年代有一首流行歌曲叫《趁你还年轻》：也许你没留意你也许不相信/这世界属于你只因为你年轻/你可得要抓得紧/回头不容易/你可知道什么原因有人羡慕你/只因为他们曾经也年轻/你可明白什么道理有人嫉妒你/只因为他们不能抓得紧/趁你还不需要翻来覆去考虑又考虑/趁你还不知道为什么叹气/趁你还没学会装模作样证明你自己/你想什么什么就是你/说错了敬个礼做错了对不起/有多少人羡慕你有后悔的权利/有多少人羡慕你羡慕你年轻/你可得要抓得紧千万别放弃/这世界属于你只因为你年轻/

是啊，我们可要抓得紧，回头不容易。

陶渊明在他的《杂诗》中说："盛年不重来，一日难再晨。及时当勉励，岁月不待人。"

富兰克林说，你热爱生命吗？那么别浪费时间，因为时间是组成生命的材料。

3. 人生有三戒

孔子曰:"君子有三戒:少之时,血气未定,戒之在色;及其壮也,血气方刚,戒之在斗;及其老也,血气既衰,戒之在得。"(《论语·季氏》)

孔子说:"君子有三种事情应引以为戒:年少的时候,血气还不成熟,要戒除对女色的迷恋;等到身体成熟了,血气方刚,要戒除与人争斗;等到老年,血气已经衰弱了,要戒除贪得无厌。"

孔子对人的生长、发育、衰老各个阶段的生理特点和应该注意的事项也很有研究,他不但能透视到人性的弱点,而且还能深刻地揭示如何克服和战胜人性的弱点,使得人在每个阶段都能正常、健康。孔子提出生命过程中的"三戒",是将人生历程上三个主要阶段需要警戒的地方给大家明确揭示出来了。这是养生的又一种智慧。

人在青少年时期,身体还没有完全成熟,女色的问题要当心。你看《红楼梦》中的贾瑞,单相思王熙凤,结果丢了性命。等到身体慢慢成熟了,人的生存压力越来越大,这个时候"戒之在斗"。当然了,这个"斗"字绝对不是仅仅限于打斗的意思。攀比呀,炫耀呀,皆是"斗"之范畴。等到年纪大了,血气衰弱了以后,"戒之在得",不要贪欲和计较得失。当然把孔子的这一套养生之法应用到今天来,其实人生的各个阶段都应该要戒色、戒斗、戒得。

孔子活到了73岁,在春秋时代,也算得上是一位长寿老人了。孔子为什么能够活到73岁?我们读到了他的"三戒"之说,那么,他的养生保健方面的秘诀也就自然明了了。

要戒的东西恰恰也是人们最在乎的。年轻人最在乎的是爱情,为了爱情,可以舍弃金钱、地位甚至生命,裴多菲说"生命诚可贵,爱情价更高",元好问亦有同感:"问世间情为何物,直叫人生死相许",那些私奔的、殉情的、因失恋而痛不欲生的,几乎都是年轻人。

人到中年,爱情多成了"过去完成时",老婆孩子都齐了,最在乎的是事业,但事业不论再辉煌耀眼,其实根子还是"名利"二字。事业的成功意味着要打败一个个竞争者，于是，少不了明争暗斗，打压击杀，有时甚至不择手段，斗得你死我活。

渐入老年，事业基本上画了句号，早先曾经很在乎的东西逐渐看淡，便对身后生出种种恐慌，养老、治病、子女安排，都时时萦绕心间，而这些事的后盾，都要靠金钱来支撑，于是，原先并不太在意的金钱，便成了一些老人或半老人最在乎的东西。如果手中还掌有权势者，最容易在这时候伸手捞钱谋私，前赴后继的"59岁现象"，就是典型例证。

一般来说，人们都在乎自己最想得到的东西，没人在乎那些唾手可得的东西。对于亿万富翁来说，他是不会在乎再多挣个一两百万的，因为钱对他来说几乎就成了个符号。

幼儿园的娃娃最在乎老师的表扬，在乎发了几朵小红花；学生最在乎自己的分数，"分，分，学生的命根"，当然，也有那"60分万岁"的顽主；运动员最在乎比赛成绩，不想当冠军的运动员肯定不是好运动员，尽管刘翔只有一个，郭晶晶举世无双；演艺明星最在乎自己的知名度，有多少"粉丝"，上了几回封面，拿了几个大奖，因为这也决定着自己的片酬和出场费；模特最在乎自己的身材，吃不敢吃，喝不敢喝，牺牲这么多乐趣，就是为了T型台上那短短几分钟光彩照人的形象；江湖好汉最在乎自己的名声与武林排位，为此到处投师学艺，搜寻"葵花宝典"、"少林易筋经"之类武林秘籍，以至于还出现过"欲练神功，必先自宫"的东方不败那样的怪物；"博客"们则很在乎自己的点击率，为此不惜捕风捉影，无中生有，夸大其词，耸人听闻，故弄玄虚，哗众取宠，无所不用其极。

其实，人最该在乎的是身体，这是本钱，可许多人偏偏不在乎，为了挣钱拼身体，结果是前半生用身体换金钱，后半生用金钱换身体；为了名利耗身体，功成名就了，身体也垮掉了；为了一些虚妄的目标熬身体，目标达到了，去日也无多了。所以，人往往要生过一次大病，死里逃生，才能醒悟到生命之宝贵，身体之重要。

人们曾经在乎许多没有价值、没有意义的东西，到后来醒悟过来，才发现后悔莫及，而有许多本该在乎的东西，却毫不在乎地浪费掉了。譬如，恋爱时太在乎对方的相貌、学历、门第,而忽略了人品、素质、感情;干什么事情太在乎外人怎样看自己,因而缩手缩脚,还不如像赵本山的小品《策划》里的那句名言:下自己的蛋,让别人说去吧!

当然,在乎什么,也因人而异,但无论如何都要在乎你最重要的东西。一个从未离开过家的人,很难理解家的重要性;一个从未离开过家乡的人,难以体会家乡的局限性;一个放眼全国的人,区域的观念会很淡薄;一个走遍世界的人,胸襟并不当然地宽广,视野却必然地开放。

4. 后生可畏

子曰:"后生可畏。焉知来者之不如今也?四十五十而无闻焉,斯亦不足畏也已。"(《论语·子罕》)

现在的高官、富豪、明星、名流,人们羡慕的"成功人士",在不久的将来,都要被现在的"小字辈"取代。谁也无法断定,你面前的一个小孩,不是几十年后的"比尔·盖茨"。所以,孔子说:"青年人,让人敬畏呀!"

但是,青年人的优势,就是青春。青春让你有时间去学习,青春让你有时间去建立自己的事业。从这个角度上说,青年人才是可敬畏的。

古语云:"君子之学贵一,一则明,明则有功。"意谓君子做学问贵在专心致志,持之以恒。如此就能谙于事理,谙于事理就够取得成效。

周杰伦是当今中学生所崇仰的歌手,他有一首歌《听妈妈的话》对我们的成长可能会有些启示。

听妈妈的话
小朋友你是否有很多问号
为什么别人在那看漫画我却在学画画
对着钢琴说话别人在玩游戏
我却靠在墙壁背我的 abc
我说我要一架大大的飞机
但却得到一台旧旧录音机

> 为什么要听妈妈的话
>
> 长大后你就会开始懂得这段话
>
> 长大后我开始明白
>
> 为什么我跑得比别人快飞得比别人高
>
> 将来大家看的都是我画的漫画
>
> 大家唱的都是我写的歌
>
> ……

在成长的道路上，要想获得更多的收获，必须有更多的付出啊，必须坚持不懈地搞好自己的学习。

在电视连续剧《恰同学少年》第四集中，在本科八班第一节修身课上，杨昌济教授问学生人生之志。

> 杨昌济：今天，是我给大家上的第一堂课——修身。何谓修身？修养一己之道德情操，勉以躬行实践谓之修身。古人云：修身齐家治国平天下。也就是说，修身是一个人，一个读书人，一个想成为堂堂君子之人成才的第一道门坎。己身之道德不修养，情操不陶冶，私欲不约束，你就做不了一个纯粹的人，一个高尚的人，一个精神完美的人。那么齐家治国平天下，这些作为也就无从谈起。你们会问，什么是修身的第一要务呢？两个字：立志。他在黑板上用力写下"立志"二字，转过身来继续讲，孔子曰：三军可夺帅也，匹夫不可夺志也。人无志，则没有目标，没有目标，修身就成了无源之水。所以，凡修身，必先立志。志存高远，则心自纯洁……
>
> （润之反问杨先生之志，杨于板上手书一联）自闭桃源称太古，欲栽大木柱长天。杨某平生，无为官之念，无发财之想悄然遁世，不问炎凉。愿于诸君之中，得一二良才，栽得参天之大木，为我百年积弱之中华，撑起一片自立自强的天空。则吾愿足矣。

2011年安徽省中考作文题是《在我们这个年龄》，有一位考生在作文开头这样阐述了他对"青春"的理解：

问世间何物最珍贵？不是那散失已久的《兰亭集序》，也不是成吉思汗的皇陵，更不是阿里巴巴的宝藏，而是我们的青春。问世间何物最易失？不是那如同飞鸟的时间，也不是楼兰古国，更不是百年一现的昙花，而是我们的青春。问世间何物最值得歌颂？不是那山川秀丽的景色，不是大海的波澜壮阔，也不是大漠的广袤无垠，而是我们的青春。

我们相信这是当今的中学生都有同感的对于青春的理解吧！

谨用高尔基的两句名言与处于青春时光中的广大青少年学生共勉：

世界上没有再比青春更美好的了，没有再比青春更珍贵的了！青春就像黄金，你想做成什么，就能做成什么。

青春是有限的，智慧是无穷的，趁短短的青春去学无穷的智慧。

读后收获：

一、将下面的诗句补充完整，想想它们谈了什么问题？你的志向是什么？说出来，大家交流一下。

1. 老骥伏枥，＿＿＿＿＿＿＿＿＿＿＿＿＿＿。（曹操）
2. 天行健，君子以自强不息。＿＿＿＿＿＿＿＿＿＿＿＿＿＿＿＿＿＿＿＿。《周易》
3. 富贵不能淫，贫贱不能移，＿＿＿＿＿＿＿＿＿＿＿＿，此之谓大丈夫。《孟子》
4. 古之立大志者，不惟有超世之才，＿＿＿＿＿＿＿＿＿＿＿＿＿＿＿＿＿＿＿＿。（苏轼）
5. 我非生而知之者，好古，＿＿＿＿＿＿＿＿＿＿＿＿＿＿＿＿＿＿＿＿＿＿。《论语》

二、诵读下面三首诗词，谈谈人们为什么称松、竹、梅为"岁寒三友"？它们有什么共同特点？

竹　石

（清）郑燮

咬定青山不放松，立根原在破岩中。

千磨万击还坚劲，任尔东西南北风。

墨竹图题诗

(清)郑燮

衙斋卧听萧萧竹,疑是民间疾苦声。

些小吾曹州县吏,一枝一叶总关情。

卜算子 咏梅

毛泽东

风雨送春归,飞雪迎春到,已是悬崖百丈冰,犹有花枝俏。

俏也不争春,只把春来报。待到山花烂漫时,她在丛中笑。

三、"三十而立,四十而不惑,五十而知天命",所以人们常把30岁称为"而立之年",40岁称为"不惑之年",50岁称为"知命之年"。那么,你知道人们把60岁称为什么吗?70岁呢?

四、乾隆皇帝举办千叟宴

乾隆五十年(1785),有一次举行了清廷从康熙朝开始50年一次的盛典——千叟宴,这一年四方来朝、天下太平、仓廪谷实,又适逢庆典,为表示皇恩浩荡,乾隆帝在乾清宫举办了这一次规模最为宏大的宴会。

有三千多位70岁以上的老人应邀参加了这次盛会,他们大都是皇亲国戚,前朝老臣,也有从民间奉诏进京的老人,乾隆帝为90岁以上的老人一一斟酒,被推为上座的是一位最长寿的老人,纪晓岚还为这位老人做了一个对子,"花甲重开,外加三七岁月;古稀双庆,内多一个春秋。"为这次饕餮盛宴,宫廷的御膳房准备了全套的满汉全席,老人们大快朵颐狼吞虎饮的同时,饱学鸿儒们纷纷赋诗吟对,为乾隆皇帝歌功颂德。千叟宴这场浩大豪宴,被当时的文人称作"恩隆礼洽,为万古未有之举"。

你知道这位老人多少岁吗?

四、读《子路、曾皙、冉有、公西华侍坐》,回答下面几个问题:

1. 本文以什么为线索?可以分作哪三个部分?试概括三部分的主要内容,每层限5字以内。

2. 本章既记言谈,又传神情,既写出了不同人物的风貌,又点染出师生间平等和谐的气氛。试就孔子、子路和曾点的形象特点作一简要分析。

3. 孔子为什么对曾点的想法深表赞同?

4. 有人把此章内容概括为《沂水春风》,你同意吗?说说理由。

五、读下面短文《失之千里》,回答问题。

一个县官只带一本《论语》前去上任,自称凭一本《论语》治理百里小县绰绰有余。

有天早上,衙役抓来个偷鸡贼,县官当即判曰:"晚上处斩!"众人皆惊,认为罪不该诛。

县官却说:"《论语》上说:'朝闻盗,夕死可矣。'我这样判,正是遵圣人之言,何错之有?"

请问:县官真的没错吗?

第二章　君子高洁

说起君子，我们常常会背诵宋代哲学家周敦颐借写莲花赞颂君子的名句：予独爱莲之出淤泥而不染，濯清涟而不妖，中通外直，不蔓不枝，香远益清，亭亭净植，可远观而不可亵玩焉。——莲，花之君子者也。

"君子"这个词在《论语》中出现的频率相当高，总共出现了107次。从开篇的"人不知而不愠，不亦君子乎"到末篇"不知命，无以为君子也"，可谓是首尾呼应，构成了一个完整的君子观。每次"君子"出现时，都是一个看上去不同的形象，是具体的，各具特色的。

"君子"一词，在孔子以前，只是指国王以下、大夫以上的官员，常与"小人"对举，如"君子劳心，小人劳力"（《左传》），"君子务治，小人务力"（《国语》）。但是，孔子把这个只是身份、地位含义的称谓一变而为儒家道德人格的一种理想，他提出了"君子儒"的概念。在孔子看来，儒（学者）是一个人外在的身份，而君子则是一个人内在的修养，按照儒家的习惯，应该说是内修的功夫。

"君子"是《论语》中一个很重要的概念，孔子和他的弟子们经常讨论到它，他并没有给君子下定义，而是拿君子具体的人格作为生活的楷模和实践的目标来教育自己的学生。

那是为什么呢？想来是因为"君子"是孔子和他的弟子们所追求的较高的人生境界，一个内在道德修养达到了很高水平的标尺，他们之所以修炼自己，净化自己的身心，很多时候就是要达到"君子"这样一个做人的标准的。孔子对君子这一概念的论述大多能直指其精神的内核，一语而揭示其要义，精辟而深刻。在几千年的中国思想史上，还没有谁像孔子一样这么经常而且深刻地论述过"君子"。那么，什么样的人才是"君子"呢，"君子"这种人又需要具备怎样的特质呢？

一、君子强化自身修养

《周易》有言，天行健，君子以自强不息；地势坤，君子以厚德载物。其中健为马，坤为牛。意为君子像大地一样包罗万物，海纳百川。君子是最注重自己内在身心的修养的，面对世事的悲悲喜喜，都能够内化于身。

君子正是在不断地对自己的要求中提升自己，淡化了对俗世的期望，不难理解他们为什么能够做到"病无能焉，不病人之不己知也"以及"人不知而不愠"了！正是在这个内化的过程中，他们的境界修养得到提升，在纷纷扰扰的繁杂中构筑一片精神的净土。他们是孤独的，他们也是最懂得享受孤独的，他们在孤独中强化着自身的修养。

1. 追求仁爱，文质彬彬

有子曰："君子务本，本立而道生。孝弟也者，其为人之本与？"（《论语·学而》）

有子，据说是孔子的弟子，名若。"本"是事物的根本。不同的人对"本"有不同的理解。弟通悌，儒家伦理道德之一，意为弟弟必须顺从哥哥、敬爱哥哥。

有子认为，君子务本，本立而道生。这个"本"是什么呢？在这个句子里应该指的是"孝弟"。

有子说，君子要致力于根本的事务，根本事务确立了，治国、做人的原则就产生了。所谓"孝"、"悌"，可以算是"仁"的根本吧。

很多人都把这句话当做座右铭，确实很有警励的作用，但实际上把后一句话连在一起，则意义更为丰富而且更符合逻辑，警励作用更强。

有若认为，人们如果能够在家中对父母尽孝，对兄长顺服，那么他在外就可以对国家尽忠。忠以孝悌为前提，孝悌以忠为目的。儒家认为，在家中实行了孝悌，统治者内部就不会发生"犯上作乱"的事情；再把孝悌推广到劳动民众中去，民众也会绝对服从，而不会起来造反，这样就可以维护国家和社会的安定。

今天的我们，在读着"君子务本，本立而道生"这两句话的时候，想到的应该是作为君子要致力于根本的事务，要有正确远大的人生追求，这是最根本的；这个最根本的方向确定了，那么正确的原则、学说、方式方法才能产生。

还有，做人要脚踏实地，从常识开始。谢有顺的一篇文章《做人，从常识开始》就告诉我们从常识开始的意义。

很早以前就听过一个故事，是用来形容法、英、德、中四国人的办事风格的。一个人丢了一根针，如果这是一个法国人，他会聚众到街上游行示威，高呼口号："我们要找到这根针！"如果这是个英国人，他会不露声色地跑到皇家侦探局，秘密请人侦破这根针的下落；如果这是个德国人，他会把房间的地板分成一个一个小方格，然后逐格寻找；而如果这是一个古代的中国人，他会找出一根铁杵来，将它磨成一根针；如果这是个当代的年轻一辈的中国人，他则会先找出一根特大号的铁杵，在记者的摄像机和围观的群众面前大作其铁杵磨针的秀，等到风头出尽、博得大名之后，再趁人不备设法去弄来一根针，以吹嘘自己大功告成。

谁都听得出这个故事里面的讽刺意味，它的确意味深长。并没有人故意损我们，是我们血液里的东西暗合了这个故事所说的荒谬逻辑。我们从小时候开始，就被教导说，要学习这种将铁杵磨成针的刻苦精神，而从来没有人告诉我们，用铁杵来磨针是最笨的办法，既浪费时间也浪费资源，它远没有用钱买一根针来得便捷有效。即便你没有钱，也可以用这根铁杵向别人换一根针（这种便宜生意有谁不愿意做呢）而省下磨针的时间。这就好比我们从小就被教导说，"失败是成功之母"，而从来没有告诉我们，失败在大多数时候并非什么成功之母。

……

子曰："君子去仁，恶乎成名。"（《论语·里仁》）

君子要除去了仁爱，还怎么能出名呢？

所以"仁"是孔子强调的本。君子应当十分注重"仁"。

子曰："质胜文则野，文胜质则史，文质彬彬，然后君子。"（《论语·雍也》）

质，朴实；彬彬，文雅的样子。

朴实超过文采就显得粗野，文采超过朴实就显得华而不实。所以君子应当内外兼修，取得平衡。

孔子论述君子的理想人格，表现在精神气质上就是文质彬彬。在孔子看来，一个人的精神气质，由"质"和"文"两个基本要素构成，"质"相当于质朴，"文"相当于文雅。质文双方，任何一方所占比重过高或过低，都会导致平衡丧失，出现"野"和"史"的两种极端。只有搭配得当，才是理想的文质彬彬。也才能称得上是君子。

气质，是一种精神因素的外在表现。如果一个人具有一定的文化修养，理想抱负，情感个性等特性，就更能彰显出气质美。

作为君子，既要充实自己，修身养性，又要推销自己，为人所知。君子不是不求名，而是不求虚名。"君子疾没世而名不称焉"，君子求的是名实相符，既不妄取虚名，也不埋没自己的才华。

这是观察个人精神气质的标准，可不可以用来衡量一个时代呢？其实学过一些历史知识，有了一定的历史视野的中学生应该可以用文质彬彬来衡量中国历史上的几个朝代。

唐朝是一个怎样的时代呢？在接触了许多唐代的具体故事之后，我们以为唐朝的精神气质，正是不野不史的文质彬彬。有人归纳唐朝，认为是青春气象，但无法体现唐人的智慧和理性。

比较起来，秦汉时期的中国，更像是青春勃发期，昂扬向上，但粗枝大叶，敢想敢干，但不失野蛮。民间百姓，皆以复仇为秉性，一言不顺，拔刀相向。豪杰勇士，动辄发动群众围攻政府。酷吏执政，成百上千地滥杀无辜。一方面拓土开疆，一方面虐待百姓。秦汉政府也是青春期型的，勇往直前，蛮横无理，可以看作是青春期的冲动、盲目和蛮干。质胜文则野，这是"质"有余而"文"不足。

唐朝过后，中国的体质似乎严重下降。聪明的人越来越多，朝廷上下充满美文式的算计。宋朝的殿堂，几乎是文学家的聚会，文章风流潇洒，可是政治总是阳刚不振。每到关键时刻，总会有很多大臣主张妥协，算来算去，最后放弃的总是一个国家应有的精神。拼死一搏的念头在宋朝永远居于下风，以至于"死亦为鬼雄"的豪言壮语只能出自女子之口。"恐辽症"比辽朝存在的时间还长，恐满症接踵而至。也曾出现岳飞、戚继光这类昙花一现的英雄，但是当时的环境注定他们要以悲剧结束。这也恐惧，那也恐惧，说到底就是怕死。这不就是垂垂老矣的症状吗？对内以文抑武，对外幻想以夏化夷。文胜质则史，最终只能如此。

棘子成曰："君子质而已矣，何以文为。子贡曰：惜乎，夫子之说君子也，驷不及舌。文犹质也，质犹文也，虎豹之鞟，犹犬羊之鞟。"（《论语·颜渊》）

质是实质，文是文华。譬如说，某人直爽。这是就质而言。又如说，某人有礼节。这是就文而言。

棘子成是卫国的大夫，他与孔子的学术思想不同。孔子把文与质配合起来，所谓"文质彬彬，然后君子"。棘子成也知孔子的学术，但思想各异，所以有以上的议论。"夫子"即指棘子成，因为他是大夫，所以子贡称他为夫子。

棘子成说，君子只要有好的本质就够了，要那些文采干什么呢？

子贡一听棘子成的议论，便说：可惜，夫子把君子说成这个样子，此话既说出口，四匹马车也追不回来。本质和文采同样重要，假若把虎豹和犬羊两类兽皮剥去有文采的毛，那这两类皮革就很少区别了。

"文犹质也，质犹文也"，这两句是子贡针对棘子成的"质而已矣，何以文为"而发的。

2. 做行动的巨人

子曰:"君子欲讷于言而敏于行。"(《论语·里仁》)

孔子认为君子应当耻于言过其实,花言巧语,言行不一。孔子多次强调说话要谨慎,说得少,做得多。

人的办事能力和语言能力往往是不相称的,会说的人不一定会做,会做的人不一定会说,既做得好又说得漂亮的人实不多见。有一种人,这种人办事脚踏实地,行为端正,品德良好。但因口才不好,往往被人忽视。

不过,孔子对这种人特别欣赏,称这种"讷于言而敏于行"的人为君子、仁者。孔子的观点是:事情做起来不容易,说话能够不迟钝吗?

孔子是微言大义,很少重复,但是这两句相近的话却提了两遍。可见重视实践,戒除浮夸,是孔子非常重视的原则。它关系到人的品行,修养。广而言之,也关系到国运兴衰。

毛主席也非常欣赏"讷于言而敏于行"这句话,或许他给孩子一个起名李敏,一个起名李讷,就是取自这句话。

又记起了一位中国著名的教育家,他的名字叫陶行知。行知,从这两个字就道尽了了人生的真意义和教育的真谛——通过行动获得真知。

在鲁迅先生的《过客》里,那衣衫褴褛的行者没有太多的话,他只是昂了头,奋然向前走去。他就是鲁迅眼里的前行者形象。

司马牛问仁。子曰:"仁者,其言也讱。"曰:"其言也讱,斯谓之仁已乎?"子曰:"为之难,言之得无讱乎?"(《论语·颜渊》)

讱,说话谨慎。

司马牛问仁德。孔子说:"有仁德的人,他的言语迟钝。"司马牛说:"言语迟钝,这就叫做仁了吗?"孔子说:"做起来不容易,说话能够不迟钝吗?"

下面看几个"君子欲讷于言而敏于行"有所成就的历史人物。

曹参继萧何任宰相,重用讷于文辞长者:

曹参是汉朝的开国功臣,汉朝第一任宰相萧何死后,曹参对手下的人说:"赶快准备行装,我要上任当宰相!"没多久,朝廷使者果然来催曹参赴任。萧何和曹参是同乡，在还没有发迹时，萧曹的关系很好，亲如兄弟，但成为汉朝的将相后，两人之间产生了矛盾，平时甚少来往。不过萧何并没有因此而排挤曹参，反而在临死前向汉惠帝推荐曹参接替自己为宰相。

曹参上任后，"举事无所变更，一遵何约束。择郡国吏木讷于文辞、重厚长者，即召除为丞相史；吏之言文刻深、欲务声名者，辄斥去之"。汉朝的律令是汉高祖命令萧何主持制定的，曹参深知萧何制定的这些律令已经非常完善，对恢复经济、稳定社会有非常重要的作用，不容变更，所以在施政方面完全按照萧何制定的政策措施办事。如有人前来讨论政治，曹参"辄饮以醇酒，间欲有所言，复饮之，醉而后去，终莫得开说，以为常。见人有细过，专掩匿覆盖之，府中无事"。

在用人方面，曹参专门选用那些言语不多、性格稳重、有长者风范的人担任丞相府官吏，对那些能言善辩之徒、舞文弄墨之辈加以排斥。曹参任宰相虽然只有短短三年，但成效显著，国家安宁稳定，人民安居乐业。

自古名将重厚少文，周勃李靖不善言辞：

周勃是西汉名将，汉朝建立后被封为绛侯，官至太尉、宰相。史书称周勃"言事曾不能出口"，刘邦称周勃"重厚少文"，并预言他日"安刘氏者必勃也"。后来周勃在铲除吕氏势力中立了头功，应验了刘邦的预言。

吴汉是东汉名将，"质厚少文，造次不能以辞自达，然沉勇有智略"。他追随光武帝刘秀南征北战，立下汗马功劳，官至大司马。吴汉对刘秀忠心耿耿，"每从征伐，帝未安，常侧足而立。诸将见战阵不利，或多惶惧，失其常度，汉意气自若，方整厉器械，激扬吏士"。吴汉在战场上不怕失败，百折不挠，但在朝廷上似乎变成另外一个人，"斤斤谨质，形于体貌"，从不夸耀自己的战功，深受光武帝的器重。

李靖是唐朝名将，他精通兵法，是战场上的常胜将军，连唐太宗李世民也经常向他讨教兵法。但李靖并非能言善辩之人，史书称李靖"性沉厚，每与时宰参议，恂恂似不能言"。

梁武帝时的名将冯道根，为人谨厚木讷，在战场上能攻能守，屡立奇功。每场战斗结束后，"诸将争功，道根独默"。但梁武帝并没有因冯道根沉默寡言而忘记他的功劳,提拔他为豫州刺史,对冯道根的为人作风和办事能力,梁武帝非常欣赏,他曾经感叹道:"道根所在,令朝廷不复忆有一州。"

西方谚语有一句话很值得我们琢磨:"一个行动胜过一打纲领。"作为当下的青少年,实实在在的行动永远都要比夸夸其谈的大话有意义,受欢迎。

3. 博学有礼

子曰:"君子博学于文,约之以礼,亦可以弗畔矣夫!"(《论语·雍也》)

"畔"通"叛",释义为"违背","弗畔",就是不违背。不违背什么呢?就是孔子说的"七十而从心所欲不逾矩"的那个"矩","矩"的意思是画直角或方形用的曲尺,引申为法度、法规。这个"矩",就是前面所讲的"仁"与"义"。

孔子说:"君子应当好学,知识广博,并用礼来约束自己,这样也就不会违背仁义了。"

只是孔子到了70岁时随心所欲便能不违背仁义,而一般的博学君子则还需要"约之以礼",即通过礼的约束才能做到不违仁义。孔子要求弟子在"博学于文"之后不忘"约之于礼",可能与当时有学者以"博学"为傲人、卖弄资本的现象有关。老聃就曾指出过这一不良现象:"知者不博,博者不知。"因为博,反而误入歧途。孔子正是有鉴于此,才提出以礼约博,作为君子的标准之一。

一天,齐国派使臣来向孔子请教问题,因孔子与这位使臣见过面,便把他让进屋里。

孔子与使臣谈话,颜回在一旁倒茶。一不小心,颜回的大袖子把茶杯碰到了地上,摔了个粉碎。这个茶杯是孔子专用的,因而格外爱惜。颜回怕孔子知道了生气,就偷偷地把杯子的碎片藏在袖筒里,又拿出个新的,装作若无其事的样子继续倒水奉茶。颜回见孔子并没有发觉,心里沾沾自喜,心想,躲过了一场责怪。

使臣请教完,孔子与颜回送使臣出门,等使臣走远了,正要回屋,忽见一群发丧的走来,孝子号啕大哭。

颜回见此，说："自古常理，人死不会活呀！"

孔子一旁接话说："咱师徒这么多年，还有什么事要遮遮掩掩的呢？"

颜回听孔子话中有话，知道孔子已知道了打碎杯子的事，满脸羞愧。

孔子说："茶杯摔碎了没什么，跟我说一声不就完了，何必为这点小事披披藏藏的呢？"

颜回见老师原谅了自己，急忙把袖筒里的碎片扔了。从这个故事我们看出孔子重视礼。

俄国的列宾是世界著名的现实主义画家，他的代表作品《伏尔加纤夫》、《宗教行列》、《临刑前拒绝忏悔》等作品早已成为世界画廊里的珍品。

列宾获得巨大成功，但为人极为谦逊。

一次，列宾接到一位文学家写来的信，信上说："列宾，你以自己杰出的作品证明，你是一位伟大的画家……"

"伟大？谈不上，太过分了。"列宾竟像一个受表扬的小学生，脸立刻红了，他自言自语着，似乎感到无地自容。他马上给文学家回信，写道："我是一个很平凡的普通人，您是知道的，可是您却要把我送到一个宏伟的高台上去，假如我真爬上了高台，您看见了这么一个渺小的人站得那样高，也会发笑的。"

这是真情的流露。因为列宾从来不满意自己的作品，而他参观其他艺术家的作品展览会时，总是一边细心观摩，一边喃喃地说："这幅画太好了，我画不出，我还得努力啊！"列宾的谦逊，也正是"约之以礼"的表现。

子曰："君子食无求饱，居无求安。敏于事而慎于言，就有道而正焉。可谓好学也已。"（《论语·学而》）

孔子说："君子吃饭不要求饱足，居住不要求舒适。工作上勤劳敏捷，说话却谨慎，到有道的人那里去匡正自己。这样，就可以说是好学了。"

孔子周游列国，来到周王朝所在，参观周朝的祖庙，看见祖庙的右边台阶前有一尊铜人。

铜人的口部被封了三层，背后有铭文写道："这是古代一位慎于言语的人。小心啊！小心啊！不要多说话，说多了话，必然有闪失；不要多事，多事必然有灾祸。平安快乐的时候一定要小心,不要做使自己后悔的事情。不要以为没有妨碍,祸患将随之增长;不要以为没有危险,祸害将随之增大;不要以为没有危害,祸害将随之到来。不要以为没有人知道,天灾正在那里等待着对你的惩罚。小的火苗不扑灭,烈焰冲天便无可奈何;小的水流不堵塞,奔流成河便一筹莫展。长长的细线不截断,就将织成罗网,茂盛的树苗不砍除,就将变成巨木。如果出言不慎,就会埋下祸根。强横的人不会正常死亡,好胜的人一定会遇到敌手,盗贼怨恨主人,民众憎恶权贵。君子知道天下不可以一手遮盖,所以就对人退让一点,谦卑一点,使人亲慕自己。持一种谦卑退让的态度,就不会有人能与自己争衡。人们趋向那边,我独坚守此处,众人心智迷乱,我独思想坚定。把智慧深藏心底,不与人争技艺之短长。这样做,即使我地位高贵,也不会受到危害。江河之所以成为江河,是因为它卑下。上天没有特别厚爱的人,但是他一定佑助善者。小心啊!小心啊!"

看完以后,孔子回头对弟子们说:"记住这铭文。这些话虽然鄙俗,但是切中了事情的要害。俗话说:'格外小心和谨慎,就如同身临深渊边缘,如同脚踩薄冰一样。'如果能够照这样立身处世,怎么会因为嘴巴而遭到灾祸呢!"

子曰:君子不重则不威,学则不固。主忠信,无友不如己者,过则勿惮改。(《论语·学而》)

这句话里提到了五个关键词:重,忠,信,友,改。"重"在此是庄重,它的反面可能是轻佻。

君子如果不庄重就没有威严,威严的前提是庄重,而且所学的东西也不易巩固。要以忠诚和诚信两种道德为主,"主"字在这里活用为动词了,它带着两个宾语——忠和信。第四个关键词是"友",就是交朋友,不要交不如自己的朋友,这是交友的原则。过,犯过失,犯了过失就不要怕改正。这句话大体上概括了君子在道德修养上要注意的几个方面。

4. 不忧不惧

子曰:"君子道者三,我无能焉。仁者不忧,知者不惑,勇者不惧。"子贡曰:"夫子自道也。"(《论语·宪问》)

君子之道有三个方面，我不能做到了。那就是有仁爱之心的人不忧虑，有智慧的人不迷惑，勇敢的人无所畏惧。学生子贡说，这三个方面说的正是先生您自己啊！

看来孔子是真的有君子之风，太谦虚了。

司马牛问君子。子曰："君子不忧不惧。"曰："不忧不惧，斯谓之君子已乎？"子曰："内省不疚，夫何忧何惧？"（《论语·颜渊》）

这句话中孔子和他的学生司马牛谈君子的条件，师生分别用了两个反问句，点明"内省不疚"就是具备做君子的条件了。君子是"日三省乎己"，这"三省乎己"能感到不疚，也就确实比较完美了。

司马牛问孔子怎么样才是君子？孔子说："君子没有忧虑，也没有恐惧。"司马牛又问："没有忧虑，也没有恐惧，就可以算是君子了吗？"孔子很了解司马牛目前的心境，为了增加他的信心，于是回答说："如果反省自己的内心，没有任何的愧疚，那还有什么好忧虑恐惧的呢？"

司马牛这时才明白孔子所说的话，孔子又说："你的兄弟为恶作乱，那些事情都和你没有关系。如果你总是担心别人会因为你有那样的兄弟，而对你有偏见，那么你的心便无法平静了！相信你自己，只要你自己行得正，问心无愧，又何必在乎别人怎么想呢？"

根据叔本华的生命哲学思想，人生都是在忧愁和烦恼中度过的，所谓"十有九输天下事，百无一可意中人"。人怎能没有忧愁，没有恐惧呢？

大概孔子也是深有体会吧，所以他才提出"君子不忧不惧"的说法。能修到不忧不惧的程度，那就可以算得上是君子了。而不到君子程度的人都是有忧有惧，在烦恼与恐惧中度过一生的。

可司马牛一听，感觉却和我们不太一样，他觉得仅仅是不忧愁不恐惧，这不是太简单了吗？你看那饭店酒馆里猜拳行令，吆五喝六的人，不都是不忧愁不恐惧吗，难道他们都是君子吗？孔子知道司马牛没有弄清楚，所以进一步告诉他说："不忧愁不恐惧是指自己问心无愧，心地光明安详，这可是不容易做到的啊！"原来如此。

所谓"平生不做亏心事，半夜不怕鬼敲门。"君子的不忧不惧是因为内心光明磊落，而不是单纯地忧柴米油盐，怕抢匪上门。这也就是孔子在另一个地方所说的"仁者不忧，勇者不惧"吧！

具有仁者勇者的风范，当然是君子了。

5. 做一个通才

> 子曰：君子不器。（《论语·为政》）

君子在人格修养、知识储备、心理素质各方面都比较全面，他不像一件容器一样只有一个用处，他一般可以兼容很多角色。

是君子，就应该担负起治国安邦的重任。对内能妥善处理各种政务，对外能够应对四方，不辱君命。而不能像器皿，只能盛一种东西，只有一种盛放的简单用处。

孔子制定了君子标准，自己首先是最坚决的践行者，并且一生都向着君子这个方向迈进，坚持不懈，无可动摇，遇山开石，遇河趟水。正如他说的那样：己所不欲，勿施于人。他对自己设定了严格的甚至苛刻的君子标准。

孔子是一个全面发展的人，他身材魁梧，膂力过人，而且精通射箭。《论语》里曾记载：孔子射于瞿相之圃，观者如堵墙。可见他的箭法精妙。孔子是当时著名的音乐家，他不仅从小对鲁地的礼乐相当知晓，对喜丧音乐更是精通。就是这样，他还不能满足，又师从当时最为著名的音乐家师襄，学习更高层次的音乐。对于军事，他自己曾亲自为鲁定公设计用武力与齐国针锋相对的战术，让齐国在夹谷会盟时不能占到任何便宜。后来，鲁国与齐国交战，又是孔子派出两位弟子，充当主帅与车右，杀得齐师溃不成军。

这些，都应了他一再提出的"六艺"之术。这一点上来说，孔子是中国素质教育的鼻祖，开了中国全面发展的教育先河。而这素质教育的本质追求，就是为了使自己以及自己的弟子达到文武兼备，将来能够为国家担当重任，在国家需要的时候，挺身而出做出贡献。

南怀瑾将"不器"和"为政"合起来解读，他说"为政"要通才，通才就要样样懂。不器就是并不成为某一个定型的人，而是古今中外无所不通。

二、君子与人的关系

　　君子在处理个人与他人的关系时能够把握好自身与外界的度，不仅能够保持自身的独立性，更重要的是能够维护对方的独立性。

　　一个真君子的第二个标准就是好处事，他的人际关系一定是融洽的友善的，而这个人最终在团队的合作中有所作为。所以孔子曾经说君子跟小人有一个很大的区别，就是君子群而不争，矜而不党。君子是合群的，他在一大群人里面是从来不争的，不跟别人有太多的纠纷争执的，他一个人内心可以是骄傲的，可以是矜持的，但是他决不结党营私。

1. 合群而独立

　　子曰："君子和而不同。"（《论语·子路》）
　　君子能够和别人和谐相处而不盲目附和。
　　君子为什么能处事以"和"，而小人不能呢？
　　这就是因为处事的出发点不同，君子处事是"义以为质，礼以行之"的，是该干啥干啥，因此与社会的公义即道德标准与观念是相符合的，自然得到不同群体的认可，君子因此而能与众人相和。

　　反之"小人喻于利"，"小人"的为人处世只按利行事，谁能给他带来好处他就举谁的手，至于是否符合社会公义他是不管的。因此昨天举你的手，是昨天有共同的利益。今天举他的手，是因为今天能带来利益的不是你了。"小人同而不和"，就是说"小人"之同是同于利，是利益驱使而促成的"同"，他们相和吗？他们并不相和，现实生活中出现这么多的合作纠纷就是说明。

　　就自身而言，高明的人总是与别人相协调，但并不盲目地重复或附和别人，因协调而不重复故能达成和谐；不高明的人，见到旁人的成功就一窝蜂随大流地模仿别人，反而引起恶性竞争，最终导致不和谐。

　　这里可以举一个例子：美国开发西部的早期，曾一度形成了淘金热，各地的人们纷纷奔赴西部淘金。而一个叫史密斯的人，也想借此发财，但他不是直接像别人那样去淘金，而是向淘金的人卖水。结果，许多淘金者空手而归，史密斯却大发一笔，从此成了富翁。他顺应了淘金的潮流，这是"和"；但他没有重复别人，这是"不同"，合起来就是"和而不同"，所以他比别人高明，发财是对高明的应有报偿。

对他人而言，高明的人总是追求和谐，为此而包容差异，在丰富多彩中达成和谐；不高明的人，总是强求一致，因容不得差异而往往造成矛盾冲突。

比如，一个乐队，想要演奏出和谐美妙的音乐，需要使用十几种乃至几十种不同的乐器，各奏其乐，各发其声，从而汇成宏大动听的交响乐。反之，如果乐队中都使用同一种乐器，其单调乏味是可想而知的。

可见，"和而不同"所表现出来的文化宽容与文化共享的情怀，不仅具有伦理价值，还具有思想方法、工作方法和处世哲学的意义。

党的十六大和十六届三中、四中全会提出构建社会主义和谐社会，并把提高构建社会主义和谐社会的能力作为加强党的执政能力建设的重要内容。

所谓"和谐社会"，应该是民主法治、公平正义、诚信友爱、充满活力、安定有序、人与自然和谐相处的社会；应该是各尽其能、各得其所而又和谐相处的社会；从某种角度看，也应该是"和而不同"的社会。

子曰：君子周而不比。（《论语·为政》）

孔子说：有道德有修养的君子广泛地团结群众而不结党营私。

我们学习中国古代历史都知道北宋有王安石变法。

北宋伟大的政治家王安石是个真诚的君子，他没有运用政治手段将守旧派人士赶出权力机构，使得那部著名的《资治通鉴》的编辑司马光和他的同党有机会强烈反对王安石的变革，以他为首的官员组成守旧集团势力，称为旧党。从中央到地方的旧党采取一切手段疯狂破坏王安石利国利民的改革，终于使王安石怀着极大的道德勇气不懈坚持的善政蒙受污秽之名，使宋朝的国力受到极大创伤。王安石虽然失败，但他当之无愧是中国历史上少有的君子，少有的伟大的政治家。他的道德勇气和他的才华，虽然受到污蔑，但是历史是公正的。

子曰："君子矜而不争，群而不党。"（《论语·卫灵公》）

"矜而不争",是自爱自尊,不与人争。"群而不党"是合群,拿自己当普通人,甘当群众一分子,并不拉帮结派,搞小集团。

2. 以礼待人

子夏曰:"君子敬而无失,与人恭而有礼。"(《论语·颜渊》)

君子敬业而不犯错误,对人恭敬而有礼貌。

这里强调君子所表现的外在修养。

曾子曰:"君子以文会友,以友辅仁。"(《论语·颜渊》)

君子凭合乎礼仪的标准和方式来选择、交往朋友,通过与朋友的交往来培养仁德。看来君子是绝对不会结交酒肉朋友的,也不会巴结权贵的。

曾子,姓曾,名参,字子舆,鲁国南武城(今山东嘉祥县)人,比孔子小46岁。《论语》中,对孔子的弟子以"子"称的只有四人,其中曾参最多。其言论常以"曾子曰"开头单独收录,不像其他弟子的话多以与孔子问答形式。有人据此推测其门人参与或主持了《论语》的编纂,我以为可信。曾子以"孝"著称。司马迁在《史记·仲尼弟子列传》中说他"作《孝经》"。

以文会友,而不是以酒会友。

这大概就是"君子之交淡如水"的意思吧。

《庄子·山木》说:"君子之交淡如水,小人之交甘若醴。"君子淡而亲,小人甘以绝。

"醴"就是酒,而"文"自然是如水一样清淡的了。

这就是"君子以文会友,以友辅仁"的意思,也就是"君子之交淡如水,小人之交甘若醴"的原因所在。

为什么"以友"能够"辅仁"?李泽厚在书中还引用了康有为《论语注》中的一段话,其解释可谓精当明了:"人情孤独则懒惰,易观摩则奋厉生。置诸众正友之中,则寡失德;置诸多闻人之中,则不寡陋。故辅仁之功,取友为大。"就是说,多跟好人、仁人交朋友,以"仁"的标准来交朋友,是成仁、达仁的重要途径。

《论语》开篇第一章是"子曰:'学而时习之,不亦说乎?有朋自远方来,不亦乐乎？人不知而不愠，不亦君子乎？'"孔子乐陶陶于远方的朋友来与他相会，想必是出于"辅仁"的原因。一帮仁人朋友欢聚在一起，其所论、所做自然离不开高尚的仁德，就像现在慈善家们聚在一起做善事，"志愿者"们结成组织做义工，大家互相勉励帮助别人，使自己的灵魂也得到升华，岂不是快乐无比的事？

3. 安之若素，心境泰然

子曰："君子病无能焉，不病人之不己知也。"（《论语·卫灵公》）

病，担心。

做君子的只担心自己能力不足，不用担心别人不了解自己。这是一种积极进取而又坦然自若的心境。

子夏曰："君子有三变：望之俨然，即之也温，听其言也厉。"（《论语·子张》）

这句话是子夏形容君子的，实际上是说他的老师孔子。

意思是君子远远看过去很严肃，接触时感觉很温和，听他说话很严厉。一个人有高度的修养，有三种变相：看起来不可侵犯，实际上跟他一亲近，又非常温和，充满了感情；尽管他说笑话，但他言语的内容，又非常庄严，不可侵犯。

有人认为这种形象，就是我们今天的法官形象。

在法官形象塑造方面，"君子三变"提供了一个合适的模式，它讲究在不同情境下的不同表现，与法官审理案件有对应、契合的关系。如，"望之俨然"，是法官形象的常态，法官是司法公正的化身，这源于合法性要求；"即之也温"，是说法官应注重以情动人，有利于彻底解决矛盾，在构建和谐社会的背景下更具意义；"听其言也厉"，是说法官要以理服人，把法律以合适的方式表达出来，从而使当事人信服。

所谓"君子三变"，不是刻意做出来的，而是日常修养所致，它构成了一种人格魅力。恰如古人所注解，"君子敬以直内，义以方外，辞正体直，而德容自然发，人谓之变耳，君子无变也"。因此，法官要在司法活动中表现出良好形象，就应注重提高自身修养，从培养个人品质及业务能力做起，不断增强业务能力，提升道德情操，保持良好心理状态，才能有"温"的容量与"厉"的底气，从而展现出"俨然"的形象。

子曰："君子泰而不骄。"（《论语·子路》）

君子泰然处世，不骄傲自满，狂妄自大。

4. 及时改过

子贡曰："君子之过也，如日月之食焉。过也，人皆见之；更也，人皆仰之。"（《论语·子张》）

君子也有犯过失的时候，但是他绝对不会掩盖躲藏，他的过错就像日食、月食一样。犯过失的时候，人们都能看得见；改正之后，人人都仰望着。

这体现了君子对待自己过失的极为坦然的态度。

在"晋灵公不君"的故事中，士会劝晋灵公说："人谁无过？过而能改，善莫大焉。"所谓"瑕不掩瑜"也是这个意思。当出现日食月食，太阳月亮暂时好像被黑影遮住了，但最终黑影掩不了太阳月亮的光辉。君子有过错也是同样的道理。有过错时，就像日食月食，暂时有阴影；一旦承认错误并改正错误，君子原本的人格光辉又焕发了出来，仍然不失君子的风度。

另一方面，对于一个有地位的君子，也就是领导人来说，就像太阳、月亮一样，居于高处，并且大家都看惯了他光辉的形象，不像一般人，亮不亮没关系，反正也没人注意。居于高位的领导人一旦犯错误，很容易被大家发现，就像太阳、月亮一样，稍微有一点点黑，就被人们觉察到了，所以尤其需要谨慎，一言一行都要注意。当然，你一旦改正错误，那也很容易被大家发现，因为大家都仰望着你。

以上两方面就是子贡说"君子之过，如日月之食"的意思。不过，孟子认为，古代君子的过错的确如子贡所说，像日食月食一样，但他所处那个时代的所谓"君子"，却是将错就错，文过饰非，已完全没有"日食月食"的风度了。

所以要做一个君子，就要警醒自己，及时改正自己的错误，才是一个真正的君子。

三、君子处世方式

君子如何处世？君子懂得兼容，包容周围的人。他明白自己的权利更懂得自己的义务在哪儿，并且在自己的权利范围之内不侵犯他人的权利，维护对方的独立性。君子虽然都有自己的个性，也许他们知道崇尚的具体道德标准不甚相同，但是他们却能和和气气地在一处品茶论调。他们深谙，理解对方的意识源泉，就像清楚地明白自己的人生理想和社会理想一样。

1. 君子成人之美

子曰："君子成人之美，不成人之恶。小人反是。"（《论语·颜渊》）
君子尽量促成别人的好事，帮助别人，不去暗中破坏，落井下石。

"成人之美"即成全他人的好事，也就是要想方设法地去帮助他人实现其美好的愿望。譬如为政和从教，孔子认为这都是君子"成人之美"或"立人"、"达人"的理想途径之一。而若将这种"成人之美"推至于极致，便是要有一种"杀身成仁"的牺牲精神，孔子说："志士仁人，无求生以害仁，有杀身以成仁。"由此可知，君子范畴实际上是孔子所提倡之仁德的人格化。

"成人之美，不成人之恶"的态度，体现了一个人处世的境界。

在19世纪中叶的一个冬季里，有一个少年流浪到了美国南加州的沃尔森小镇，在那里，善良的杰克逊镇长收留了这个少年。

冬季的小镇雨雪交加，镇长杰克逊家花圃旁的那条小道变得泥泞不堪，行人纷纷改道穿花圃而过，弄得里面一片狼藉。看到这些，被镇长收留下的少年心里很不忍，因此他便冒着雨雪看护花圃，让行人仍从那条泥泞的小路上走过。此时，镇长挑来了一担炉渣，将那条小路铺好了，于是行人就不再从花圃中穿行了。镇长对少年说："关照别人不就是关照自己吗？"

"关照别人不就是关照自己吗？"这虽是普普通通的一句话，却让少年的心灵受到很大震撼和启迪。他就此悟出：关照别人虽然也需要付出，但同样能得到收获。镇长的一句话,成为这个少年终身享用不尽的巨大财富,他后来成了石油大王,他就是哈默。

帮助别人,别人会感激你。善待别人就是善待自己。从在公交车上让座开始,你会觉得你的确很有风度,你会面对别人给你的感谢的目光。

善待,一个很简单的字眼,但要每个人都做到却是一件不简单的事!

不过,只要你拥有一颗赤子之心,怀着幸福、感恩的心态去善待别人,那么这也就不是那么难的事了。

"成人之美"是一种高尚的道德品质,是一种君子情怀。君子能吃苦耐劳,心胸坦荡,常为别人着想,常与世无争,慈善于人,希望别人变好,无怨无恨,人际关系和谐。小人则相反,小人贪图安逸和享乐,心胸狭窄,只为自己着想,爱计较长短,自私自利,善于妒忌,妒忌别人比自己好,常抱怨命运不公。

君子善待他人,乐善好施,故常成人之美;小人妒忌别人,自私自利,只考虑一己私利,不能学会在合作中实现共赢,故常成人之恶。

"成人之美"的反面是小人的"成人之恶"。

所以,鲍尔吉·原野有句话说得挺好,就人的一生而言,不需要太多的招法与谋略,若肯躬行,一两条善念足以受用终身。闯天下可先拜自己为师,仔细倾听自己是怎么劝别人的,然后一心一意地奉行,多数情况下会成功。

看看历史上,那些"成人之恶"的小人,有几个不是最终搬起石头砸自己的脚?

《三国演义》中,诸葛亮"三气周瑜"的故事,可谓家喻户晓吧。想当年,周瑜何等人才!外表风流倜傥,且少年得志、文武双全,24岁就被授予建威中郎将,34岁率军破曹,以少胜多,在诸葛亮的帮助下,取得了历史上有名的赤壁之战的辉煌胜利。仅凭"赤壁之战"这个成功的案例,他就完全可以在军事史上留下辉煌的一笔。但是,这样一个人,却性格暴躁、好胜心强、心胸狭隘、骄傲轻浮、嫉贤妒能、情绪容易激动。他知道宽宏大量、谦虚谨慎的诸葛亮水平远在他之上,本来应虚心请教的他,不是去成人之美,而是嫉贤妒能,伺机陷害,一而再,再而三,实在逼人太甚,孔明才将计就计,种种计策都被识破，还被大大羞辱了一场，周瑜最后被气得大叫一声后，便一命呜呼了。临死前，他还仰天长叹："既生瑜，何生亮！"这个只能天下第一、不能天下第二的周瑜就这样死于自己的"心胸狭窄"。

子曰："君子易事而难说也。说之不以道，不说也。及其使人也，器之。小人难事而易说也。说之虽不以道，说也；及其使人也，求备焉。"（《论语·子路》）

说，同"悦"，动词，取悦。说之，使君子喜悦。和君子很容易相处，但很难让他们高兴，如果不以正当方式让他高兴，他是不会高兴的。因为君子严于律己，宽以待人，所以虽然好相处，却很难让他们高兴。

等到这个君子真正使用你的时候，他会把你量身定做安排在一个位子上。我们知道每个人能力都术有专攻，尺有所短，寸有所长，一定有他自己能力不及的地方。真君子用人从不勉强别人，而是审时度势，根据这个人的材料去释放他的一个功能，这就叫器之，把你自己放在最合适的岗位上，不刁难你。这种人很容易处事，但是很难取悦他，这就叫君子。

再看相反的方面。小人难事而易说也，小人就是那些特别容易高兴，能取悦他，但是很难处事的人。我们想想，"难事而易说"这五个字勾勒出来多生动，我们周围有很多这样的人吧。比如，你给他施一个小恩小惠，你帮他一个小忙，你投其所好，哪怕你请他喝一顿酒，或者请他去洗桑拿、去按摩，这个人很快就高兴了，一个真正这么容易被收买的人就能够好合作吗？不，这个人是不容易共事的。为什么呢？因为你取悦他的这种方式是不合乎道的。这就是孔子所说的，说之虽不以道，说也。你取悦他的方式虽然不合乎道德但他也高兴，那么你取得了他一时的欢心，你以为他以后就会非常忠诚地一路给你开绿灯呢。等到真用人的时候，"及其使人也，求备焉"。"备"是"完备"的"备"，什么意思呢，就是求全而责备，你这个时候费了很多力气，花了很多钱财打通了关节，接上了关系，终于有一天他来为你办事了，你相信他会为你铺开一条坦途了吧，这个时候他该求全责备了，他开始觉得你这儿不够格了，那儿不达标了，你为什么不怎么怎么样，你还可以更好一点吗。君子虽然不容易取悦于他，不能轻易让他高兴，但是他能公正地安排事情。

2. 把"义"作为最高标准

子曰:"君子之于天下也,无适也,无莫也,义之与比。"(《论语·里仁》)

君子在天下行事,没有绝对如此的标准,也没有绝对不可如此的标准,一切行事只求合于义。

在这里,"义"是测试事情正确与否的标准,这句话主要强调君子做事以义为基本的原则。

君子义以为上。君子有勇而无义为乱;小人有勇而无义为盗。(《论语·阳货》)

君子把义作为行事的最高标准,君子崇尚勇敢,但是更崇尚道义,注重方式,如果有勇无谋则莽撞。小人有勇气但不合义就会沦为盗贼。

君子崇尚勇敢这没错,但是君子的勇敢是有约束的,是有前提的。这个前提只有一个字,就是"义"。

一个君子只要有了这个"义"字当先的勇敢,他才是一种仁义之勇,如果没有这个字的话,他会以勇去犯乱,因为勇敢可能会搅动起大乱,而这种情形如果发生在一个小人身上,就更麻烦了,如果他心中没有义的话,那他就会直接成了小偷、劫匪,就为盗了。我们想想今天,小偷劫匪你不能说他不勇敢,他穿门打户,甚至可能越货杀人,你说他不勇敢吗?也就是说,没有道德约束的勇敢是这个世界上最大的灾害。

那么道义是什么呢,君子之勇真正崇尚的是什么呢?就是这种内心的制约,所以《论语》中还有这样著名的一句话。

子曰:"以约失之者鲜矣。"(《论语·里仁》)

内心有所约束,而在社会上还经常有过失的人我见得不多。

也就是说,一个人内心要经常对自己有"日三省乎己"的反躬自问,问问我今天有什么事做得好,什么事做得不好,看看周围的人所谓见贤思齐,见不肖则内自省。反省一下我可不可能这样。这就是约束,也就是说,我们说人生有遗憾,人的行为也有遗憾,但是你做错了以后,如果你自己这样去纠正的话,这就是一种真正的儒者所倡导的勇敢。这种勇敢就是君子之勇。

关于君子之勇,后来苏轼在《留侯论》中有这样的论述:

"古之所谓豪杰之士者，必有过人之节，人情有所不能忍者，匹夫见辱，拔剑而起，挺身而斗，此不足为勇也。天下有大勇者，卒然临之而不惊，无故加之而不怒，此其所挟持者甚大，而其志甚远哉也。"

这是什么意思呢？他解释了真正的豪杰志士心灵之勇是何等境界，这种过人之节能够忍受人情有所不能忍者的人，这是一种广阔的胸怀。什么人是勇敢的？像韩信那样，可以受胯下之辱的人，最后他可以为刘邦决胜千里之外，他不会像一般的人，所谓匹夫见辱，拔剑而起，一瞬间就绷不住了，这样的人是做不了大事的。也就是说，你自己真知道你是谁的话，这种勇敢有时候表现为气度，有的时候表现为一种理性约束下内心的自信和镇定。

这就是一种力量。

也就是说，一个有德有仁的人，才能够真正做到心灵的勇敢。是因为你的内心有美好的东西，所以你看到外在的世界，才能气定神闲。

一说起勇，"君子能勇无义为乱"，我们常想到三国时期的吕布。吕布论勇猛武功，天下第一，无人能敌。但就是这样天下军人都惧怕与之交手的吕布，被世人所看不起，张飞骂他"三姓家奴"。吕布曾先后侍奉过袁术、丁奉、董卓等，并认丁奉、董卓为义父，所谓认贼作父，加剧了混战，被世人认为是势利之人，反复无常。虽是一代名将，最终被曹操擒获，杀死。

子谓子产："有君子之道四焉。其行己也恭，其事上也敬，其养民也惠，其使民也义。"（《论语·公冶长》）

读这句话中特别注意"谓"字的解释，不是"对……说"，而是"评论"。子产，姓公孙名侨，字子产，郑国大夫，做过正卿，是郑穆公的孙子，为春秋时郑国的贤相，中国古代一位杰出的政治家和外交家。

孔子评论子产说，他有君子的四种道德，他自己行为庄重，他侍奉君主恭敬，他养护百姓有恩惠，他役使百姓有法度。

子曰："君子义以为质，礼以行之，孙以出之，信以成之。君子哉！"（《论语·卫灵公》）

其中"孙"字通"逊"。这几个句子都是倒装句的形式，应该理解为"君子以义为质，以礼行之，以孙出之，以信成之"。

孔子说:"君子以义作为根本,用礼加以推行,用谦逊的语言来表达,用忠诚的态度来完成,这就是君子了。"

这是君子处世的方式。

3. 君子堪当大任

子曰:"君子不可小知,而可大受也。小人不可大受,而可小知也。"(《论语·卫灵公》)

君子可以不从小事情上去考察他,但是能让他接受重大任务。而不像小人,最多有些小聪明,但是成不了大事,只能做一些小聪明的事。也就是所谓的君子不拘小节。

曾子曰:"可以托六尺之孤,可以寄百里之命,临大节而不可夺也,君子人与?君子人也。"(《论语·泰伯》)

年幼无父的人为孤,六尺之孤,也是指年幼的孩子,这失去父亲的年幼的孩子如果仅仅是一般孩子,那受托付简直太平常了,应该是面临一国危亡的年幼君主。

可以把年幼的君主托付给他,可以把国家的大事交代给他,面临生死存亡的紧急关头而不动摇。这样的人是君子吗?是君子啊!曾子对"君子"的界定一般都果敢而有魄力,颇能给君子以鼓舞。

孔子所培养的就是有道德、有知识、有才干的人,他可以受命辅佐幼君,可以执掌国家政权,这样的人在生死关头决不动摇,决不屈服,这就是具有君子品格的人。昔者伊尹、周公、汉之霍光、蜀之诸葛亮,可以算这样的人。

这样的一份担当就演化成了中国儒家人格中所谓"天下兴亡,匹夫有责"。其实我们想一想,中国人的人格理想很有意思,儒家和道家从来不是彻底分立的,不是针锋相对的两个流派,它其实是人格理想的两端。用林语堂先生的话来讲:中国每一个人的社会理想都是儒家,而每一个人的自然人格理想都是道家。这就是我们经常的一种表述,叫做"达则兼济天下,穷则独善其身"。一个人在发达的时候就要想到以天下为己任,而一个人在穷途末路困窘于一个不堪境地的时候还要不放弃个人修养,这就是君子了。

一个君子只有在困境中不断地完善自己，磨砺自己，然后他真正发达的时候，他才有可能去帮助别人。所以我们看中国古代，在孔子之后，经过唐宋，我们能看到诸多名士，他们都是在自己极其穷困潦倒的时候还能做到胸怀天下，这点其实想来是不可思议的。

比如说杜甫，他有一首著名的《茅屋为秋风所破歌》，他说自己的家里面，八月秋高风怒号，卷我屋上三重茅……床头屋漏无干处，雨脚如麻未断绝。那样一片穷困潦倒的时候，他心中想到的是什么呢？

是安得广厦千万间，大庇天下寒士俱欢颜，想到的是有更多好房子让所有人都住上。再比如说范仲淹，他说一个人即使是处江湖之远的时候，不可能居庙堂之高的时候，仍然要求自己"不以物喜，不以己悲"，他要求自己心怀"先天下之忧而忧，后天下之乐而乐"的远大志向。

这样一些情怀都是什么呢？就是君子大志。

文天祥的《正气歌》可不是凭空而来的，如果只是关在监狱里面几个月都坚持宁死不屈，也许还比较容易做到；但文天祥前后被囚禁数年，经历了种种严酷考验，却始终不屈，最后从容就义，其"人生自古谁无死，留取丹心照汗青"成了千古绝唱。连续数年都能"临大节而不可夺"，这可不是一时意气所能做得到的。有的人一时意气在胸的时候，可以非常勇敢，但是这股气能够持续几年都稳得住吗？恐怕很多人都稳不住了，也就那一下就泄气了，这一切都需要有一定的修为，要有极强的毅力，要有极强的意志才有可能做得到。

4. 君子忠于职守

曾子曰："君子思不出其位。"（《论语·宪问》）

君子在世上也要摆正自己的位置，考虑问题不要超出自己的职权范围，也不要越俎代庖。这一观点看起来有些保守，其实其中蕴涵智慧。

很多读书人以天下为己任，忧国忧民，这诚然不错，但是有时容易落入空泛的议论之中。

我曾在20世纪90年代针对改革初期出现的种种弊端，思考当时在政治、经济、教育、民生、外交等诸多方面存在的严重问题，为此而整天唉声叹气，夜不能寐，辗转反侧，为国事而深深忧虑，可是到头来于事无补，还伤害了自己的健康。其实不如用这些热情和精力先做好自己本职的事。

子曰："不在其位，不谋其政。"（《论语·泰伯》）

实在地说，如果没有担任某种职务，必定对情况不了解。许多社会人士都有这样的误解，认为教师工作轻松，时间又短，假期又多，真是懒人的工作。这就是外行评内行，显出自己的无知。当然，不在其位者，可以发表议论，提出意见和批评，但必须坚守一个原则；只建议而不执意。意思是说，我们提了意见之后不要固执己见，更不要天真地认为自己的想法最高明。诗曰："英雄到老皆皈佛，宿将还山不论兵。"讲的就是"不在其位，不谋其政"的道理。这也说明为何中国古代许多大臣名将一旦不当权就不问政治的原因。

有人可能会问："位卑未敢忘忧国"、"天下兴亡，匹夫有责"又如何讲？面对国家兴亡大事时，人人皆有责任救国，不能把责任推给国家领袖。在这个问题上，一般人的职位是公民。公民在国家面临困难的时刻要扮演好公民的角色。

每个公民应具救国意识。《左传》中有这么一个故事：

秦国因为有奸细而了解郑国各方面的情况，并出兵攻打郑国，希望乘其不备而一举攻下，大兵到了半路，被郑国卖牛的商人弦高遇上。弦高虽只是一名商人，却担心国家安危。他一方面派人给国君报信，一方面又把12头牛送给秦君，并说："这是我国国君得知你们要经过此地前往我国，特命令我前来招待大家。"秦君统帅听了颇为惊讶，以为郑国即知秦军将至肯定早有防备，便只好遣兵回国。由此可见，面对国家兴亡之时，每一个公民都可救国。如果弦高以"不在其位，不谋其政"而继续做生意，后果一定不堪设想。

例如，我们正面对经济风暴带来的问题，全国上下都应有共识，以恢复本国经济。国家领袖须做好策略性的工作，人民则配合政府，扮演自己的角色。如果人人在其位谋其政，大家素位而行，同心协力，定能克服难题。

所以说，这些格言所反映的思想与本章含义并无冲突。

四、君子与自然的关系

这一部分在《论语》中的比重很小。

孔子曰:"君子有三畏:畏天命,畏大人,畏圣人之言。小人不知天命而不畏也,狎大人,侮圣人之言。"(《论语·季氏》)

大人,古代对于在高位的人叫大人,而圣人指有道德的人。

孔子说,"君子有三种敬畏:敬畏天命,敬畏地位高、德行高的人,敬畏圣人的话。小人不懂得天命而不敬畏,轻佻地对待地位高、德行高的人,轻侮圣人的话。"

一个人该不该有所畏?

有一句话说:"彻底的唯物主义者是无所畏惧的。"这句话作狭义的理解是有道理的。但如果作广义的理解,像有些人所认为的那样,指一个人应该天不怕,地不怕,没有什么可畏惧的,那就不一定妥当了。试想,没有什么可畏惧的,岂不是连走私贩毒,杀人越货,铤而走险都不怕了吗?

那我们拿这个人可真是难办了!

所以,一个人总是要有所畏才好。敬畏什么呢?

孔子认为,作为君子要敬畏天命,敬畏大人,敬畏圣人之言,这是孔子所要求我们的。这里实际上涉及三大方面的问题:天命关于信仰,大人关于社会规范,圣人之言关于思想权威。一个人有了这些敬畏、信仰,就会有所皈依,生活就会有所规范,思想就会有一个中心。在此基础上活着,生活才会觉得有目的,人生才会感到有意义,一切的事业感、成就感,才会油然而生。相反,一个人如果没有这些敬畏,这些信仰、规范和中心,那就会恣意妄行,无视社会思想和行为规范,无所不为,无恶不作,就是非常危险的。

这大概就是有所畏的哲学、有所畏的辩证法吧。

所以,一个人总是要有所畏才好。

真的不敢推敲孔圣人所说的天命的具体内涵,但是我想应该是站在宇宙的高度来评述自然、人生、社会，是宇宙间万事万物复杂的内在联系及其发展规律。想到2008年的汶川大地震，接踵而来的玉树地震，舟曲泥石流，世界范围内的飓风、海啸、全球气候变暖、臭氧层空洞，这一切的一切都昭示着我们人类的生存环境在不断恶化，再目睹一下《后天》、《阿凡达》、《2012》的镜头，更是让人不寒而栗。真切地觉得我们是人类而不仅仅是君子了，应该敬畏些什么了？怀着一颗敬畏的心来面对我们的生命。

五、在对比中愈见君子与小人的差异

君子和小人是一对对立的概念，为了增强论述的效果，孔子经常把君子和小人放在一起对比阐述，这样既突出了这一对概念各自的特征，又在对比中使双方的差别更加突出。

子曰：君子周而不比，小人比而不周。（《论语·为政》）

孔子说：君子以公正之心对待天下众人，不徇私护短，没有预定的成见及私心；小人则结党营私。

君子与小人的区别是什么呢？"周"是包罗万象，就是一个圆满的圆圈，各处都到的。"比"字象形，两个人向同一个方向在一起，靠得很近，结成小团伙。

高岗、饶漱石反党集团，"四人帮"反革命集团不都是"比而不周"的小团伙吗？他们都被钉在历史的耻辱柱上了。

就是社会发展到今天，甚至再发展下去，这句话都具有真理的永时性。君子从来都是善待周围人群，以良心度人，不搞山头主义，不拉帮结派，形成小团体，做事形成宗法思想。君子和谁都好，不会搞双重态度，不会搞双重标准，坦坦荡荡，清清白白。

而小人呢，见面就是兄弟，一餐就是死交，不论事情对与不对，总喜欢找一些人结党营私，唱对台戏，以整人为荣，以蒙人为誉，考虑问题不是从大局出发，而是以小集体利益凌驾于大集体之上。

真佩服孔子，在遥远的几千年前，在那个人们思想还处于朦胧时期，就能穿透事物的表象，直达事物的内核与本质，真是一位大圣。圣人就在于能从眼前的现象看到将来的趋势，能从众人的迷惑里看到事物的本目。难怪在孔子70多岁的生涯里，很难看到他与小人为伍。

子曰："君子怀德，小人怀土。君子怀刑，小人怀惠。"（《论语·里仁》）

怀，思念，想着。刑，法律。惠，利益，好处。

君子为了道德仁义可以志在四方，而不把自己仅仅局限在故土之上，修养不够的人却只顾留恋乡土而不知推行道义；君子敬畏国家的法律政令，避免因为违背道德仁义而身遭刑戮，造成对父母的不孝，对亲人的伤害，修养不够的人却只考虑是否有利可图。

作为一个君子，他的一切言行，都会遵守国家法律与社会道德共识，并且面对利益时能够自觉反省伸手取利时是否伤及其他人的利益，思考一下是否合情合理合法。君子能够做到见利思义，并且一个君子治学修身，力求发挥良知良能以自身为社会获取真实的利益，以成全自身的"德"业修为。

小人物则相反，只要能够获得利益，就不顾社会道德共识，六亲不认，锱铢必较，甚至千方百计钻法律空子，拼命占便宜，宁死不吃亏。中国有句古话："杀头的生意有人做，蚀本的生意没有人做。"甘冒法禁与公谴，为利益不择手段。稍微老实一点的，不过有贼心无贼胆而已。

在对比中论述君子与小人，还有下列句子：

子曰："君子喻于义，小人喻于利。"

子曰："君子坦荡荡，小人长戚戚。"

子曰："君子成人之美，不成人之恶。小人反是。"

子曰："君子和而不同，小人同而不和。"

子曰："君子易事而难说也。说之不以其道，不说也；及其使人也，器之。小人难事而易说也。说之虽不以道，说之；及其使人也，求备焉。"

子曰："君子泰而不骄，小人骄而不泰。"

子曰："君子而不仁者有矣夫，未有小人而仁者也。"

子曰："君子上达，小人下达。"

子曰:"君子求诸己,小人求诸人。"

君子什么事都依靠自己,小人什么事都责求别人。

人应该有独立自主的精神,在面对人生的时候,要将立足点放在自己身上。

在这句话里,孔子告诉我们一条真理:君子遇事求己,小人遇事求人。就是说君子无论遇到什么,首先要问自己,自己有没有能力去做,是不是自己没有看到方法。也就是要反问自己的内心,找出解决事情的本质方法,要相信自己,有能力,有条件,通过努力能找到契机。而不是遇到一点困难,就去求助于别人,寻求外在的力量,从而受制于人。

在这一点上,孔子是楷模。他在自己的学术传播上遇到困难时,可以说上下求索,百折不回。在鲁国,他做到了大司寇,就是后来齐国略施小计,使得他与鲁定公之间产生不可调和的矛盾后,他也总是从无法逆转的困难中寻找希望之光。他将美女困在驿馆,他多次劝说鲁王,虽然鲁王表现出明显的不高兴,甚至厌烦,他也全力以赴,找出方法,以尽臣子职责的本分。直到后来祭祀完毕,没有分到祭品,他看到希望的大门已对他紧紧关闭时,才万般无奈,踏上周游列国的道路。

当然,从这个层面上来说,我们应该感谢鲁王的昏庸,没有他的昏庸,孔子也许会足不出国,去"销售"他的仁义之说。就是这样,在周游时历经险难与坎坷,但他毫不气馁,仍然孜孜不倦地宣传自己的社会主张。在宣传的过程中,他总是从自己身上找原因,不断地纠正方法,以求思想学说得到最大范围的发展,甚至为了达到目的,居然还要背负着被人疑为喜好女色的臭名,但他只是为了求助于自己,用自己的力量达成事情。

拿破仑一次外出打猎,忽然听见有人呼救,走近一看,原来是有人落水了。拿破仑举起猎枪,大声吓唬到:"你再不上来,我就打死你!"那人听了以后,忘记了自己在水中,用尽全力向岸上划去,经过多次挣扎后上了岸。他气愤地问拿破仑:"你为什么要杀我?""我要不吓唬你,你就不会拼命地向岸上爬,那样你就死定了,因为我也不会游泳!"拿破仑笑着说。

生活中我们总会遇到些困难带来的压力和恐惧,对于有几分勇气的人来说,他们会把它当做人生的一次考验,想方设法地克服并且逾越它;而对于那些懦弱胆怯的人来说,却感到一种无法抗拒的威胁,他们想到的不是自己去克服他,而是期望借助别人的力量走出困境。因为害怕困难和危险而放弃行动的人,这只能说明生命的懦弱;而当苦难和危险真正降临的时候,除了本能的求生欲望之外,还能清醒地感觉现实的境遇,在漫长的压抑和恐惧感的煎熬中抓住生命的树枝,使全部的抗争可能性都得到充分的证明,这才是生命意义的真实写照。

如果人人都把自己的命运维系在别人的手中,他的人生还有什么意义呢?只有在那些进退维谷的境遇中以全部生命的力量与命运做抗争的人,才格外难能可贵,才显现出一种真正强悍和超然的英雄本色。

子曰:"君子不可小知,而可大受也。小人不可大受,而可小知也。"(《论语·卫灵公》)

君子不可以用小事情考验他,却可以接受重大任务,小人不可以接受重大任务,却可以用小事情考验他。

就是提醒我们看人从大处着眼,而不要拘泥于细枝末节。因为真正的君子,一个能成大器的人,他在细节上不一定有什么很突出的表现,不一定为人所知,而一个不能成大器的小人,则很可能在细节上显露出来,为人所赏识。所以,如果以小节看人,很可能一个真正大智慧的君子还不如一个小聪明的人,那就是你看走眼了。

所谓"满罐水不响,半罐水响叮当"。说到底,还是一个大智慧与小聪明的问题。知人论世,尤其是领导者知人善任,选拔人才,不可不注意这方面的大问题。

子路曰:"君子尚勇乎?"子曰:"君子义以为上,君子有勇而无义为乱,小人有勇而无义为盗。"(《论语·阳货》)

子路说:"君子崇尚勇敢吗?"孔子说:"君子把道义作为最高原则,君子有勇猛的胆魄却没有道义就会叛乱,小人有勇猛的胆魄却没有道义就会落草为盗。"

孔子有自己的君子观,作为一个中学生,我们一直在学习,将来还要进入高等学校继续深造，学习不仅仅是掌握知识培养能力，也是要培养我们的君子品质。

在我们的印象里，印度是一个位于赤道北侧的半岛式人口大国，那里因为天气炎热，人的肤色都比较黑，而且我们比较熟悉的是印度的风俗，女孩出嫁如果陪嫁少了就可能嫁不出去。印度虽然曾是世界四大文明古国，但是曾于20世纪沦为英国的殖民地。

从最近几年的媒体报道，我们了解到，印度是近几年发展迅速的国家之一，与中国、巴西、俄罗斯并称为"金砖四国"，他的某些高科技产业超过中国，畅销全世界。而且最近几年他们的军事发展势头特猛，要赶超中国。

但是我们却不太明白印度为什么会有这样快速的发展，他们在发展经济和高科技方面有什么诀窍呢？最近几年有人对此作了些探讨，尤其是对中印两国的知识分子作了比较分析。研究者发现，印度知识分子特别富有社会责任感，一个个像孔子所提倡的中国古代的君子，而正是知识分子促使印度经济和高科技的迅速崛起。李少君发表《印度知识分子让中国知识分子汗颜》，唐志良在价值中国网发表《让中国知识分子相形见秽的印度知识分子》，朱蓬蓬发表《向印度知识分子学习》，袁南生在2011年第5期《同舟共进》杂志上发表《甘坐冷板凳的印度知识分子》。

这一系列的研究文章，应该能引起中国知识分子的高度重视，促使我们去反思和改进自己。也给未来中国的知识分子——我们今天的中学生以很好的启迪。

我在这里推荐袁南生的文章《我眼中的印度知识分子》（见袁南生《感受印度》中国社会科学出版社2006年7月版）

读后收获：

一、下面描写的是《三国演义》中的哪两个人物？讲一讲他们的故事。

1. 面如冠玉，头戴纶巾，身披鹤氅，飘飘然有神仙之态，有时坐一辆四轮小车。

2. 雄姿英发，羽扇纶巾。谈笑间，樯橹灰飞烟灭。

二、蒲松龄（1640～1715），字留仙，又字剑臣，别号柳泉居士，世称聊斋先生，清代杰出文学家，山东省淄川县（现淄川区洪山镇）蒲家庄人。自幼聪慧好学，19岁应童子试，以县、府、道三考皆第一而闻名籍里。蒲松龄少时几次赴考都名落孙山，于是愤而放弃科举转而著文，完成巨著《聊斋志异》。为激励自己，书一联刻于铜镇尺上以自勉：

有志者、事竟成，破釜沉舟，百二秦关终属楚；

苦心人、天不负，卧薪尝胆，三千越甲可吞吴。

读一读这副对联，并结合其中典故，说说对联的意思和得到的启示。

三、孔子说："君子喻于义，小人喻于利。"现实生活中，又有人说，"君子爱财，取之有道。"对此，你有什么见解？

四、默写下面关于君子的名句：

1. 有子曰："君子务本，本立而道生。＿＿＿＿＿＿＿＿，＿＿＿＿＿＿＿＿？"

2. 子曰："质胜文则野，文胜质则史，＿＿＿＿＿＿＿＿，＿＿＿＿＿＿＿＿。"

3. 子曰："君子义以为质，礼以行之，＿＿＿＿＿＿＿＿，＿＿＿＿＿＿＿＿。君子哉！"

4. 曾子曰："可以托六尺之孤，＿＿＿＿＿＿＿＿，＿＿＿＿＿＿＿＿，＿＿＿＿＿＿＿＿？君子人也。"

5. 子曰："君子周而不比，＿＿＿＿＿＿＿＿。"

6. 子曰："君子不可小知，而可大受也。＿＿＿＿＿＿＿＿，＿＿＿＿＿＿＿＿。"

五、子贡曰："君子亦有恶乎？"子曰："有恶。恶称人之恶者，恶居下流而讪上者，恶勇而无礼者，恶果敢而窒者。"曰："赐也亦有恶乎。恶徼以为知者，恶不孙以为勇者，恶讦以为直者。"

子曰："君子不以言举人，不以人废言。"

子曰："君子矜而不争，群而不党。"

1. 请从上面文字中提炼一个成语。

2. 请从上面文字概括孔子心目中君子应具备的品质，并结合自己的看法进行评析。

第二章 君子高洁 | 67

第三章　智慧魔方

在孔子关于"君子"和"忠信"、"治世"等问题的谈话中，我们仿佛可以看到一个严肃、庄重的先生；而在读其关于识人、做事智谋的言论中，又仿佛看到一个充满智慧的、思想灵活的、善于变通的、重视实践应用技巧的孔子。

《论语》里面，自始至终充满着智慧。

智慧是洋溢在字里行间的东西，它不见得就是拎出来的一两句的警句，更多的时候它是一种思维的方式。

《论语》总是用最朴素的话去点明那至高的真理。

智慧的魔方在孔先生的手里运转自如啊！我们也可以玩转这个魔方。

做一个有智慧的人也是我们中学生成长的需求。

一、智者的表现

1. 智者乐水

子曰："知者乐水，仁者乐山；知者动，仁者静；知者乐，仁者寿。"（《论语·雍也》）

智慧的人爱水，仁义的人爱山；智慧的人好动，仁义的人喜静；智慧的人容易快乐，仁义的人容易长寿。

孔子认为人和自然是一体的，山和水的特点也反映在人的素质之中。因此他说："知者乐水，仁者乐山；知者动，仁者静；知者乐，仁者寿。"

在千变万化的大自然中，山是稳定的，可信赖的，它始终矗立不变，包容万物，是最可靠的支持。水则是多变的，具有不同的面貌，它没有像山那样固定、执著的形象，它柔和而又锋利，可以为善，也可以为恶；难于追随，深不可测，不可逾越。

聪明人和水一样随机应变，常常能够明察事物的发展，不固守一成不变的某种标准或规则，因此能破除愚昧和困危，取得成功，即便不能成功，也能随遇而安，寻求另外的发展，所以，他们总是活跃的、乐观的。

仁爱之人则和山一样平静，一样稳定，不为外在的事物所动摇，他们以爱待人、待物，像群山一样向万物张开双臂，站得高，看得远，宽容仁厚，不役于物，也不伤于物，不忧不惧，所以能够长寿。

智、仁、勇是儒家人格的最高理想。勇是智和仁的结果。像山一样坚忍不拔，像水一样勇往直前，这就是一个崇高的人，一个有价值的人，一个快乐的人，一个长寿的人。直到现在，爱山、爱水，以山和水为自己人生的楷模仍然是我们，也是许多中国人的最高追求。

"山的伟岸，水的机变。"《易》曰："穷则变，变则通，通则久。"大概说的就是水的"变"吧！

还有一句话，就是近山则实，近水则智。

有一篇很精彩的散文叫《水的智慧》。

孔子曰："知者乐水。"

"智者"的智慧当如水之灵活。若藏于地下则含而不露，若喷涌而上则清而为泉；少则叮咚作乐，多则奔腾豪壮。水处天地之间，或动或静；动则为涧、为溪、为江河；静则为池、为潭、为湖海。水遇不同境地，显各异风采；经沙土则渗流，碰岩石则溅花；遭断崖则下垂为瀑，遇高山则绕道而行。水，可由滴滴雨水、雪水而成涓涓细流，而成滔滔江河，而成茫茫海洋。

"智者"的智慧当如"乐水"之灵感，时间如流水，我们要珍惜，"子在川上曰：'逝者如斯夫'"。百姓如江水，为官要慎笃。《孔子家语》云："夫君者舟也，庶人者水也。水所以载舟，亦可以覆舟。"水是美丽动人的，《红楼梦》中言，"女人是水做的骨肉"，台湾民歌唱，"阿里山的姑娘美如水"，《荷塘月色》写道："月光如流水一般静静地泻在这一片叶子和花上……"水也是多愁善感的，清新飘逸的仙湖也有"抽刀断水水更流，举杯消愁愁更愁"之时，词中高手如李煜更有"问君能有几多愁，恰似一江春水向东流"之叹。水是交友的榜样，"君子之交淡如水"；水也是处世的辩证，"水至清则无鱼……"

水中有哲理。

2. 智者不惑

子曰："知者不惑，仁者不忧，勇者不惧。"（《论语·子罕》）

真正有智慧的人，什么事情一到手上，就清楚了，不会迷惑。"仁者不忧"，真正有仁心的人，不会受环境动摇，没有忧烦。"勇者不惧"，真正大勇的人，没有什么可怕的。但真正的仁和勇，都与大智慧并存！

知者不惑。什么是"惑"呢，顾名思义，一是怀疑，一是困惑，这些都是聪明人不该有的，智慧的人心里就跟明镜似的，总是知道自己该坚持什么，做起事情来绝不犹豫，也不会犯糊涂，所以能把事做得很清楚明了。

其次，仁者不忧。不忧就是内心平正安稳，没什么烦忧，一切都能坦然接受。可见那些整天真的或者装的忧国忧民的官员跟知识分子们，孔子是不赞同的，要保证平和的心态，不然怎么才能有所作为呢。

至于怎样做到不忧，有两种方法。第一，司马牛问君子。子曰：君子不忧不惧。曰：不忧不惧，斯谓之君子已乎？子曰：内省不疚，夫何忧何惧？孔子认为君子没有可忧愁和害怕的，原因是，他们反省自己的时候没有什么好愧疚的，所谓君子坦荡荡，小人常戚戚。作为一名君子，问心无愧，就可以摆脱忧惧。我们认为就是做人做事尽心尽力，不留有遗憾也不需要后悔，自然就无忧无惧了。第二，子曰：不怨天，不尤人。在倒霉的时候，不怨天尤人，不把责任拼命往外推，为的是让自己好受点，但每次抱怨老天怪罪别人的时候满腔怒火，其实还是不好受，倒不如坦然去接受自己的处境，让心情平静下来，也趁机反省一下自己。怨天尤人是绝对解决不了问题的,但如果是因为自己有错而陷入困难的话,如果能把错改过来,以后的路就可以走得更平更顺了。

最后来说说,勇者不惧。可以引一段苏轼的话来讲讲什么是勇,曾记得苏轼《留侯论》"古之所谓豪杰之士者,必有过人之节,人情有所不能忍者,匹夫见辱,拔剑而起,挺身而斗,此不足为勇也。天下有大勇者,卒然临之而不惊,无故加之而不怒,此其所挟持者甚大,而其志甚远也"。这段话非常好,那些英雄豪杰们,肯定是内心有强大约束力和节制力的人,甚至能忍常人所不能忍,一受到屈辱就立刻抄家伙跟人斗得你死我活的,只是匹夫之勇,不算作真正的勇。

真正有勇的人,面临突发事件并不惊恐,所谓泰山崩于前而面不改色,无缘由被人冒犯了也不发怒,这正是因为他们胸怀大志,目标高远的缘故。为了争一口气而跟人厮杀,并不能算是勇敢。

子曰:巧言乱德,小不忍则乱大谋。张良给老翁拾靴,韩信受胯下之辱,貌似都挺窝囊的,但最后成大业平天下的恰是这些人,他们在碰到重大危急关头时,反倒极其理智冷静,一个运筹帷幄决胜千里,一个调兵遣将多多益善,这才是真正的勇者。

遇大事不害怕,不逃避不退缩能够担当起大责任的人,才是真正的勇者。

3. 智者临事而惧

子路曰:"子行三军,则谁与?"子曰:"暴虎冯河,死而无悔者,吾不与也。必也临事而惧,好谋而成者也。"(《论语·述而》)

大智慧的获得,不是为了我们蜚短流长品评人物,是为了有用。也就是说,在这个世界上,知人之后应当知道如何用人。

大家都知道子路。子路是一个勇敢过人但智谋稍稍欠缺的人,有一次他问他的老师:"子行三军,则谁与?"他说,老师,如果现在让你带兵打仗,你会选择跟什么人同行呢?可能子路想,老师你这样一介儒生,带兵打仗肯定要选择很勇猛的人吧。

结果,老师告诉他:"暴虎冯河,死而无悔者,吾不与也。"什么叫暴虎冯河？"暴虎"，指赤手空拳就敢搏击老虎。"冯"通"凭"，就是凭借的意思。"冯河"，指一条浩浩荡荡的大河在那里，河上没有桥，也没有船，这个人只身就敢去游大河。一个人敢这样做，还要拍着胸脯保证：死而无悔，我不怕，我的勇气就足够支撑我这么去做，我用不着考虑后果。如果一个人在三军阵前这样来表态，孔子说，我反正不选择跟他同行，我不用这样的人。

那么，孔子会用什么人？孔子也说了他自己的标准："必也临事而惧，好谋而成者也。"临事而惧啊，一事当前心里得知道害怕。

我们想一想，今天领导在下任务的时候，很可能面对两种人：第一种人听个大概马上拍胸脯说，请领导放心，我24小时当42小时干，保证完成任务，我立下军令状，完不成拿我是问，都包在我身上了。第二种人在那儿听啊，最后说，您说的这件事太大，您让我回去再收集点数据，我好好考虑一个可行性方案，我尽量把它完成。这样的两种人，你会用谁？

第一种人就是敢于暴虎冯河的人。第二种人就叫做临事而惧，他是真知道害怕啊！

我们从小到大，比如去参加一个特别重要的考试，去见一个你特别在乎的人，这个时候你心里不会害怕吗？一定是心里有点打鼓的，因为你太在意了。那么，一件事情交给你，你轻易就敢拍胸脯吗？

24小时它就是24小时，你连第25小时都挤不出来，你想把它当成42小时过那是不可能的。你说立下这个军令状，最后完不成也就那样了，还能怎么样呢？

在这个世界上，什么都不怕的人是最让别人害怕的。孔子说，一个人得有一点敬畏之心。一个责任摆在那里，你要来担当的时候，心里总要问一问，是不是真正沉甸甸把它当回事？

但是，惧怕也要有个分寸，你怕到打退堂鼓吗，这个事儿真的不做了吗？没个分寸，怕到不做，也不行。

所以还有后四个字，就是孔子说的，"好谋而成"。什么叫"好谋而成"？就是我真把它当回事接下来了，然后好好地运用自己的智慧，一步一步去谋划，直至完成。孔子说，你问我用什么人吗？我就用这样的人。

在今天这个时代，很多时候我们看到，表决心的人，拍胸脯的人，声音都很大，我们还能够考虑到他心里真正有如临深渊、如履薄冰的那点在乎吗？我们能真正考虑一件事的可行性吗？

4. 智者有远见，有眼光

有智慧还表现在看事物有远见，有眼光，能预测事件发展变化的过程。

子夏为莒父宰，问政。子曰："无欲速，无见小利，欲速则不达，见小利则大事不成。"（《论语·子路》）

子夏做了莒父的总管，问孔子怎样办理政事。孔子说："不要求快，不要贪求小利。求快反而达不到目的，贪求小利就做不成大事。"

莎士比亚说过，"不应当急于求成，应当去熟悉自己的研究对象，锲而不舍，时间会成全一切。凡事开始最难，然而更难的是何以善终。"

当今的时代，人们的生活节奏也越变越快，首先有层出不穷、令人目不暇接的商品大潮，使得人们费力费神地去获取；次则越来越便捷的交通工具被制造出来，刺激起人们到各地观光、尝试各种不同生活方式的心态，于是人们便一站一站地奔个不停。

生活的快节奏，导致人们心态上的一个重大变化，就是大家都太急于求名，急于求利，急于求成。太急功近利。何谓急功近利？急切地追求短期效应而不顾长远影响；追求眼前利益，而不顾根本道理，就是急功近利。

你如果产生了急功近利的心态，一定目光短浅，只看到眼前的境况，盲从世俗、胸无大志、心胸狭窄，认为吃好穿好玩好便就是好。而为了吃好穿好玩好，你可以不择手段、不知廉耻，成天绞尽脑汁，时刻伺机取巧，所有的人格、尊严、德行、操守、灵魂，通通抛到九霄云外，见鬼去了。

有女大学生为了快速致富，在网上求人包养，一年给20万元就把自己卖给富翁了。

在曾经的十里洋场上海，很多女大学生有着严重的媚外情结，在这个繁华而失落的地方，上海的女大学生混迹酒吧，灯红酒绿，她们宣称，我们是为老外而生的。为嫁一个外国老公，她们甚至是看不起中国男人的，这样的女大学生还有什么培养的价值？这其实可恨也可悲。

作家因为功利写不出好作品，艺术家因为功利忽视了艺术和功底，运动员因为功利会有违规行为，有人因为急功近利，过早地戴上近视眼镜，为了摆脱眼前的困境，可以不顾未来的利益；为了求得一时的痛快，以长远的痛苦作为代价。

老子说："九层之台，起于累土；千里之行，始于足下。"成功和失败不是一夜造成的，而是一步步积累的结果。所以，要想成功，必须做好充分的积累，而不能急于求成。

宋国有个人，见别人家的庄稼长得很好，总觉得自己家的庄稼长得太慢，很是着急。有一天他忽然想出了一个好办法，于是便将自己地里的禾苗一棵一棵全部拔高了一些。看着自己家的庄稼一下子比别人家的庄稼长高了，感到非常高兴。回到家里他得意地对家人说："今天可把我累坏了，我一个人让地里所有的庄稼都长高了一大截。"他的儿子听完他的详细介绍，立刻跑到地里去看，结果发现他们家的禾苗全都枯死了。这个拔苗助长的故事也充分地说明了欲速则不达的道理。

还有一个小故事。

天色渐晚，一个卖橘子的想赶在城门关上之前走到前面的一座城。小贩问一位路人，他要什么时候才能抵达城门。路人回答说："如果你慢慢走，关门之前能到达。如果你走得很快，就到不了了。"小贩感到很奇怪，没有领会路人的话，开始快速赶路，却又走得太急，打翻了橘子，不得不停下来捡拾满地的橘子，也最终没能在关城门前到达。究其原因，是因为小贩一心只想着赶路与到达，没有平和的心态，以至于最终自乱阵脚，打翻了货物。

可见，急于求成，心态浮躁，会把最简单、最熟悉的小事都办糟，何况富有挑战性的大事呢？

贝多芬写《合唱交响曲》用了 39 年的时间，最终将无数次的灵感串联成了旷世佳作。如果他也急不可耐地希望完成作品，一个小时作完曲子，我们还能听见他发自内心的《欢乐颂》吗？

越王勾践为了灭吴受了多少年的凌辱，尝了多少年的艰辛。他从来没有草率地为报一箭之仇而出兵吴国，而是用平和、坚定的心对内不断提升自己，对外等待最佳时机。可见，坚定而又平和的心态才是成功的前奏。

子曰："人无远虑，必有近忧。"（《论语·卫灵公》）

人如果没有长远的谋划，就会有即将到来的忧患。所谓人无远虑必有近忧，这就是因果循环，今日因成他日果，今天不为他日的打算，他日成今日时必然有许多忧虑，不容我们不作努力。

"人无远虑，必有近忧。"这是古老的谚语，充满了先人的智慧，告诫我们要未雨绸缪，不要老看眼前的事物，而忘却了人之所以积极奋斗的远景期待。

在做事的时候，要跳出事物看问题。当我们要开始一项工作的时候，首先要心定，心定了才能静下心来考虑问题。

俗话说心急吃不了热豆腐，我们在决定一件事的时候要经过思考，匆忙做出的决定往往会在执行的时候后悔当初的匆忙。所以我们在做任何事情的时候，要静下心进行严密的谋划。

"凡事预则立，不预则废。"斯蒂芬·茨威格曾在《人类群星闪耀时》一书中写道："一个人最大的幸运，莫过于在他的人生中途，即在他年富力强的时候发现了自己生活的使命。"人生苦短，我们生存的地球历经几十亿年，可是留给我们每个人的只是不足百年的光阴。一个人立身于世，应该思考四大人生问题：我是谁，我现在在哪里，我要往哪里去，我如何到达那里？

1970年，美国哈佛大学对当年毕业的天之骄子们进行了一次关于人生目标的调查：27%的人，没有目标；60%的人，目标模糊；10%的人，有清晰但比较短期的目标；3%的人，有清晰而长远的目标。

1995年，即25年后，哈佛大学再次对这一批1970年毕业的学生进行了跟踪调查，结果是这样的：3%的人，25年间他们朝着一个既定的方向不懈努力，现在几乎都成为社会各界的成功人士，其中不乏行业领袖、社会精英；10%的人，他们的短期目标不断实现，成为各个行业、各个领域中的专业人士，大都生活在社会的中上层；60%的人，他们安稳地生活与工作，但都没什么特别突出的成绩，他们几乎都生活在社会的中下层；剩下27%的人，他们的生活没有目标，过得很不如意，并且常常在抱怨他人、抱怨社会、抱怨这个

"不肯给他们机会"的世界。

其实，他们之间的差别仅仅在于：25年前，他们中的一些人知道自己的人生目标，而另一些人不清楚或不是很清楚自己的人生目标。

二、慧眼识人是为智

1. 学会全面识人

知人，慧眼识人，是智慧中最根本的内容。只有认清别人，才能妥善处理好与别人的关系，也才能做到正确地用人。

子曰："不患人之不己知，患不知人也。"（《论语·学而》）

孔子说，我不担心别人不了解我，只担心不能认清人。

樊迟在问老师什么是"知"（智）的时候，老师就说了两个字，叫做"知人"。也就是说，如果你懂得天体物理，懂得生物化学，或许你都不是拥有大智慧，你只是拥有了知识；真正的智慧有一个重要标准，就是面对人心，你拥有什么样的判断力。

在一个充满迷茫的世界里，真正深沉的智慧就是我们能够沉静下来，面对每一个人以及他背后的历史，能够顺着他心灵上每一条隐秘的纹路走进他内心深处的那些欢喜和忧伤，那些心灵的愿望。

那么，怎么样才能了解人呢？孔子告诉我们说，你看一个人，要"视其所以，观其所由，察其所安。人焉廋哉？人焉廋哉？"

这话什么意思呢？所以：所做的事情。所由：所走过的道路或所使用的方法。所安：所安的心境。廋：音sōu，隐藏、藏匿。

孔子说："（要了解一个人）应看他言行的动机，观察他所走的道路，考察他安心干什么，这样，这个人怎样能隐藏得了呢？这个人怎样能隐藏得了呢？"

"视其所以"，从一开始你要看到他为什么这么做。看他做一件事不在于他在做什么，而在于他的动机是什么。

中间"观其所由",你要看他做事的经过和他使用的方法又是什么。

最终是"察其所安",一个人做一件事,什么叫结束或者没结束?不在于一件事情物理过程的终结,而在于他的心在这个结果上终于安顿了吗?有些事情完了,但人心仍然不安,意犹未尽,他还要做;有些事情没有完,但是有人可以说,雪夜访戴,我乘兴而来,兴尽而返,我到了朋友门前,我可以不敲门就走,因为我的心已经安了。

所以看一个人做事,不要看事情的发展过程,而要看他心理上的安顿。这就是给我们一个起点,"视其所以",再给我们一个过程,"观其所由",最后给我们一个终点,"察其所安",那么就会"人焉哉",人还往什么地方去藏起来呢?

当你经过这样一个过程的分析,你说这个人还怎么能藏起自己的真实面目呢?这个人的心你弄明白了。

2. 听其言观其行识人

子曰:"始吾于人也,听其言而信其行,今吾于人也,听其言而观其行。于予与改是。"(《论语·公冶长》)

孔子说:"从前我听了一个人的话,就相信他的行为,现在我年纪大了,人生经验多了,听了一个人说的话,还要观察他的行为。这个改变,是宰予给我的启发。"

孔子自己增长了正确识人的一个经历,也告诉给我们一个正确识人的办法:听了他的话还要看他怎样去做,重在观察他的行为,而不仅仅听他说得如何好,还要看他做得如何好。

任何会言者都可以言,而言语能力强的甚至可以言得"天花乱坠"。因为,言只是一种声音而已,言之后,言已经消失,不论这种"言""空洞无物"也罢,还是"言之确凿"也罢。我们又何必对自己的"言"那么认真。

子曰:"君子不以言举人,不以人废言。"(《论语·卫灵公》)

孔子说:"君子不因为某人的话说得好就推举他,也不因为某人不好就否定他的一切言论。"

因为"有言者不必有德"。话说得好的人不一定品德高尚,所以要听其言而观其行,不能够只听他说得好便以为一切都好,轻易地去推举他。

另一方面,一个虽然有这样那样的不好,甚至简直就是个魔鬼撒旦,但只要他说的话有道理,就应当采纳接受,而不应该以"狗嘴里吐不出象牙"来断然否定。

毛泽东在《为人民服务》这篇文章里说得好:"不管是什么人,谁向我们指出都行。只要你说得对,我们就改正。你说的办法对人民有好处,我们就照你的办。"

还有一种情况是,一个人原来荣耀显赫,如日中天,"咳唾成珠玉,挥袂出风云"。说出的话都是金玉良言,句句是真理。后来星移斗转,风流云散,甚至身败名裂,原来所说的一切似乎也都成了反动言论,成了粪土,批倒批臭,任何人不得再说。阴差阳错,倒是免费给了那人以专利权。

这也是一种典型的因人废言。在圣人看来,不是君子风范。

3. 不能用别人的好恶作为识人的标准

子贡问曰:"乡人皆好之,何如?"子曰:"未可也。""乡人皆恶之,何如?"子曰:"未可也。不如乡人之善者好之,其不善者恶之。"(《论语·子路》)

子贡问孔子说:"乡亲们都喜好他,怎么样呢?"孔子回答说:"不可以。"子贡又问:"乡亲们都讨厌他,怎么样呢?"孔子回答说:"不可以。这两种情况都不如乡亲们里品德好的人喜好他,品德不好的人讨厌他。"

重点在于既反对好好先生(即孔子多次批评的"乡原"),又反对做事让所有人都不喜欢的行为。说这才是君子之道。

子曰:"众恶之,必察焉;众好之,必察焉。"(《论语·卫灵公》)

众人厌恶他,一定要仔细审查;众人都喜欢他,(也)一定要仔细审查。

就是说一个人无论是受到大多数人的厌恶还是欢迎,我们都应该仔细分析他受欢迎或被讨厌的原因。深一层的含义是,君子应当明辨是非,不从众。

4. 认清这一副嘴脸

借一双慧眼，拂去层层迷雾，请你认清这一副极易令你心动的嘴脸。

子曰："巧言令色，鲜矣仁。"(《论语·学而》)

孔子说："花言巧语，一副讨好人的脸色，这样的人是很少有仁德的。"

"巧"字大部分是指高妙、聪慧、灵巧、美好之意。如《诗经》：巧笑倩兮，美目盼兮。甚至和"言"在一起时，《诗经》：巧言如簧。亦是指言辞巧妙动听，犹如笙中之簧。这些都是指好的事物。

"令"字亦是指好的、善的。《诗经》：如圭如璋，令闻令望。郑玄：令，善也。所以令色亦当指美好、和善的神色态度。

因此巧言、令色这两个字面上都是好的辞，为何在此180度大转弯，弃明投暗了呢？合理的推论是这里应该隐藏了一点言外之意。

现在看出来巧言令色四字所隐藏的言外之意了吗？对了！就是"一点也不诚恳"。所以孔子之意应为有目的、不诚恳、不合宜的巧言令色是不好的。

"巧言"一词在《论语》中还另外出现过两次，除此处及公冶长篇之外未出现于《论语》其他篇章。

子曰：巧言令色，足恭，左丘明耻之，丘亦耻之。子曰：巧言乱德。小不忍，则乱大谋。

此二处应亦是与本章的巧言令色相同的，是指有目的、不诚恳、不合宜的巧言。

孔子所喜欢的，是简单、淳朴、实在，简称"简朴在"。

孔子所讨厌的，是巧舌如簧、溜须拍马、心口不一。

看得出，孔子对"巧言令色"的人深恶痛绝，用铿锵有力的语言旗帜鲜明地阐述了自己的观点。"巧言令色"的人，很少能做到"仁"。孔先生是对学生们提出了警告，也是为后人敲响了警钟。你们要时时刻刻注意那些"巧言令色"的人啊！

孔子的警钟敲了2000多年，他的后人真的觉醒了吗？对不起，孔先生，也许真的让您失望了。2000多年过去了，"巧言令色"的人不仅没有消失，而且无处不在。欣赏"巧言令色"的人更是大有人在。"巧言令色"似乎成为人生的阶梯,成功的必修之课。

20世纪,一个叫李宗吾的人写了一本名为《厚黑学》的奇书。书中说,凡要成就一番事业的人,必须要具备两门功夫,一是脸皮厚,二是心肠黑。李先生写书的目的本是为了讽刺官场弊病,使国人从愚昧中猛醒。没想到,书一出版,竟成为人们争相学习的官场必读。厚黑二字竟被许多人奉为处世的经典、人生的座右铭。

李先生所说的"厚"与孔先生所说的"巧言令色"其实是一回事。请大家闭眼试想一下,一个花言巧语,一副讨好人的脸色,不正是一个典型的伪君子的画像吗?伪君子的显著特征就是脸皮的"厚"啊!

一般来说,脸皮厚的人抗击打能力比较强,对外界环境变化的适应能力较强。他们为什么要"巧言令色"?因为他们没有骨气,没有廉耻,没有自尊,他们以功名利禄为尺度,以利益得失为准绳。孔先生感叹了,这样的人"鲜仁矣"。

然而,喜欢"巧言令色"的却大有人在。很多领导只喜欢逢迎的下属,只欣赏满脸堆笑的表情。其实,在这些"巧言令色"的语言和表情下,隐藏的只有私心和利益。所以,直到今天,我们仍要牢牢记住孔先生在2000多年前给我们的忠告,时时刻刻小心那些花言巧语,满口颂歌,一脸媚笑的小人。

三、做事有谋

1. 以直报怨,以德报德

或曰:"以德报怨,何如?"子曰:"何以报德?以直报怨,以德报德。"(《论语·宪问》)

有人说:"用恩德来报答怨恨怎么样?"孔子说:"用什么来报答恩德呢?应该是用正直来报答怨恨,用恩德来报答恩德。"

这一处事原则其实分为两种,一种是在生活中,另一种是在国家外交事务中。

生活中，是是非非、恩恩怨怨随处可见，随时可惹，因为这个社会小人不少。但好心人也经常碰到，因为这个社会还是好人多。

我们面对于这些怨与恩，怎么办？最好的办法就是"以直报怨，以德报德"。千万不要以德报怨长小人威风，助他的嚣张气焰。千万不要知恩不报，伤了好人的心肠，愧对自己的良心。

"以直报怨"的"直"就是公正无私，凛然正气，鄙视傲然，远去拒绝。让施怨的小人感到正义的威慑而心生恐惧，或改过自新，或收敛自己的恶行。

"以德报德"就是常人说的"你敬我一尺，我敬你一丈"。知恩图报，知恩不报非君子，让这个社会充满爱心，这是人类的好风尚，我们应身体力行。

孔子说：君子坦荡荡，小人常戚戚。正直之人心如青天白日，无私无畏，明月清风，时光好度。

以直报怨，以德报德。己所不欲，勿施于人。

大肚能容，容天下难容之事；开口便笑，笑天下可笑之人。

在国家外交事务中，我们完全可以换一种处理态度：以怨报怨，以牙还牙。也就是毛泽东所说的，人不犯我，我不犯人；人若犯我，我必犯人。

试想清朝末年，假如我们能勇于还击八国联军的侵略，我们就不会有丧权辱国的一系列卖国条约，也不会有大片的国土被侵占。

"九·一八"事变后，假如我们能奋起抵抗日本帝国主义对我国东三省的侵占，我们就不会有日军铁蹄践踏大半个中国的苦难历史。

东方文明一向被认为是谦逊坚忍的，同样是被人欺负，西方的带头大哥耶稣在圣经里就叫嚣：要"以眼还眼，以牙还牙"。

而东方呢？佛家的精神领袖释迦牟尼说："我不入地狱，谁入地狱？"一副逆来顺受的样子。

长期在封建统治下受压抑的中国人，没有读懂孔老夫子当年的告诫，总是以"以德报怨"为美德。皇帝残暴，我们要"以德报怨"；地主剥削，我们要"以德报怨"；八国联军都打到北京了，还是要"以德报怨"；要卑躬屈膝，要割地称臣，要想尽一切办法彰显自己的"德"，要"量中华之物力，结大国之欢心"……就是没想过反抗。

试想，如果中国的文化里，没有这种把正确的思想东篡西改来为封建统治阶级服务的恶习，如果孔子这句原话没有被刻意地曲解成这样子，我们中国人会养成这样一种懦弱的思维惯性吗？有人说西方人的骨子里本性是狼性，而东方人的骨子里的本性是羊性，这里我们倒想问问了，是什么原因让我们变成了这样？如果我们从古以来信奉的是西方那种"以眼还眼，以牙还牙"的训诫，近代史上的中国，会给世界留下那么一个任人鱼肉的印象吗？比如，中日甲午海战后列强掀起的瓜分中国的狂潮，正是因为中国在弹丸之国日本面前的不堪一击。

所以，在维护领土和主权完整的外交政策中，我们不能以直抱怨，要坚决勇敢地以牙还牙，奋起抗击一切来犯之敌人。

2. 做好准备工作

子贡问为仁。子曰："工欲善其事，必先利其器。居是邦也，事其大夫之贤者，友其士之仁者。"（《论语·卫灵公》）

子贡问怎样修养仁德。孔子说："工匠要做好工作，必须先磨快工具。住在一个国家，要侍奉大夫中的贤人，与士人中的仁人交朋友。"

"工欲善其事，必先利其器"是句千古名言。一个工匠，比如木匠，要干好他的本职工作，就必定要把斧头、刀具、凿子、刨子等一整套工具磨得快快的，并且还把墨绳、标尺等其他工具，也准备得妥妥善善。

"有欲则立，无预则废"，对所有想得到成功的人，几乎就是天经地义。只有做好准备、搭建好规划的道路，才能保证成功的速度！

《韩非子》中有一个故事说：齐国有一个喜欢打猎的人，花费许多时间去打猎，结果却是一无所获，回家之后觉得愧对家人，出门又觉得对不起邻里好友，他仔细琢磨为何自己老是猎不到猎物，最后才明白是因为猎狗不好，可是因为家穷没办法得到好的猎狗，于是他想回到自己田里努力耕种，有收获之后便可买一只好的猎犬，等到有一只好猎犬时，便容易捕获野兽，达成自己成为一个好猎人的心愿。

3. 学会忍耐

子曰:"巧言乱德,小不忍则乱大谋。"(《论语·卫灵公》)

花言巧语惑乱道德。小事情上不能忍耐,就会打乱大的计谋。

有这样一个故事:隋朝的时候,隋炀帝十分残暴,各地农民起义风起云涌,隋朝的许多官员也纷纷倒戈,转向帮助农民起义军,因此,隋炀帝的疑心很重,对朝中大臣,尤其是外藩重臣,更是易起疑心。

唐国公李渊(即唐太祖)曾多次担任中央和地方官,所到之处,悉心接纳当地的英雄豪杰,多方树立恩德,因而声望很高,许多人都来归附。这样,大家都替他担心,怕遭到隋炀帝的猜忌。正在这时,隋炀帝下诏让李渊到他的行宫去晋见。李渊因病未能前往,隋炀帝很不高兴,多少产生了猜疑之心。当时,李渊的外甥女王氏是隋炀帝的妃子,隋炀帝向她问起李渊未来朝见的原因,王氏回答说是因为病了,隋炀帝又问道:"会死吗?"

王氏把这消息传给了李渊,李渊更加谨慎起来,他知道迟早为隋炀帝所不容,但过早起事又力量不足,只好隐忍等待。于是,他故意败坏自己的名声,整天沉湎于声色犬马之中,而且大肆张扬。隋炀帝听到这些,果然放松了对他的警惕。这样,才有后来的太原起兵和大唐帝国的建立。

咱们不妨来设想一下,如果当初李渊不能及时隐忍下来,贸然起来造反,那么后来的事态就远远不是原来那样。大唐帝国的建立也就不存在了。所以说一个人有火气这是自然的也是合乎情理的,关键就是,是不是在事态发生于自己不利的状态时,也还是坚持自己的偏见一意孤行,那么它的结果就不是我们能够想象得到的。

要想练好"小不忍则乱大谋"之功并非易事。它有两个层次。

"小不忍则乱大谋"之第一层:控制自己的情绪。苏轼在《留侯论》中有"忍小忿而就大谋"的说法,告诫人们在生活中不要一时逞匹夫之勇,而坏了大事。

生活中,人们因为不能控制自己的不佳情绪而酿苦果的例子很多。我的一位朋友就曾因为一件鸡毛蒜皮的小事与人争执,误了自己的大事。那一次,他在激烈的竞争之后获得了一个晋升的机会；在去参加晋升答辩会的路上因为别人踩了他的脚没有向他道歉而与人争吵起来，最后动了手。结果，两人都进了医院，他也错过那次来之不易的机会。事后，同事非常后悔。真是应了《增广贤文》中的那句话"得忍且忍，得耐且耐，不忍不耐，小事成大"。

生活中，类似的事情还很多，而且不仅只有中国人才有小不忍则乱大谋的感慨。美国通用电气的总裁韦尔奇在谈到自己的成功经验时曾有这样的话：官僚作风使我感到气馁的时候，我会采取一种回避的态度，而不是公开的批评——特别是不针对那些位高权重的人。显然，韦尔奇在不尽如人意之事面前，在位高权重之人面前采用了一种忍的态度。每个人都有自己的上司，而且在很多人眼里，上司都是蠢猪。既然是蠢猪，那自然很难让人接受。然而，上司之所以是上司，必然有其过人之处。对上司的抵触、埋怨，往往不仅于事无补，反而会引发与上司的冲突。逞一时之强，图一时之快，是被成大事之人所不齿的。

愤懑不佳的情绪需要控制，沾沾自喜、趾高气扬的情绪也要不得。古往今来，因得意忘形而招致祸患的例子不胜枚举。

孔融是孔子第二十世孙，名门望族之后；年少时就凭"让梨"的故事名闻天下。在曹操专权的东汉朝廷，他自恃才华盖世，狂放傲慢，不把任何人放在眼里，而且经常在许多场合让曹操下不来台。

三国时期，连年战乱，大量田地荒芜，粮食短缺，民不聊生；曹操看到酿酒耗费大量粮食，就颁布了禁酒令。孔融闻讯，立刻上书，强烈反对，言辞极尽讽刺挖苦。于是这边禁酒节约，那边照旧聚众豪饮。曹操怒火中烧，但忌惮孔融的才子大名，强忍怒火，孔融暂时平安无事。

东汉末年，群雄割据，曹操奉行挟天子以令诸侯的政策。孔融针对这一政策，公开向曹操叫板，主张尊崇天子，扩大君权，削弱诸侯权势，挑明了要曹操还政于汉献帝。曹操忍无可忍，罗列罪名，杀死了他。历史上，有才有功，不知隐忍，而招致杀身之祸的比比皆是；像孔融那样自恃有才，实际上于人无功无用，又不肯装孙子的人，更是如此。

狡兔死走狗烹，不能捉兔子，又不会摇尾巴，那这走狗只能先于兔子进锅了。

"小不忍则乱大谋"之第二层：面对诱惑、危险、欲望，头脑清醒，能够克制住自己。

《史记·项羽本纪》记载：项羽要去攻打彭越时，告诉部下大司马曹咎，"谨守成皋，汉军怎么挑战，都不要理他。我在 15 天内一定杀了彭越赶回来。"项羽出去几天后，汉军天天派人挑战，辱骂曹咎，曹咎忍受不了小辱，于是出兵和汉军大战，结果大败一场。等项羽 15 天后回来时，大司马曹咎已经兵败身亡了，项羽也如鸟折翼，实力大损。

相反的，三国时的诸葛亮六出祁山，对司马懿百般羞辱，但是因为司马懿能忍，所以诸葛亮总是粮尽兵疲，无功而返。

孔子在《论语·子路》中曾告诫人们"毋见小利，见小利，则大事不成"。这话的意思是不要被蝇头小利所惑，否则成不了大事。

下面是摘自互联网的一个故事。

18 岁的小王一个农家少年，只身到北京的一家烫画店打工。刚来的时候，小王基本上什么都不懂，顾客来的时候也搭不上话，只能做些杂活。对老店员，小王很尊重。无论哪个老店员服务顾客他都主动过去帮忙，仔细观察、揣摩他们接待顾客的方法。店里规定两个人一起接待的顾客，可以平分提成，但小王都将提成给了老店员。大家很不理解，可小王自己觉得一点小的提成不算什么，重要的是每次接待顾客都能从老店员身上学到很多东西。自己不要提成，老店员不但不会觉得他和自己抢顾客，而且还愿意教他更多的销售技巧和烫画知识。就这样，两个月过去了，小王的销售业绩直线上升。第三个月他的业绩在店里排名第一。老店员们都惊诧于他的惊人业绩。5 个月过去了，小王凭着优秀的业绩当上了店长。

小王就是不被蝇头小利所惑，学到了销售技巧和烫画知识，实现了自己的愿望，"毋见小利"而成就了大事。

4. 把握言的时机

子曰："可与言而不与之言，失人；不可与言而与之言，失言。知者不失

人，亦不失言。"（《论语·卫灵公》）

孔子说："可以同他谈的话，却不同他谈，这就是失掉了朋友；不可以同他谈的话，却同他谈，这就是说错了话。有智慧的人既不失去朋友，又不说错话。"

其实这句话也可以用到教师的身上去。

教师可以进行教育却不去教育，会失掉人才，需要做出表率却硬喋喋不休，等于白费口舌，合格的教育者要"有言之教"与"无言之教"两种方式结合。"有言之教"在于说理，以提高认识；"无言之教"在于以身作则，用自己的实际行动来指导感化。孔子强调身教，要"讷于言而敏于行"，教师要以自己合乎规范的道德行为给学生做出榜样。要求学生做的，自己必须先做；不让学生做的，自己首先不做。

看来，说也有可与不可之分。

恰当的准则要求言语同语境相协调。所谓"到什么山上唱什么歌"，"见什么人说什么话"，孔子很重视说话的语境，注意同语境的协调性，亦即表达的恰当性。

那些吃过自家嘴巴亏的人往往久病成医，反思深刻。

苏东坡也算一个，他用乌台诗案中的被告形象告诫人，"别来不可说，事与浮云多。当时无限人，毁誉即墨阿"。不知黄雀语，能免治长灾，要张破嘴，表现得那么聪明干甚呢？坡老干脆发起大愿，"但愿吾儿愚且鲁，无灾无难到公卿"。我们通过读史或亲历知道，在政治高压，舆论钳制，文网渐密的时代，尤其文人，他能成为一个哑巴会是多么的幸福。

孔子生存的时代，语言环境可谓十分宽松，所以，他老人家可以对着总理家的八佾舞蹈队指三说四，可以指着今之从政者的满朝大员不屑地说，"噫，斗筲之人！"没人据此揪他的小辫子，也不曾给他穿小鞋。

季羡林先生有句名言，"假话全不说，真话不全说"。可称为经典之语，耐人寻味。作为一个善良的人，他必以诚实笃信为道德底线，自然是假话一句也不能讲，但真话就可以悉数掏出吗？世事诡谲，人心叵测，老实人因讲真话惹祸招罪的太多太多，你怎能不欲言又止，退而自保，这是做人的智慧，而非做人的策略。

凡不可言说之时，你只能保持沉默！

不将珍珠留给猪，不将琴声送给牛，不将话语说给听不懂的人，这是精神王国里的必然法则。

孔子曰："侍于君子有三愆：言未及之而言谓之躁，言及之而不言谓之隐，未见颜色而言谓之瞽。"（《论语·季氏》）

愆：qiān，过失。瞽：gǔ，盲人。

孔子说："侍奉在君子旁边，要注意避免犯三种过失：还没有问到你的时候就说话，这是急躁；已经问到你的时候你却不说，这叫隐瞒；不看君子的脸色和具体情况而贸然说话，这是瞎子。"

《论语》里有许多关于说话的论述，孔门四科"言行忠信"，言语即居其一，可见孔子十分重视说话。

无论什么时候，我们都要认真对待说话。一个人善于言辞，口才好，就能把自己的工作和生活安排得有趣而且愉快，不仅使自己快乐，也使他人快乐。具有超一流的口才，是一个人能否取得成功的关键因素之一。在商界、政坛以及个人生活中，如果拥有迅速说服他人的好口才，会赢得令他人羡慕的机会，会受到上司的赏识、同事的尊敬、下属的爱戴和客户的信赖。

有个笑话，说一个人请客吃饭，第一次仆人问他："客人中只有一人没到，可以开席了吗？"他说："唉，该来的没来。"饭后，客人们纷纷离去，他又说："唉，不该走的都走了。"结果，他把所有客人都得罪了。

虽然是个笑话，可也反映出会讲话有多重要！讲好了，满堂喝彩；讲错了，可以下十八层地狱。

孔子认为不该你说话的时候抢着说话，乱插嘴，是一种过失。为什么呢？

比如在社交场上，你看到你的一个朋友和另外一个你不认识的人正聊得起劲，此时，你可能想加进去一起聊。因为你不知道他们的话题是什么，而你突然加入，可能会令他们感到不自在，也许因此话题就断了，接不下去了。

更糟的是，也许他们正在进行着一项重大的谈判，却由于你的加入使他们无法再集中思想而无意中失去了这笔交易；或许他们正在热烈讨论，苦苦思索

第三章　智慧魔方

解决一个难题，正当这个关键时刻，也许由于你的插话，会导致对他们有利的解决办法告吹，到后来场面气氛就会转为尴尬而无法收拾。此时，大家一定会觉得你没有礼貌，进而人家都厌恶你，导致社交失败。

假设一个人正讲得兴致勃勃时，你突然插嘴："喂，这是你在昨天看到的事吧？"说话的那个人因为你打断他说话，绝对不会对你有好感，很可能其他人也不会对你有好感。

许多不懂礼貌的人总是在别人谈着某件事的时候，在说到高兴处时，冷不防半路杀进来，让别人猝不及防，不得不偃旗息鼓。这种人不会预先告诉你，说他要插话了。他插话时有时会不管你说的是什么，而将话题转移到自己感兴趣的方面去，有时是把你的结论代为说出，以此得意洋洋地炫耀自己的口才。无论是哪种情况，都会让说话的人顿生厌恶之感，因为随便打断别人说话的人根本就不知道尊重别人。

培根曾说："打断别人，乱插嘴的人，甚至比发言者更令人讨厌。"打断别人说话是一种最无礼的行为。

孔子还认为，该你说话时却不说，吞吞吐吐，遮遮掩掩，这也是一种过失，为什么呢？这样做，会让大家觉得你和众人之间存有隔膜，会引起反感。话题到你这儿了，你为什么不说？你是有口难言，自我保护，还是故作矜持，吊大家的胃口？总之，该说的时候不说，也不好。

说话的第三种过失，就是不看对象乱说一气。

有个小伙子外语专业毕业后来到外事部门工作。由于他英语讲得流利，开始时领导很器重他，准备派他出国深造。但是一年后，这个很让人眼红的机会却给了另外一个和他一起进入这个单位的同事。而此后，小伙子在单位也很不顺心，最后辞职去了另一家单位。事后，有人问起他原因，小伙子不无遗憾地说自己在原单位太爱卖弄了，动不动就和领导交谈两句英语，正巧这个部门的副职领导是个老干部，没学过英语，所以他的行为让这位领导很厌烦，于是这位领导就把"小鞋"给他穿上了。

孔子是圣人，但亦深谙人情世故。这里的"颜色"不是指对方的心情，而是指对方的反应。既然你是对人"言"，那么你必须留意别人的反应。不顾对方反应而自顾自地发表意见，那就成了"独角戏"。

所谓反应，既包括面部的神态，或喜，或怒，或思索，或认同；也包括肢体语言：身体前倾，表示很有兴趣，身体后仰，表示兴趣不大，眼睛直视，表示重视，眼睛斜视，表示怀疑……总之，密切留意对方的反应，随时调整自己的讲话思路和讲话方式，以期达到最好的效果。你要明白的是：有时，对方接受你，不是通过语言；有时，对方拒绝你，也不是通过语言。有很多次，孔子就是通过观察"颜色"，了解到国君无意任用自己，而主动离开的。

5. 选择志同道合者

子曰："道不同，不相为谋。"（《论语·卫灵公》）

孔子说：走着不同道路的人，就不能在一起谋划。比喻意见或志趣不同的人就无法共事。

在《世说新语》里记载了一个故事——管宁割席：

东汉时，管宁与华歆两人为同窗好友。有一天，两人同在园中锄草，发现地里有块金子，管宁对金子视如瓦片，挥锄不止，而华歆则拾起金子放在一旁。又一次，两人同席读书，有达官显贵乘车路过，管宁不受干扰，读书如故。而华歆却出门观看，羡慕不已。管宁见华歆与自己并非真正志同道合的朋友，便割席分坐。自此以后，再也不与华歆为友。

这个历史典故正能体现"道不同，不相为谋"的智慧原则。

与志同道合的人在一起做事，向着共同的目标前进，能起到事半功倍的效果，也能尽快实现目标。

四、中庸亦为智

中庸是孔子和儒家的重要思想，尤其作为一种道德观念，这是孔子和儒家尤为提倡的。中庸属于道德行为的评价问题，也是一种德行，而且是最高的德行。宋儒说，不偏不倚谓之中，平常谓庸。中庸就是不偏不倚的平常的道理。

中庸又被理解为中道，中道就是不偏于对立双方的任何一方，使双方保持均衡状态。中庸又称为"中行"，中行是说，人的气质、作风、德行都不偏于一个方面，对立的双方互相牵制，互相补充。

子曰："中庸之为德也，其至矣乎！民鲜久矣。"（《论语·雍也》）

中庸：中，谓之无过无不及。庸：平常。

孔子说："中庸作为一种道德，该是最高的了吧！人们缺少这种道德已经为时很久了。"

中庸是一种折中调和的思想。调和与均衡是事物发展过程中的一种状态，这种状态是相对的、暂时的。孔子揭示了事物发展过程的这一状态，并概括为"中庸"，这在古代认识史上是有贡献的。但如果在任何情况下都讲中庸，讲调和，就否定了对立面的斗争与转化，这是应当明确指出的。

曾国藩位高权重，趋炎附势的人很多。曾国藩对此一直淡然处之，既不因被人拍马而喜，也不因拍马过火而恼。他的一个手下对那些趋炎附势溜须拍马的人非常反感，总想找机会教训他们一下，于是就在一次批阅文件时，将其中一位拍马的官员狠狠讽刺一番。曾国藩看过后对手下说，那些人本来就是靠这些来生存的，你这样做无疑是夺了他们的生存之道，他们必然会想尽办法刁难你、报复你、置你于死地。

曾国藩的一番话让手下恍然大悟，进而冷汗淋漓。事物的作用力都是相互的，你若给予对方的作用力大，对方反馈给你的反作用力也大。这个道理对做人也适用。我们不去惹事，是非就会少很多。如果经常处在主动的状态去指责人，那么一定备受关注，并因此成为众人指责的焦点。

人生下来就有其个性，后因家庭背景、社会关系、个人知识、处世教养等诸因素影响，有时难免表现出与他人的对立。对立双方，各执己见，问题就难以解决了。这时，最好的办法就是把问题"挂起来"，暂不解决，等时机成熟时，再着手解决，这就是所谓的"余地"术。会做人的人，总能营造回旋的余地。

人生就像大海，处处有风浪，时时有阻力。船头之所以造成尖形或圆形，是为了乘风破浪，更快地驶向彼岸。那我们是与所有的阻力正面较量，拼个你死我活呢,还是积极地排除万难,去夺取最后的胜利?

生活告诫我们:处处摩擦、事事计较者,哪怕壮志凌云,即使聪明绝顶,也落得壮志未酬泪满襟的后果。为了绚丽的人生,我们需要许多痛苦的妥协。

在复杂多变的旧中国,许多正直而又明智的知识分子,为了维护人格的独立,他们不是锋芒毕露,义无反顾,而是有张有弛,掌握分寸,逐渐形成了"外圆内方"的性格。

蔡尚思写作《中国社会科学革命史》时,欧阳予倩就告诫这位青年文学家:"秉笔的态度自然要严正,不过万不宜有火气……可否寓批评于叙述中呢?"他建议书名宜改为《中国社会思想史》。最后,欧阳前辈感叹地说:"蔡先生,我佩服你的努力,可思想界的悲哀,谁也逃不掉呵。"

这些知识分子在当时就是这样在事关大是大非、人格问题的原则立场上毫不含糊,旗帜鲜明,在方式方法和局部问题上委婉圆融,有所妥协。

然而,只圆不方,是一个八面玲珑、滚来滚去的圆,那就沦为圆滑了。方,是人格的自立,自我价值的体现,是对人类文明的孜孜以求,是对美好理想的坚定追求。

"取象于钱,外圆内方"是近代职业教育家、中国民主同盟领袖黄炎培为自己书写的处世立身的座右铭。他在1946年调解国共冲突时,未尝不委曲求全,"不偏不倚",从未与蒋介石拉下脸,而当蒋以"教育部部长"一职许愿企图将他诱入伪"国大"泥淖时,黄却不为所动,回绝道:"我不能自毁人格!"维护了政治气节。

可方可圆,能够把圆和方的智慧结合起来,做到该方就方,该圆就圆,方到什么程度,圆到什么程度,都恰到好处,左右逢源,就是古人说的"中和"、"中庸"。

前些年我的一位优秀的同事就对我说,做人要做到"外圆内方"。其实就是孔子所说的中庸。

子曰:"不得中行而与之,必也狂狷乎!狂者进取,狷者有所不为也。"(《论语·子路》)

狷(juàn):性情正直,不肯同流合污。

孔子说:"我找不到中庸的人交往了,只能与狂妄或拘谨的人交往。狂妄者胆大妄为,拘谨者不肯做坏事。"

孔子把人的性格分成三类:狂者、狷者和中行者。这里的狂者,相当于现代心理学所讲的性格外倾型的人,狷者相当于内倾型的人,中行则相当于中间型性格的人。中庸之道(中行)非常人境界,而狂者敢做敢当,勇猛进取,从善如流,是可造之材;狷者能谨慎言行,非礼不视,非礼不听,非礼不言,非礼不动,不为恶行,洁身自好,亦有可取。

由这句话中我们可以知道,孔子对中庸之道看得很清楚,虽然他主张中庸之道,但是他也知道,真正能做到中庸之道的人并不多,所以他才能看到"狂者"和"狷者"的可取之处。换句话说,在现实生活中"中庸之道"也并不适合所有的场合,有的时候,能够"狂狷"一些会更好,比如在庆祝胜利的时候,狂一些、激情一些,显然是比温吞更好一些。

事实上,为了到达最后中庸的结果,许多时候往往不得不使用一些偏激的方式,所谓矫枉必须过正,说的也就是这个道理。比如为了激发大家的工作热情,在制定工作目标时应该适当偏高于实际能力之上一点,才是最恰当的。定得太低,大家不需要很努力就能完成;定得太高,大家明明知道再怎么努力也无法达到,就会干脆放弃。

"狂者进取"这句话令我很惊喜,本来以为老夫子只是一个不敢前,不敢后,不敢左,也不敢右,站在中间老老实实按照礼制的规定来办事的人,没有想到在他的心里,狂人也是很受他赞扬的!

世界从来都是属于那些狂妄者的!

项羽在年轻的时候,既不愿意读书写字,也不愿意学击剑,只愿意学敌万人的兵法。见到秦始皇的时候就说,彼可取而代也!可以说正是他的这种狂妄才造就了他以后的成功。

莱特兄弟始终不放弃他们狂妄的想法,终于在经历了无数次失败后,一圆人类千百年来想像鸟儿一样飞行的梦想,使人类最终飞上了天空。

以上都是一些非常成功的,或者说是伟大的人物的事迹,其实我们平常世界里的人也需要狂妄。我们每天勤奋工作,努力奋斗,目标不就是为了赚大钱，过上更好的生活吗？

法国的一个富翁曾经拿出 100 万法郎，奖励能回答出"穷人最缺少的是什么"的问题的人，在 48561 份答案中，只有一个 9 岁的女孩的答案是正确的，答案是野心。没有钱的人与有钱人的最大区别就是有没有想过要成为有钱人。

一个人有了野心之后，就会被认为是狂妄，但是如果没有了狂妄，哪里还会有进取心呢？一切不成功都是从自己的内心开始的，只有认为一件事情有可能实现之后，人才会进一步行动，激励自己去实现这个目标。

所以为了能达到成功，就从现在开始狂妄吧，狂妄之后可能会出现两种结果：一种是失败，一种是成功。但是如果没有狂妄产生的这种进取心，那就只能是原地踏步，虽然不会有失败，但也永远不会成功！

子曰："吾有知乎哉？无知也。有鄙夫问于我，空空如也，我叩其两端而竭焉。"（《论语·子罕》）

鄙夫：乡下百姓。空空如也：空空的什么也没有，形容一无所知。叩：扣问，盘问。两端：两头，指事物的正反、始终、本末、上下、精粗等。竭：尽。

孔子说："我有知识吗？没有知识。有乡下人问我，我却一无所知，于是就正反终始两端推究，尽我所能回答。"

一个人不可能周知一切。对于许多问题，往往是茫茫然，空空如也。但是，如果从正反、前后、左右、来去、始末等两端加以考察，就能有所了解。这个方法，是从无知变有知的一个好方法。

有人认为，事物的存在不仅是两端对立，在两端之间，还有一个"中"。所以任何事物可以一分为三，即"两端"加一"中"。然而，中，相对于左是右；相对于右是左。所以千变万化的对立，都可归结为两端对立。从两端考察，也就考察了事物的全部。

有一个人来问孔子："治国的方法，应该向左，还是向右？"

孔子开导问话的人说："如果太左，会怎么样？"

问话的人想一想说："太左则浮夸，浮夸则不实，不实则有害。"

孔子再问问话的人说："如果太右，会怎么样？"

问话的人想一想说:"太右则无主,无主则盲目,盲目则有害。"

孔子再问:"那么应该如何是好?"

问话的人想一想,若有所悟地说:"应该取其两端而用其中,不左不右最好!既要有主见,又要不盲目;既要有开放,又要有限度;既要有改革,又要有保留;既要有引进,又要有创新;既要有私有,又要有公有;既要交朋友,又要防敌人;既要倡和平,又要防战争;既要有文事,又要有武备;既要搞经济,又要重文化;既要重商业,又要重农业;既要重工业,又要重环境;既要重金钱,又要重道德;既要少数富,又要多数富。"

孔子一听,赞叹道:"真是智者之言!这就是'中庸'之道啊!中庸是最恰当、最高明的办法,可惜长久以来很少有人知道了。"

在中国共产党的历史上,有过多次左倾路线错误和右倾路线错误,都导致革命失败,就是决策者走到了两端而没有走道中道上来的结果。这是历史发展留给我们的最深刻的教训。

五、智慧的要义

1. 真实面对自己的智慧

如何对待自己的智慧?孔子认为有一个最基本的原则,那就是要实事求是,不要弄虚作假。

子曰:"由,诲女知之乎!知之为知之,不知为不知,是知也。"(《论语·为政》)

仲由,教给你认识知识(或道理)的态度吧!知道就是知道,不知道就是不知道,这就是聪明与智慧。

大智慧如孔子,尚且主张"知之为知之,不知为不知",对不知道的事物采取存而不论的态度,那么中智以下的人当然不可能样样都知道。除了神怪幽明之事外,承认有所知、有所不知,是一种老实的态度,也是最聪明的态度。

唯其有所"不知",才能成其"有所知"。

　　世界著名物理学家、获诺贝尔物理学奖的美籍华人丁肇中在接受中央电视台《东方之子》采访时,曾对很多问题都表示"不知道"。前一阶段又听说他在为南航师生作学术报告时,面对同学提问又是"三问三不知":"您觉得人类在太空能找到暗物质和反物质吗?""不知道。""您觉得您从事的科学实验有什么经济价值吗?""不知道。""您能不能谈谈物理学未来20年的发展方向?""不知道。"三问三不知!这让在场的所有同学意外,但不久就赢得全场热烈的掌声。

　　也许,一些人在说"不知道"时往往被看作是孤陋寡闻和无知的表现,但丁先生的"不知道"却体现着一种做人的谦逊和科学家治学的严谨态度,不禁令人肃然起敬。

　　其实,丁肇中教授大可不必说"不知道"。比如可以用一些专业性很强的术语糊弄过去,可以说一些不沾边际的话搪塞过去,甚至还可以委婉地对学生说:"这些问题对于你们来说太深奥,一两句话解释不清楚。"但是,这位诺贝尔奖得主却选择了最老实、最坦诚的回答方式,而且表情自然、诚恳,没有明知不说的矫揉造作,没有故弄玄虚,也绝没有"卖关子"。丁教授坦言不知道,不但无损于他的科学家形象,更凸现了他严谨的科学态度,令人肃然起敬。

　　与丁肇中"三问三不知"相似的还有帕瓦罗蒂在一个大型演唱会上的表现,他演唱时刚到高潮之际,却突然停顿下来。举座哗然,连乐队都停了下来。帕瓦罗蒂坦诚地说自己忘记歌词了,请求大家原谅,希望大家再给他一次表演机会。在一阵沉寂后,全场爆发出热烈的掌声。事后,有人告诉帕瓦罗蒂:"你完全可以做做口型,而不必承认自己忘了词。相信观众肯定会认为是麦克风坏了而丝毫不会怀疑到你身上。"帕瓦罗蒂微微一笑:"如果还有下次,我同样会认错。因为事实早晚会被人知道,那对我的声誉影响会更大。"

2. 做官的智慧

　　子张学干禄。子曰:"多闻阙疑,慎言其余,则寡尤。多见阙殆,慎行其余,则寡悔。言寡尤,行寡悔,禄在其中矣。"(《论语·为政》)

子张：孔子晚年的弟子；干禄：谋求官职。干：求，谋。禄：官吏的俸禄，官职；阙疑：存疑；寡：少；尤：过错；阙殆：同"阙疑"互文见义；殆：疑问；行：做事。

子张向孔子学求官职得俸禄的方法。孔子说："多听，有怀疑的地方，加以保留；其余足以自信的地方，谨慎地说出，就能减少错误。多看，有怀疑的地方，加以保留；其余足以自信的地方，谨慎地实行，就能减少懊悔。言语的错误少，行为的懊悔少，官职俸禄就在这里面了。"

这段话，智慧啊！

不错，当初看到这话，我也很喜欢。今天重读，几乎是下意识地想在生活中继续演练。这话，本身就是教人在和人群交往时应该有的表现。这话，即便是在当代，在我们身上，也有很强的现实性和针对性。

说得多好啊——"多闻阙疑，慎言其余……多见阙殆，慎行其余……"这样做的直接后果，就是促使当事人多多思考，谨言慎行，练就沉稳、老练、扎实的性格，告别浮躁和肤浅而达到心灵沉静。而这样的性格，对成就自己的一生是多么重要。试想想，练就了这样的性格，恐怕人生的苦也会减少许多吧？特别是，在人生的早期得到这话的洗礼和锻炼，尤其显得重要。

我想，孔子的意思，虽是在说谋求禄位，但这话，就不止是在求禄方面有用了，不仅是禄在其中了，什么都好说了吧！什么学识做人都会好了吧！

这章，看钱穆的意思，夫子和子张在谈如何做学问。在我看来，这话既可以用在做人上，也可以用在做学问上。我不否认做人当然是做一切事情的根本。但因为这话，是个实践的方法。既然是实践的方法，那么用的地方就广了。就可以用在方方面面了。

3. 不越俎代庖

子曰："不在其位，不谋其政。"（《论语·泰伯》）

不担任这个职务，就不去过问这个职务范围内的事情。

我们把这句话还原，放在我们这个体系中去看，你就会懂得，也就是说，一个人不要越俎代庖，你在什么位置上，做好本分，不要越过你的职位，去做不该你做的事，不在其位，就不要谋其政，这就是一个前提，先告诉你在其位，谋其政，把你自己应该做的那个岗，先做好了，先不要操心别人的事。

所以其实我们这个社会，很多时候不缺少锦上添花，但我们缺少雪中送炭。有很多人为别人操心。那都是锦上添花的事情，但你的本职对你的这个岗位来讲，对你这个链条来讲，这个环节永远是雪中送炭，所以有很多话，你站在积极的立场上去解读，就能得出积极的价值，你就会知道什么是位，什么是政，怎么做才好。

一个人承担了什么样的职务，就应该知道哪些是他该管的，哪些不该管。不该管的事情自然会有人去管，如果插手了就叫做"越职、越权"。正确而恰当的做法是，作为当职者的上司，只能直接管理当职的那个人，客观地评判他是否尽职尽责，而不是要去直接过问那件事情的本身。这同样是现代管理中的一个重要问题。

完整地理解这句话，就是"在其位，谋其政；不在其位，不谋其政。"

但这句话往往会引起人的疑问：这不是提倡自私吗，这不是"本位主义"吗，这不是"自扫门前雪"吗，这不是提倡"事不关己，高高挂起"吗，这不是反对"学雷锋"吗，不是要提倡"团队精神"吗……

这些问题，是因为对"位"理解不深，把"位"看成是固定的、唯一的东西产生的。

实际上，位不是唯一的，也不是一成不变的。

所谓的"位"，可以表现为一个人的职位、身份、地位……即各种各样的角色，有什么样的角色、地位，就有什么样的职责，就应该完成相应的职责。人可以同时有多重角色，这些角色还在不断变化之中，不同的角色要承担不同的职责，也就是"在其位，谋其政"。

一个人，在家里可以是父亲、儿子、丈夫，在公司里可以是员工、上级、下级，这都是不同的角色，"在其位，谋其政"就是要求他能够认识这不同的角色，根据需要区分、扮演好这不同的角色。

"君、臣、父、子"是不同的角色，"为人君，止于仁；为人臣，止于敬；为人子，止于孝；为人父，止于慈"，讲的就是不同角色的行为标准，使人

第三章 智慧魔方 | 97

"在其位，谋其政"。

一个企业有不同的岗位，不同岗位的人如果能认清自己的岗位职责，"在其位，谋其政"，完成自己的职责，企业自然能够健康发展。反之，如果像某企业流传的那样：董事长干总经理的活，总经理干部门经理的活，部门经理干员工的活，一般员工在考虑：公司该怎么发展。那注定是做不好的。

那么，"团队精神"、"天下兴亡，匹夫有责"又如何理解呢？实际上，这些话都是在强调平时容易被忽略的角色。团队精神是提醒一个人作为一个团队的成员，一个企业的员工这一个角色应该互相帮助。但角色应该区分主次，一个员工，首先做好自己的本职工作永远是第一位的。同样的"天下兴亡，匹夫有责"是在国家危亡的情况下人对自己公民角色的职责的认识，曹刿论战就是一个典型。

一个人要能够清醒地认识到自己的角色地位，履行该角色地位的职责，知道该做什么，不该做什么。"在其位，谋其政"，专心完成自己的职责；"不在其位，不谋其政"，"有所为，有所不为"，不分散精力，不互相干扰，不互相掣肘，不"狗拿耗子，多管闲事"，工作效率一定是最高的。一个家庭、组织、社会如果能够让人都明确自己的位置，安心完成自己的职责，和谐社会也就不远了。

4. 一以贯之也是智慧

子曰："赐也，女以予为多学而识之者与？"对曰："然。非与？"曰："非也。予一以贯之。"（《论语·卫灵公》）

孔子说："赐（子贡的名为端木赐），你以为我是广泛学习并且记住各种知识的人吗？"子贡回答说："是啊，难道不是吗？"孔子说："不是的，我是有一个中心思想来贯穿所有的知识。"

孔子之所以能成为万世师表，不仅因为他才华出众，更因为他始终坚持做人的根本道理。"仁"者爱人，我们中学生，不仅要学好科学文化知识，还要有很好的道德品质，做一个品格高尚的人，做一个现代的文明人。

子贡以为老师年纪大，书念得多，记忆力不错，然后出来教学生，好像一个有脚书橱。但孔子认为自己不仅如此,他说我虽然有很多学问,却有一个"一以贯之"的中心思想来贯穿。一个人如果没有一个中心思想把他的学说连贯起来,怎么可能成为一个好老师呢,又怎么可能成为一个好的哲学家呢?可惜子贡没有接着请教老师,到底什么是您一以贯之的东西。这个事情就变成公案,不了了之。

我觉得孔子心里大概很想找个机会公开说一下自己"一以贯之"的道是什么。他教五经六艺,教礼乐诗书,却不能教自己的思想。因为学生跟老师念书是希望将来做官,做官只问你知识学会没有,不问你有没有学孔子的思想,因为孔子当时还活着,还没有成为大家推崇的哲学家。

子曰:"参乎,吾道一以贯之。"曾子曰:"唯。"子出,门人问曰:"何谓也?"曾子曰:"夫子之道,忠恕而已矣。"(《论语·里仁》)

孔子说:"曾参啊,我的人生观是由一个中心思想贯穿起来的"。曾参说:"的确如此。"孔子出去后,别的学生就问曾子:"老师所指的是什么?"曾子说:"老师的人生观只是忠与恕罢了。"

曾参是孔子的弟子,他一日三省其身,他对于道的理解,已经随着对世间事物的细致观察和身体力行而日趋精深,但是对于事物的本质还没有能够透彻掌握。所以孔子喊着他的名字告诉他说:参啊,你明白我所说的道吗?天下之事有千万种变换,天下之物有千万种分别,但是他们的道理却是同一个道理。如果在每一个事物上细细讲求,肯定会头绪万千,找不到下手的地方,不是讲求根本的方法。

我认为天下的事物,只用一个道理就可以贯通,任凭千变万化,都能合乎这个道理而没有丝毫的不符,具体到每件事上都没有不恰当的。比如河流,即使分成千万河汊,也都是由源头流出来的。比如树木,即使长出千枝万叶,也都是由同一个根长出来的。扩展开则博大精深,总结起来又十分俭约,这就是我所说的道。曾子听了孔子的话,恍然大悟,就回答说:唯。曾子的功夫已经很深厚了,见识相当高明,所以不再有疑问。

圣人传授心法,只有曾子领会到了真谛,而其他学生都不明白。孔子出去之后,大家就围着曾子问:夫子说的一以贯之是什么意思?曾子回答说:夫子所说的道理其实没有什么特别的，不过是忠恕而已。一个人的心就是千万人的心，自己心中渴望的，就是其他人心中渴望的。如果心中每个念头都出于忠，就能够推及他人，如果心中每个念头都出于恕，就可以理解千万人的想法。只是这一个心，就可以遍通一切，一以贯之，就是这个意思。这是圣人所传的心法，而忠恕是着手下工夫的所在，没有其他更多的道理。

这段文字是《论语》中最玄妙的地方之一，和佛陀拈花一笑有异曲同工之妙。心法不可言传，只可意会，孔子和佛陀一样，用玄机传授心法，曾子和迦叶尊者一样，都领悟到了心法的绝妙。面对同门师兄弟的疑问，曾子用忠恕来解释，不过是应对之法。忠恕近乎道，而非道。对不能领悟的人讲，这样说已经算很恰当了。尽己之谓忠。己所不欲，勿施于人，是谓恕。正是我们应该下工夫的地方。至于一到底是什么，拈花一笑到底是什么意思，只能靠自己慢慢领悟了。

5. 凡事多思考

孔子曰："君子有九思：视思明，听思聪，色思温，貌思恭，言思忠，事思敬，疑思问，忿思难，见得思义。"（《论语·季氏》）

孔子说："君子有九种思虑：看的时候要想想看清楚了没有，听的时候要想想听明白了没有，待人的脸色要想想是否温和，对人的态度要想想是否恭敬，说话要想想是否忠诚，做事要想想是否认真，有了疑问要想想怎样向人请教，遇事发怒时要想想后果，有利可得时要想想是否正当。"

这九种思虑与"非礼勿视，非礼勿听，非礼勿言，非礼勿动"一样，都是规范一个人言行的顶上功夫，在一定程度上也可以说是儒教的清规戒律。

试想，一个人的一言一行，一举一动，甚至一视一听都要自我省察一番，想想对不对，那不是活得太累了吗？

因此，从理论上说，这九种思虑都是非常有道理的，也是很有必要的，但当你真正面对现实，尤其是纷繁复杂、变幻莫测的现代生活时，就会感到要真正履行起来是相当困难的。

凡事还是多想一想，多思考。

做到"貌思恭"关键是要有一颗尊重别人的心，把别人看成是一个与自己一样的有尊严的人，打心眼里尊重别人。

风流倜傥的温莎公爵因为不爱江山爱美人而名扬世界，而他善解人意、温文尔雅的绅士风度更是赢得了人们的赞誉。

有这样一个故事。

19世纪的印度成为英联邦成员之后，有一天，印度各大部落首领前来拜见英国王室。为了缔结友谊，实现英国在印度的顺利统治，英王室决定举行一个盛大的宴请招待会，当时还是王位继承人的温莎公爵奉命主持这次宴会。

席间，宾主双方你来我往，杯光盏影，觥筹交错，气氛热烈。可是在宴会即将结束的时候，发生了一件意想不到的事。服务员为每一位客人端来了洗手水，印度人看到精致的器皿中盛满了水，以为这是给客人的茶水，便纷纷端起来一饮而尽。此情此景，令在座陪客的英国贵族们目瞪口呆，不知道如何是好。他们不约而同地把目光投向了坐在主陪位置的温莎公爵。

这时，只见温莎公爵不动声色地一边与客人交谈，一边端起他面前的洗手水自然大方地一饮而尽。众贵族绅士们自然不敢怠慢，都若无其事地将自己的洗手水喝完了。一场看似不可避免的尴尬场面就这样被温莎公爵巧妙而得体地化解了。

印度部落首领受到了热情款待自然很高兴，宴会取得了成功，温莎公爵也用自己对他人的尊重和令人佩服的情商与智慧为英国赢得了更大的国家利益。

6. 通过学习改变人

子曰："唯上智与下愚不移。"（《论语·阳货》）

孔子说："只有上等的聪明人与下等的愚笨的人是不可改变性情的。"

从这句话的本意来看，孔子认为人的性情大都是可以改变的，只有上等的聪明人与下等的愚笨的人才是不可改变的。但后人附会，却把它理解为"上等的聪明人与下等的愚笨的人是不可改变的"，意思完全弄反了。而且把性情附会为等级、地位的世俗的东西，以此证明孔子是封建甚至是奴隶等级制度的鼓吹者，这实在是很荒唐的。

其实，孔子对人性是有着很透彻的了解的。他说："性相近也，习相远也。"人的天性本来是相近的，因为习惯不同而逐渐使他们差距远了。所以他主张："有教无类"。对每一个人都可以加以教育，没有贫富贵贱等区别。实际上孔子的学生中几乎各类人等都有，他因人施教，弟子三千，贤人七十，平等对待。颜回可能是最穷的，却是他最欣赏的学生。其实，孔子看人是否卑贱，并不是注重于这个人是否有地位、生活是否富裕，而注重的是德行。

从智慧的角度说，人与人本来就是有区别的，换言之是分等级的，而孔子确确实实认识到了这一点，并以此为依据将人分等，孔子更是根据不同的人等提出不同的修养方法，并为"因材施教"提供了朴素的理论依据。上人者，可以对其直言天理，直击其心，使其明白"上"，不以名利；中人者，多言规则，强调后天磨练，也可以修养为君子；下人者，不可能成为真正的君子，以生前身后限制之，以名利得失约束之，不期望其本质的根本改变，只求其不影响社会的和谐、有序。

所谓上智，无论环境如何恶劣，无论身心经历怎样磨难，即使夺其命，亦难夺其志；所谓下智，无论享受如何的安逸，无论熏陶怎样的圣贤，也难以改变其下愚的天性。

不否认众生的平等，同样不否认众生的有序，众生平等是人格、"生命格"的平等，是人与人人格的互相尊重，是生命与生命"生命格"的互相尊重，是彼此互相怜惜、爱护，绝对不能因此而否认其他更大层面的巨大差别。人性也是这样，人性自有人性的共通之处，美好自是美好，灵性自是灵性，无关尊卑贵贱，无关阶高级低；愚昧自是愚昧，笨拙自是笨拙，无关贫富门第，无关歧视、侮辱。

上智落难依然光彩照人，闪耀人格的光辉；下愚当道同样难以遮羞愚蠢、滑稽的表演，难以持久阻挡历史前进的脚步。就如大千世界的纷繁复杂，上有九天之鸟飞于云端，下有肉眼凝眸难以觅其踪迹，大树与小草、巨兽与昆虫，各有各的生存方式，各有各的用处，各有各的存在之合理，智慧乃至生命级别的差异绝对不影响众生在"生命格"层次的平等，上智如何，下愚如何，何以不敢面对，何以不敢承认，何以必须以阶级论衡量万物，何以以唯物论强奸天下，何以以某个人的认识取代五千年的文明，乃至取代全人类的智慧？

"不移"乃智与愚的"不移"，不是所有领域的绝对"不移"，更不是面对"智"与"愚"无所作为。比如穷人有穷人的生存方式，富人也有富人的生存方式，然而贫富可以改变；一个先天智障者，经过训练，可以生活自理，自我生存；一个灵性愚笨的人，只要不改变其尊贵的人格，无论从事什么职业，没有谁有权利嘲笑之；一个后天遭遇身心灾难的人，完全可以通过就医，或心理训练恢复常性；而根据科学规律在有限的范围内开发人的智慧潜力，适用于各个层次的人。

在"智"与"愚"不移的前提下，做一些小小的移动，谋利益于天下，谋幸福于国家民族，应该是可以做到的。

7. 选一个好邻居

子曰："里仁为美。择不处仁，焉得知！"（《论语·里仁》）

里：同……一起居住。处：读去声，居住。知通智。

孔子说："同品德高尚的人住在一起，是最好不过的事。选住址不顾环境，哪里能算聪明呢？"

孟子母亲为儿子成长选择居住环境的故事，已经广为人知。被称为"亚圣"的孟子，小的时候非常调皮，他的母亲为了让他得到好的教育，花了不少的心血。但是由于家中贫寒，他们只能住在墓地附近。由于经常有人出入墓地办理丧事，看得多了，孟子和邻居的小孩也一起学着大人跪拜、哭嚎的样子，玩起办理丧事的游戏。

孟子的母亲看到了，非常担忧，她想："这怎么行？以后我的孩子长大了会有什么出息？我不能让我的孩子住在这里了！"孟子的母亲就带着孟子搬离墓地，住到集市里去了。集市里以商铺为主，看得多了，孟子又和邻居的小孩，学起商人做生意的样子。一会儿鞠躬欢迎客人，一会儿招待客人，一会儿和客人讨价还价，表演得像极了。孟子的母亲看到后又担心起来，她想："孩子将来做个商人有什么出息？这个地方也不适合我的孩子居住。"于是，他们又搬家了。这一次，他们搬到了学校附近。孟子每天看着那些老师和学生的言行举止，也开始慢慢变得守秩序、懂礼貌、喜欢读书了。这个时候，孟子的母亲才满意地放下心来，她说："这才是我儿子应该住的地方呀！"孟子在母亲的精心培养下，终于成为一个有学问的人。

孟母三迁的故事告诉了我们环境对培养孩子的良好行为习惯非常重要。

美国总统肯尼迪的父亲，也曾经为给儿子寻找一个适合基督徒生活的环境而搬家。少儿时期的邻里环境很可能影响到孩子的一生。一个负责任的家长，都会这样来为子女考虑问题。

但君子自己的居处选择也同样重要。孔子在《论语》中多次谈到"难矣哉"："群居终日，言不及义，好行小慧，难矣哉！""饱食终日，无所用心，难矣哉！"

在孔子看来，这都是"小人"环境下的庸碌状态。孔子对君子生存环境的重视，也反映了孔学对培养君子的热诚。

民间还流传着若干类似的谚语，也在说明环境会怎样影响人的成长，如"染缸里拽不出白布来"，"龙找龙，凤找凤，跟着耗子学刨洞"，"近朱者赤、近墨者黑"等等。此类话头或者有所谓"宿命"因素，但它所提供的生存经验却是真实的。

"里仁为美"是一个判断，讲的是邻里。进一步说，就是说要与"仁"周旋，不能一日违乎仁，有好的同伴、好的邻里、好的职业等等，都是美事；"择不处仁"，是说若有选择的话，一定要选择与仁"处"，所谓"不可须臾之间惟仁，造次必于是，颠沛必于是"是也。因此，后半句可能不仅仅是说"求居而不处仁者之里，不得为有知"（郑注）、"居宅必择有仁者之里"（皇疏）、"择里而不居于是焉，则失其是非之本心"（朱注），而仅仅是说求居，或如杨伯峻先生言，亦可能包括择业等等。

儒家的智慧就是如此的平实，而又如此的高明。孔子教给我们很多就是这样为人处世的智慧。这一句大体是关于择邻而居的，其实引申一下很多人想到交友，孔子也教育我们要与仁厚忠信的人为友，所谓：益者三友，友直，友谅，友多闻。其现实的人，总是要在现实的世界中展开其生命，如果失去了其现实的人间关系，失去其人伦日用中的行为，人就空了。

而我们与人相处，当然要选择有仁厚之德的人交往，所谓"就有道"也是此意。一时的交往和选择住所尚且要注意以仁厚为标准，当我们选择我们如何度过我们一生的时光，以何种态度来对待自己的生命的时候更应该以仁为依据。孔子所谓"志于道，据于德，依于仁，游于艺"就在于此。

读后收获：

一、读读下面的短文，谈谈韩信受辱时的心理状态。

……召辱己之少年令出胯下者以为楚中尉。告诸将相曰："此壮士也。方辱我时，我宁不能杀之邪？杀之无名，故忍而就于此。"

二、在佛像中，有一个大家都喜欢的佛尊——弥勒佛。有一副对联就赞颂了他超人的胸怀，请把对联补齐。

慈颜常笑，_____。

大肚能容，_____。

三、完成下列名句的填写：

1. 或曰："以德报怨，何如？"子曰："何以报德？_____，_____。"

2. 子曰："巧言乱德，_____。"

3. 子曰："可与言而不与之言，_____；_____，_____。知者不失人，亦不失言。"

4. 子曰："不得中行而与之，必也狂狷乎？_____，_____。"

5. 子张学干禄。子曰："_____，_____，_____，_____，_____。言寡尤，_____，_____。"

四、读下面文字，回答问题。

子曰："中庸之为德也，其至矣乎！民鲜久矣！"

子贡问："师与商也孰贤？"子曰："师也过，商也不及。"曰："然则师愈与？"子曰："过犹不及。"

有子曰：礼之用，和为贵。先王之道斯为美。小大由之，有所不行。知和而和，不以礼节之，亦不可行也。

子贡问曰："乡人皆好之，何如？"子曰："未可也。""乡人皆恶之，何如？"子曰："未可也。不如乡人之善者好之，其不善者恶之。"

1. "中庸"指的是什么？

2. 根据所给的几则材料，请对孔子的中庸思想加以评价。

五、论语中的智慧首先在于学会识人，就是通过人的言行识别人，请你运用这种方法去识别孔子的一个学生——宰予。

宰予旦寝。子曰："朽木，不可雕也，粪土①之墙，不可圬②也。于予与③何诛④！"子曰："始吾于人也，听其言而信其行；今吾于人也，听其言而观其行。于予与改是。"

宰我问曰："仁者虽告之曰：井有仁焉，其从之也？"子曰："何为其然也？君子可逝也，不可陷也，可欺也，不可罔也。"

宰我问："三年之丧，期已久矣。君子三年不为礼，礼必坏；三年不为乐，乐必崩。旧谷既没，新谷既升，钻燧改火，期可已矣。"子曰："食夫稻，衣夫锦，于汝安乎？"曰："安。""汝安则为之！夫君子之居丧，食旨不甘，闻乐不乐，居处不安，故不为也。今汝安，则为之！"宰我出。子曰："予之不仁也。子生三年，然后免于父母之怀。夫三年之丧，天下之通丧也。予也有三年之爱于其父母乎？"

①粪土：腐土、脏土。②圬：音 wū，抹墙用的抹子。这里指用抹子粉刷墙壁。③与：语气词。④诛：意为责备、批评。

1. 结合上述材料，谈谈你对宰我这个人的认识。

2. 结合上述材料，你如何看待孔子评价宰我的言论？

六、子谓颜渊曰："用之则行，舍之则藏，惟我与尔有是夫！"子路曰："子行三军，则谁与？"子曰："暴虎冯河，死而无悔者，吾不与也；必也临事而惧，好谋而成者也。"

子曰："道不行，乘桴浮于海。从我者，其由与？"子路闻之喜。子曰："由也好勇过我，无所取材！"

1. 请写一个出自上述语段的成语。

2. 由上述文字能看出子路是一个怎样的人？孔子希望他成为一个怎样的人？

第四章　学习修身

　　《论语》如波涛汹涌的大海，博大精深。从《论语》中学到的是做人，只有学会了做人，才能去做事。做人，有一件事情最重要：就是永不间断地学习。

　　对于中学生来说，学习就是天职，要不遗余力地把学习搞好。学习是中学生成长过程中最重要的一件事。学习是一种状态而不仅仅是一种结果，因为学习是获取知识、培养能力、提高修养水平的一个必要方式。在学习过程中，有学习态度的端正与否之分，有学习方法的正确与否之分。学习状态有"知之者"、"好之者"与"乐之者"之高下，你进入了哪一种状态了呢？

一、体会学习乐趣

　　子曰："学而时习之，不亦说乎？有朋自远方来，不亦乐乎？人不知，而不愠，不亦君子乎？"（《论语·学而》）

　　时：时常。习：用于实践，实习，复习。亦：也。乎：吗。朋：同学为朋，同志为友。愠（运）：怨恨，恼怒。

　　孔子说："经常学习并按时复习，不也很愉快吗？有同学从远方来了，不也很快乐吗？别人不了解我，我却不怨恨，不也是君子吗？"

这是《论语》开篇记录的孔子的第一句话。它既给《论语》全书定了基调，也正可作为我们学习《论语》的勉词。通过学而时习，就能温故知新，认识能力不断提高，人格气象不断更新，这自然是读书人值得高兴的事了。

《论语》开卷的这段文章，基本上把读书之乐，有志于学问者的喜悦，以纯正和朴素的句子讲述明白，一向被认为是少见的，事实的确如此。

诸葛亮在家训中也说："非学无以广才，非学无以明志，非学无以立德。"

关于学习，最通俗的一句话是"处处留心皆学问"，人们看天、看地、看草、看树都能从中学习到知识、学习到道理。牛顿由苹果从树上掉下来想到了万有引力定律，瓦特从沸水冲击壶盖发明了引发工业革命的蒸汽机。类似这种"时习之"的事例很多，当然这种"时习之"已包含了伟大的创新和伟人的灵感，可能还不是我们常人所能"时习之"的快乐，但我们却可以把它看成是一个好学之人因为"时习之"而达到的一种境界。

这种"时习之"既可以是主动的，甚至也可以是被动的，主动的有歌德从他散步的那条山道即人们称之为"哲学小道"上悟出的那么多哲理，被动的则有邓小平被"发配"江西时在上下班必经的那条羊肠小道上思考出的中国改革开放的道理；曼德拉在身陷囹圄的方寸之地，几十年的重复足以将一个人摧垮和逼疯，但他却以思想的放飞，即这样的"时习之"，不仅挺了过来而且"习"出了更多受人尊崇的思想和后来付诸实践的执政理念。

类似的事情在我们中国也是不胜枚举，方志敏在敌人的监狱写出了长存于世、脍炙人口的《可爱的中国》，"文革"中许多锒铛入狱的老干部们，也有很多类似的故事。有一位被关了三年受尽诸多折磨的老革命，他就是看到了一个扎上铁环做单杠的树，本来以为随着树的生长，铁环会将其勒死，但他看到的结果是树包容了铁环仍然生机勃勃，他于是悟出了人可以包容这种环境而生存的道理，以一种健康的心态坚强的活了下来。

还有人从被动地等人，悟出了人一生中面临着许多等待的道理，也有人在这种等待的时间随便地看边上的人和事而悟出一些与己有益的小道理。

子曰："知之者不如好之者，好之者不如乐之者。"（《论语·雍也》）

孔子说："知道学习不如喜欢学习，喜欢学习不如以学习为快乐。"

《论语》中的"知之者不如好之者,好之者不如乐之者"句,主要讲学习的三个层次,以"知之者"突出"好之者",再紧承"好之者"突出"乐之者"。这就如同数学中的逻辑推导,层层推进,使说理更加透彻,令人信服。

这句话中使用了顶针的修辞。顶针是一种较为常见的修辞。它是用前一句的结尾做后一句的开头,使邻接的两个句子上递下接、首尾蝉联。在古诗文中使用甚多。

兴趣是最好的老师。这个浅显的道理谁都知道,关键是如何培养兴趣,如何做到"乐之者"。我想兴趣出于两点,一是天生,二是后天的培养。说到底,若真是乐之者的境界,就无须借助外力来培养,真正的陶醉,忘我境界是由内而发,自然而然就投入其中。

金圣叹先生曾说过,"雪夜围炉读禁书,为人生至大幸福"。寒夜不冷,又有书中极品可读,当自幸福不已。而诗人白居易对读书也曾留下许多著名篇章,他在《庐山草堂记》里写道:"左手引妻子,右手抱琴书,乡老于斯,以成就平生之志。"所谓的平生之志,也就是像陶渊明一样过着隐居的读书生活。无生活之忧,家藏万卷诗书,实乃文人幸福的向往。

湖北作家方方颇欣赏诗人苏东坡,曾有一位记者打趣地问她:"你是否愿意嫁给苏学士?"想不到方方的回答也惊世骇俗,"只要东坡他愿意,我的回答是肯定的"。时空错过了千余年,诗人的魅力依然如此迷人,这些全赖书的恩赐。而苏东坡对书的痴迷与爱好,也留下许多佳话。

苏东坡参加省试,主司官是欧阳修,东坡在《刑赏忠厚之至论》的考卷中,引用典故说:"皋陶曰杀之者三,尧曰宥之三。"欧阳修博览群书,却找不到这个典故的出处,就问苏东坡。东坡回答说:"在《三国志孔融传注》。"欧阳修依然没有找到。东坡说:"曹操灭袁绍,以袁熙妻子送给曹丕。孔融说:当年武王伐纣,把妲己赐给周公。曹操问孔融此事出于何处?孔融说从今天的事看起来,应该是这样的。尧、皋陶之事,我认为也应该是这样的。"欧阳修对苏东坡的善读书,善用书赞不绝口。

对于自己为什么这样爱读书,东坡自己说过:"小时候,父亲逼我读书,开始时感到很苦。渐渐懂得学习,自己懂得如何选择书读,时间一久则感到读书非常的快乐，古人所谓知之者不如好之者，好之者不如乐之者。"东坡的话说出了天下读书人的心声，读书、爱书，要以读懂、读通、读透为乐，杜甫的"破"书也是这样的道理。

而清诗人袁枚因为喜读书、厌官场，曾两次辞职。他有一首诗《寒夜》，"寒夜读书忘却眠，锦衾香烬炉无烟。美人含怒夺灯去，问郎知是几更天。"堪与金圣叹的"雪夜围炉读禁书"相媲美。在乾隆十年至十三年间，袁枚任江宁知县，他花了三百两俸银，买下了江宁织造隋赫德的一座旧园——隋园，改造成藏书的庄园，后改名为"随园"，他那本著名的《随园诗话》大概就是在这儿撰写的吧！

而袁枚的那篇《黄生借书说》中的"书非借不能读也"，至今仍为读书人口口相传的至理名言。

另外，于丹老师在她的书中写道，"现在'投入'学习，'投入'修养自己的人太少了，而多半'太投入了'的，是在麻将桌上，坐在那里快乐得很，那可真是达到了'乐之者'的境界啊！"

越是容易做，越容易上瘾的事，往往都暗藏着使人堕落放纵的陷阱；而越是要处心积虑去培养兴趣的事情，越有价值和意义，而这个过程也越能成就一个人！

学习也是如此！

二、端正学习态度

1. 学习容不得弄虚作假

子曰："由，诲女知之乎？知之为知之，不知为不知，是知也。"（《论语·为政》）

女：通汝，你。最后一个"知"通"智"。

孔子说："子路啊，教给你对待知与不知的正确态度吧！知道的就是知道的，不知道的就是不知道的，这才是聪明智慧。"

2. 勤学好问

子贡问曰："孔文子何以谓之'文'也?"子曰："敏而好学，不耻下问，是以谓之'文'也。"(《论语·公冶长》)

子贡问："孔文子凭什么获得'文'的称号?"孔子说："聪敏又好学，向比自己学问差的人请教时，不觉得没面子，所以谥号为'文'。"

中国传统文化中有一点很重要，就是官员们都很在乎名声，包括死后的名声，因为死后要根据他生前的所作所为，封一个谥号，比如，湖南人曾国藩，朝廷给他的谥号叫文正，后人叫他曾文正公。李鸿章是晚清名臣，内忧外患之际，为将倾的王朝勉力支撑，李鸿章死后，老佛爷慈禧太后说，非忠字无以明其德，故谥文忠。岳飞，又叫"岳武穆"，这"武穆"就是他的谥号。

明朝的那个大名鼎鼎的学者王阳明，阳明是他本人的号，死后被加谥为文成。孔子本人死后，鲁哀公前去吊唁，尊称他为"尼父"，后来的统治者，见到孔子就矮三分，从西汉到晚清，历朝历代统治者不断为孔子追加谥号，孔子后来就成了"大成至圣文宣先师"。

历史上所谓"盖棺定论"，在书面语言中叫"定谥"。文正、文忠、文成，这些谥号是皇帝给予的非常高的评语，留下这样的英名，子孙后代也都跟着自豪的，祖先没有给后代留下不好的名声——这一点对后代很重要。很多忠臣良将拼死也要和奸臣斗，也要保住自己的名节，在乎的也就是死后这一个字的评价。

卫国大夫孔圉聪明好学，更难得的是，他是个非常谦虚的人。在孔圉死后，卫国国君为了让后代的人都能学习和发扬他好学的精神，因此特别赐给他一个"文公"的称号。后人就尊称他为孔文子。

孔子的学生子贡也是卫国人，但是他却不认为孔圉配得上那样高的评价。有一次，他问孔子说："孔圉的学问及才华虽然很高，但是比他更杰出的人还很多，凭什么赐给孔圉'文公'的称号?"孔子听了微笑说："孔圉非常勤奋好学，脑筋聪明又灵活，而且如果有任何不懂的事情，就算对方地位或学问不如他,他都会大方而谦虚地请教,一点都不因此感到羞耻,这就是他难得的地方,因此赐给他'文公'的称号并不会不恰当。"经过孔子这样的解释,子贡终于明白了。

孔子学问渊博,可是仍虚心向别人求教。有一次,他到太庙去祭祖。他一进太庙,就觉得新奇,向别人问这问那。有人笑道:"孔子学问出众,为什么还要问?"孔子听了说:"每事必问,有什么不好?"

虚心好学,肯向一切人,包括向比自己地位低的人学习,叫"不耻下问"。

在西方哲学界,没有人怀疑苏格拉底的学问渊博吧?可是,苏格拉底却经常不耻下问,喜欢跟任何人,包括卖菜的小贩辩论。

有一个小故事:苏格拉底习惯到热闹的雅典市场上去发表演说和与人辩论问题。他同别人谈话、讨论问题时,往往采取一种与众不同的形式。

这一天,苏格拉底像平常一样,来到市场上。他一把拉住一个过路人说道:"对不起!我有一个问题弄不明白,向您请教。怎么才叫有道德呢?"人人都回答说:"忠诚老实,不欺骗别人,就是有道德的。"

苏格拉底装作不懂的样子又问:"但为什么和敌人作战时,我军将领却千方百计地去欺骗敌人呢?"

"欺骗敌人是符合道德的,但欺骗自己就不道德了。"

苏格拉底反驳道:"当我军被敌军包围时,为了鼓舞士气,将领就欺骗士兵说,我们的援军已经到了,大家奋力突围出去。结果突围果然成功了。这种欺骗也不道德吗?"

那人说:"那是战争中出于无奈才这样做的,日常生活中这样做是不道德的。"

苏格拉底又追问起来:"假如你的儿子生病了,又不肯吃药,作为父亲,你欺骗他说,这不是药,而是一种很好吃的东西,这也不道德吗?"

那人只好承认:"这种欺骗也是符合道德的。"

苏格拉底并不满足,又问道:"不骗是道德的,骗人也可以说是道德的。那就是说,道德不能用骗不骗人来说明。究竟用什么来说明它呢?还是请你告诉我吧!"

那人想了想,说:"不知道道德就不能做到道德,知道了道德才能做到道德。"苏格拉底这才满意地笑起来,拉着那个人的手说:"您真是一个伟大的哲学家,您告诉了我关于道德的知识,使我弄明白一个长期困惑不解的问题,我衷心地感谢您!"苏格拉底把这种通过不断发问、从辩论中弄清问题的方法称为"精神助产术"。

这就是苏格拉底!他不会被身份和地位束缚,随时愿意向地位和学问都不如自己的人虚心请教。

子曰:"默而识之,学而不厌,诲人不倦,何有于我哉?"(《论语·述而》)

识(志):记住。厌:满足。孔子说:"将知识默记在心,学习时,不感到满足;教人时,不感到疲倦,这几种我能有哪一样呢?"

此段正是做学问精进所应有之态度,人能做到如此,无有学问不成。默而识之,是说不能以一得而取悦他人,做学问应默然处之,平静对待。学而不厌,是说学不可间断,永不满足已经学到的收获,不可因一时的挫折而沮丧,不可因烦躁气虚而废学。诲人不倦,是说于人有求教于己者,都应静气而教之,不因己私而隐之。要做到此三者,并不容易,人当时时戒自己骄、躁、得失之心。学业相授,学生当恭敬虚心,师当仁怀而耐心,学生以师为模得道理,师以学生为镜得仁心。

做学问在乎用心之专,子在齐闻韶,三月不知肉味。曰:不图为乐之至于斯也!夫子学乐三月不知肉味,心不思逸,可谓清澈宁静。心宁无外挠,思畅而神领,虽一日抵常人十日更或不至。学问愈深之时,用心更需精专,如上冰山,心躁而一滑千里,贵用心专始能上进。今之为学也有三月速成之法,然以金钱为本,浮饰矫揉,掠肤浅皮毛以为所得,实如散叶于空,未入学之门矣。

子曰:"吾尝终日不食,终夜不寝,以思,无益,不如学也。"(《论语·卫灵公》)

孔子说:"我曾经整天不吃饭,彻夜不睡觉,去左思右想,结果没有什么好处,还不如去学习为好。"

人生是一个通过自己脚踏实地、不懈努力实现自我价值的过程,在日常生活中,都在为塑造一个成功的自我而努力奋斗着,在不同的人生转折点上我们有过迷惘、有过彷徨，时常问自己"我该怎么办，我会战胜困难吗，我的选择会是正确的吗"等一系列问题，这是我们的正常生存流程。想解决问题，就要找到问题的根源，然后一一化解。但我们好多时候明明已经找到了问题的根源，就是没用勇气迈出下一步，自己做毫无意义的思想斗争，结果与成功失之交臂。

我有一位同学，从小学到中学成绩一直很优秀，很顺利地考入了自己理想的大学，可在上大学期间，面对着社会紧张的就业压力和竞争压力，他迷失了方向，不知道自己该如何面对现实的社会，不知道自己将来能否实现自己儿时的梦想，陷入了无谓的泥潭，为了逃避现实，天天想些不着边际的事。结果自己的专业知识仅掌握了个皮毛，与同学的差距日益增大。

而我的另一位朋友，高中毕业后就参加了工作，他没有让人羡慕的家庭背景，没有令人向往的学历文凭，自己脚踏实地，从为别人打工做起，不断学习社会知识及专业知识，经过自强不息、积极向上的奋斗，现在已经打造了属于自己的一片天地。

把握自我、完善自我，未来的成功就让我们从现在做起吧！

曾子曰："以能问于不能，以多问于寡，有若无，实若虚，犯而不校，昔日吾友，尝从事于斯矣！"（《论语·泰伯》）

曾子说："自己有才能却向没有什么才能的人请教，知识丰富却向知识不多的人讨教。有十分的本领却像一点本领都没有，满肚子学问却像空无一物。别人触犯他，他不计较。从前我有一位朋友，就是这样做人的。"

这是曾子怀念颜回的话，从中也可看出，曾子对颜回的评价，同孔子的看法一致，对颜回非常推崇，其原因何在？是曾子悟道而使其具备与孔子差不多的见地吗？圣贤人的品德，只有圣贤人之间了解得最深切。曾子多年以后，感慨从前的好友颜回，品行那样高洁，他平常遵循的那些品行，是多么的难能可贵啊！

"以能问不能，以多问寡"是说颜回好学。"有若无，实若虚"是说他谦虚。"犯而不校"指颜回的坦荡的气度。曾子希望他的学生以颜回为榜样，好学、谦虚、拓宽心量，成为一个具备高尚品德的人。

哀公问:"弟子孰为好学?"孔子对曰:"有颜回者好学,不迁怒,不贰过,不幸短命死矣!今也则亡,未闻好学者也。"(《论语·雍也》)

鲁哀公问孔子:"你的门生哪个最好学呢?"孔子说:"过去有个颜回的学生,好德行,从不怨天尤人;知错就改,从不犯二回,不幸活了三十几岁就早早夭折了!现在我门下没有一个像他一样的了,所以也就没有听说哪个是好学的人了。"

在孔子的三千弟子当中,颜回当是孔老夫子最欣赏的好学生。正如现在把"德、智、体"都好的学生称为"三好学生"一样,孔子"六好学生"就非颜回莫属了,因为当年孔子讲学传授的"礼、乐、射、御、书、数"六艺,他样样精通,而且学以致用,以德行著称;不然,当听到颜回的死讯时,孔子也不至于伤心得老泪纵横,哭得昏天黑地:"天丧予!天丧予也!"要知道,孔子的结发夫人和儿子孔鲤死的时候,他也没有这么哭过。孔子一句"回之仁贤于丘也"足以证明这个首屈一指的高足弟子,当列"德行榜"之首。

孔子说:"颜回真是个贤德之人啊!一筒饭,一瓢水,住在简陋的小巷子里。别人都受不了那穷苦的忧愁,颜回却不改变他自有的快乐。"在孔子看来,一个正确的治学态度,一是要耐得住寂寞,能过"一竹筐饭,一瓜瓢水"简陋的小巷子生活,二是要知错就改,特别是"不贰过"。耐得住寂寞了,就不会杞人忧天而动不动就迁怒于人。知错就改,才能汲取教训,提高自己。

范曾是目前国内外最著名的国画大师和文学家,很多人都以为范大师应该是因为出身书香世家,天资聪明才成这么大的才的。其实不然。范大师之所以如此博学,完全取决于他的勤奋。他曾在《艺术人生》中谈到他在 20 多岁默默无闻的时候,每天带 5 个馒头,两分钱咸菜,提一瓶白开水,一个人一整天到历史博物馆的办公室里刻苦作画的经历。因为不关注于成名、得利,只专心于自己喜爱的绘画和书法,所以他的进步很大。就是到了现在,范大师仍然坚持每天早上 5 点钟起床,起床后要先读两个小时的书,然后写字、作画,几十年如一日,长期坚持不懈。他今年已经 73 岁了,他还能流畅地背诵屈原的长诗《离骚》,这在很多年轻的教授都是做不到的。这种勤奋好学的精神也是很少有的,独特的。特别是当今有很多名人教授一旦出了名,社会兼职多了,常常就忘了自己的本行，一味追逐名利去了。然而范曾即便在他成为大师以后，仍能坚持勤奋读书、写作、画画，这些尤为难能可贵。

3. 每天反思自己的学习

子夏曰："日知其所亡，月无忘其所能，可谓好学也已矣。"(《论语·子张》)

子夏说："每天能学到一些自己没有的知识，每月不忘自己已掌握的知识，这样就可以说是好学的了。"

明末清初思想家、著名学者顾炎武在那个动荡的年代经历国破、家变、牢狱、拒仕等灾变，坚持"人之为学，不日进则日退"，强调客观的调查研究，开一代之新风；强调做学问必须先立人格；提倡"天下兴亡，匹夫有责"。45岁的顾先生将家产尽行变卖，孑然一身，游踪不定，足迹遍及山东、河北、山西、河南。史载他常将随身用的两三匹马或骡子装书同行，遇到关塞险要的地方，就访问退伍老兵，了解那里的风土人情，有的与平时听说的不一样，就在附近街市中的客店打开书进行核对校正。有时直接走过平原旷野，没有什么值得留意的，就在马背上默读各种经典著作的注解疏证；偶然有忘记的，就在附近街市中的客店打开书仔细认真地查看。"往来曲折二三万里，所览书又得万余卷。"

《日知录》是顾炎武花了30多年心血才完成的读书笔记，他在序中说他很小的时候读书，如果有点心得就记下来。记多了前后就有矛盾，常常拿出来比对改正。如果古人在他以前就有定论，他也反复修改。这样积累了30年，才写成这书，用《论语·子张》中子夏的一句话："日知其所亡，月无忘其所能，可谓好学也已矣。"《日知录》以考证历史著称，大如四海九州之名，小到草木家畜之称，作者都能一一细辨，令人豁然。然而其重头戏毫无疑问是"治道"的内容。《日知录》文章的锤炼也是作者人生锤炼。

培根在《论求知》中说：

求知可以作为消遣，可以作为装饰，也可以增长才干。

当你孤独寂寞时，阅读可以消遣。当你高谈阔论时，知识可供装饰。当你处世行事时，正确运用知识意味着力量。懂得事物因果的人是幸福的。有实际经验的人虽能够办理个别性的事务，但若要综观整体，运筹全局，却唯有掌握知识方能办到……

读史使人明智，读诗使人聪慧，演算使人精密，哲理使人深刻，伦理学使人有修养，逻辑修辞使人善辩。总之，"知识能塑造人的性格"。

学习，是人生中一项最重要的投资，一项伴随终身最重要、最划算、最安全的投资。任何一项投资都不能和它相比。古人说："书中自有千钟粟，书中自有黄金屋，书中自有颜如玉。"说的就是学习的重要性，通过学习可以实现经济上的富足，精神上的满足和物质上的宽裕。这种观点当然过于注重实惠，但是它却是真实地道出了读书带来的一部分真实收益。生在知识经济时代的我们，更应该把握学习的大好机会，充实自己，成就自己。

美国著名的科学家和政治家富兰克林说过："花钱求学问，是一本万利的投资，如果有谁能把所有的钱都装进脑袋中，那就绝对没有人能把它拿走了！"

学习是人生获益最大的投资。

偶然的机遇不足恃，到手的财富不足恃，唯一可靠的保障是才能。才能从何而来？诸葛亮在《诫子书》中给出了答案：非学无以广才，非志无以成学。

面对本领恐慌，怎么办？唯一的出路在于学习。但在今天这知识爆炸、知识共享、即时通讯、即时查询的时代中，学习已不是传统意义上的学习。

在古代，武林高手们常常为了一本书大打出手，争得头破血流。在今人看来很难理解。为一本书，何至于此？这恰恰说明了古代与今天的本质区别：以前是知识垄断时代，今天是知识共享时代。"当今世界我们每个人都可获得人类所有的知识、智慧和美的遗产。这样的时代在人类历史中是首次出现。"

4. 人人都能成才

子曰："有教无类。"（《论语·卫灵公》）

孔子说："人人都有受教育的权利。"

有教无类的本意是不排斥任何人，而不是刻意去营造多元文化的教学方略。但因招生的"无类"，客观上形成了学生的背景、特点、经历的多元化。"文革"结束后，中国曾经有过77、78级"藏龙卧虎，五花八门"的校园文化,尽管当时禁止谈恋爱,但大伙儿侃大山就是取之不尽的宝藏。

现阶段中国的学校没有把营造多元文化校园作为一种办学方略,而是以分画线,认为成绩好的学生在一起能营造良好的学习氛围。但大学以考分为录取的唯一标准,结果不是"无类",而是学生仅此"一类",同质的太多,连优点和缺点都相似,如此"一类"校园文化,学术生态不健康。没有了有教"无类",只能欲哭"无泪"。

三、掌握学习方法

1. 经常按时温习

子曰:"温故而知新,可以为师矣。"(《论语·为政》)

孔子说:"温习旧知识时,能有新收获,就可以做老师了。"

"温故而知新"提出了学习的方法,既继承前人的成果,又要有所发现,有新的见解。新发现,新见解的基础是继承,但继承不是照本宣科、死记硬背式地尽信书。正如孟子所说:"尽信书,不如无书",所以我们应当在吸收前人成果的基础上,不断去探索,去实践,融入自己的体会,有所发现,有新的见解。新课改的目的是培养学生的创造力,造就有创新意识的人才。

2. 学习和思考结合

子曰:"学而不思则罔,思而不学则殆。"(《论语·为政》)

罔:迷惑。孔子说:"读书不想事,越学越糊涂;想事不读书,越想越头痛。"

这句话,我们可以看做是孔子所提倡的学习方法。一味的读书,而不思考,只能被书本牵着鼻子走,就会被书本所累,从而受到书本表象的迷惑而不得其解。所谓尽信书则不如无书。而只是一味地埋头苦思却不进行一定的书本知识的积累,进而对知识进行研究推敲,也只能是流于空想,问题仍然不会得到解决，也就会产生更多的疑惑而更加危险。只有把学习和思考结合起来，才能学到有用的真知。

孔子说："吾尝终日不食，终夜不寝，以思，无益，不如学也。"子夏说："博学而笃志，切问而近思，仁在其中矣。"

这些都是强调学习与思考相结合的重要性。西方的哲人康德说过，"感性无知性则盲，知性无感性则空。"与孔子的这句"学而不思则罔，思而不学则殆"可以说是惊人的一致。可见人类在知识的认知和获取上，不论地域、种族如何差异，其根本性的原则往往是一致的。

子学习知识能够虚心向别人求教，而且善于自己思考。

有一天，他带领学生们去拜访一个很有学问的人——老子。他们走了很远的路，才来到老子的住处，但不巧，老子正在闭目养神。孔子没有打扰，就安静地站立在旁边等候。过了很久，老子睁开眼睛，孔子就施礼拜见，然后就向老子请教做人处世的道理。老子听了，又闭上眼睛，过了一会儿，他张开嘴巴，说："你看，我的牙齿怎么样？"孔子莫名其妙地看了看，老子的牙稀稀落落的，大部分都掉了。于是他摇摇头，说："您的牙齿差不多都掉光了。"老子没有说话，又伸出自己的舌头，说："看看我的舌头。"孔子虽然疑惑，还是认真看了看老子的舌头，说："舌头的颜色红润，很健康啊。"听了这话，老子点点头，又闭上了双眼，不再说话。孔子和弟子们就向老子道谢离开了。

回去的路上，孔子的弟子们感到很疑惑，有的说："我们白白走了这么远的路，却没有收获。"有的说："本想求学的，没想到他老人家这么小气，不肯教我们。"有的说："就是，只让我们看他的嘴巴，太不懂礼仪了。"孔子听了这些，捋着胡子哈哈大笑起来。学生们更疑惑了。这时候，孔子说："老子他老人家教给了我们大智慧呀！他张开嘴让我们看他牙齿，是想告诉我们，牙齿虽然坚硬，但是他们之间却经常磨碰，以硬碰硬，久了，自然受到的磨损大，有的就脱落了，即使没有脱落，剩下来的也是有残缺的；他又让我们看他舌头，是想告诉我们，舌头虽软，但和牙齿这样坚硬的东西相处起来，却能以柔克刚，所以至今完整，没有丝毫损坏。"弟子们听了，才纷纷点头，表示佩服。一是佩服老子的大智慧和他的无私传授，一是佩服孔子能够深入思考学习。原来，真正的学习不是别人教什么我们就记住什么，而是要自己动脑筋去思考。

3. 主动学习

子曰："不愤不启，不悱不发，举一隅，不以三隅反，则不复也。"（《论语·述而》）

愤：心里想求通而又未通。悱：想说却说不出来。隅：角落。孔子说："不到苦思冥想时，不去提醒；不到欲说无语时，不去引导。不能举一例能理解三个类似的问题，就不要再教他了。"

"不愤不启，不悱不发"经常用来说明对学生要严格要求，先让学生积极思考，再进行适时启发的教学原则。这里学生要主动思考，把自己学到的东西说出来，而不是接受知识的容器。

从教师的教学这一方面说，就是要善于抓住启发和指导学生的最佳时机，而不是一味地讲授。

4. 广泛向别人学习

子曰："三人行，必有我师焉，择其善者而从之，其不善者而改之。"（《论语·述而》）

孔子说："几个人走路，其中必有人可作为我的老师，选择他的优点向他学习，借鉴他的缺点进行自我改正。"

这句话，表现出孔子自觉修养，虚心好学的精神。它包含了两个方面：一方面，择其善者而从之，见人之善就学，是虚心好学的精神；另一方面，其不善者而改之，见人之不善就引以为戒，反省自己，是自觉修养的精神。

这样，无论同行相处的人善与不善，都可以为师。

一天，孔子领着学生们在野外进行御、射训练。中午，师生聚在树荫下休息，先解马放青，然后师生进行野炊。不料马跑到田里去吃庄稼。农人见了，大怒，上去把马牵走了。子贡追上农夫，给他作揖说："对不起，我们的马吃了您的庄稼，怪我们看管不严。请您原谅，将马还给我们，我们还要赶路呢。"农人置之不理。子贡回到树下将要马的经过讲给了孔子。孔子说："你用过分谦恭文雅的言词向农人求情，好比用美妙的歌舞演示给盲人，这怎能有好的效果呢？这是你的错，不能归罪农人。"说着，让养马人去要马。养马人对农人说："我耕于东海，将往西海，我们的马驾车到这里，快要饿死了，只好放它吃点路旁的庄稼。你快点将马还给我们，要不，我们走不了就住到你家，车上六七个人都要你管饭，你不管饭的话，我们饿死在你家也不走，还怕你不偿命不成。"农人听了，吓得直打哆嗦，慌忙将马交还。养马人牵回马，孔子含笑看子贡一眼。子贡羞愧无地自容：身为言语科的学生，平时认为自己学习好得不得了，今天办这件事还不及一个养马人。先生教诲的"三人行，必有我师"真是至理名言啊。子贡从此变得谦虚谨慎起来。

宋朝的一个画家范宽，他的画简直炉火纯青，今天一般人恐怕看不到真品了。范宽的画极其珍贵。他的画为什么那么好呢？谁是他的老师呢？他的老师就是大自然。他有一句话"师古人不如师造化"。他可以一个人去深山野林，一两个月就看看天气的变化，其中水、树木的颜色都进行延伸变化，这样一来他看到的东西都已经装在他的脑子里。等想画画的时候就想起在那个地方看到的景色就可以了。他是向自然学习，以自然为师，也就是师法自然的。

李嘉诚说：做生意时一通百通，不是每一样都要学，有的事一通其他的也通了。最紧要的是要追求最新的知识，最新的商业动态、知识动态，你的每天都在变。

114年前，美国纽约有一个名叫大卫·麦可尼的图书推销员，在推销过程中发现，随书赠送给顾客的香水礼品很受欢迎，于是创办了"加州香氛公司"，专门经营香水生意。到1936年，"加州香氛公司"的生意扩展到整个美容护肤系列，出于对大文豪莎士比亚的敬仰，他把公司重新命名为"AVON"——莎翁故乡的一条河流的名字。这是后来在全球颇有影响的雅芳公司。

看来，学习不光是书本上的知识，更有观察得来的。所谓事事留心皆学问。

5. 坚持不懈是成功的真谛

子曰："譬如为山，未成一篑，止，吾止也。譬如平地，虽覆一篑，进，

吾往也。"(《论语·子罕》)

篑(kuì):筐。平:把……填平。孔子说:"譬如堆山,还差一筐,没堆成就停了,功亏一篑是自己造成的。譬如填坑,只倒一筐,继续填下去,坚持不懈是自己决定的。"

世间最容易的事是坚持,最难的事也是坚持。说它容易,是因为只要愿意做,人人都有能做到;说它难,因为真正能够做到的,终究只是少数人。成功在于坚持,坚持到底就是胜利。任何成绩的取得,事业的成功,都源于人们不懈的努力和执著的探索追求;浅尝辄止,一曝十寒、朝三暮四、心猿意马,只能望着成功的彼岸感叹,只能收获两手空空。胜者生存的方式就在于,能够坚持把一件事做下去,积跬步以成千里,汇小河以成江流。

在奔向成功的路上,我们会遇到许多挫折,会面临着许多意想不到的挑战。这时我们应该怎么办呢?成功学家们考察了那些具有杰出的个人品质取得巨大成功的人,得出了下面的结论:能够把一件事坚持做下去,是所有成功者共同拥有的积极心态。

许多事情看起来败局已定,但是,只要我们坚持一段时间,并付出巨大的努力,往往就会看到"柳暗花明又一村"。这往往是一个取得成功的人士的必经之路。

人的一生不可能一帆风顺,多多少少总会有一些坎坷和波折。世界上之所以有强弱之分,究其原因是前者在接受命运挑战的时候说:"我会坚持下去。"后者说:"算了,我承受不住。"

1983年全国统一高考的语文试卷上有这样一道作文题,是一幅漫画:一个挖井的人,他挖了好几口井,都没有看到水。于是他说,这里没有水,换个地方再挖。我们从漫画上分明看见了,水就在下面离他很近的地方,只是他没有信心,不愿坚持往下挖罢了。

在现实生活当中,我们总是抱怨这个世界提供给我们的机会太少了,而一旦机会来了,抓住了,又抱怨成功太难。尽管我们曾经也投入过,拼搏过,但就在成功即将来临的时候,我们却退却了,放弃了。

我的一位朋友就是这样:一个偶然的机会,他相中了一种新产品。并满怀信心地将它推向新市场，一段日子后，这种新产品并没有像预料的那样给他带来可观的利润，他便咬咬牙又撤了回来。不久，这种新产品再次在市场上出现，竟然十分畅销。后来，朋友后悔不已，说在这种产品还没有被大众所接受的时候，我强调的只是结果，当这种产品逐渐得到人们的认同时，我却已经撤了回来，结果让别人捡了个大便宜。

开学第一天，苏格拉底对学生们说："今天咱们只学一件最简单也是最容易的事儿。每人把胳膊尽量往前甩，然后再尽量往后甩。"说着，苏格拉底示范了一遍。"从今天开始，每天做300下。大家能做到吗？"

学生们都笑了。这么简单的事，有什么做不到的？过了一个月，苏格拉底问学生们："每天甩手300下，哪些同学在坚持着？"有90%的同学骄傲地举起了手。又过了一个月，苏格拉底又问，这回，坚持下来的学生只剩下八成。

一年过后，苏格拉底再一次问大家："请告诉我，最简单的甩手运动，还有哪几位同学坚持了？"这时，整个教室里，只有一人举起了手。这个学生就是后来成为古希腊另一位哲学家的柏拉图。

坚持下去，已成为所有卓越人物的共同点，成为他们生活中的一个基调。每一个成功的人，在确定了自己正确道路后，都在不屈不挠地坚持着，忍耐着，直到胜利。成功者认为"唯有埋头，乃能出头"。这是作家罗兰在《罗兰小语》中写的至理名言。她还说："急于出头的，除了自寻烦恼之外不会真正得到什么。像一粒种子，你要他长大不必先经过在泥土中挣扎的过程，不肯忍受被埋没的苦闷的话，暴露在空气中一个短时期之后，就会永远完了。"

做任何一件事，都要有始有终，坚持把它做完，不要轻易放弃，如果放弃了，你就永远没有成功的可能。如果出现波折时，你要反复告诉自己：把这件事坚持做下去。

四、明确学习的作用

子曰："由也，汝闻六言六蔽矣乎？"对曰："未也。""居，吾语汝。好仁不好学，其蔽也愚；好知不好学，其蔽也荡；好信不好学，其蔽也贼；好直不好学，其蔽也绞；好勇不好学，其蔽也乱；好刚不好学，其蔽也狂。"（《论语·阳货》）

孔子说："由呀，你听说过六种品德和六种弊病了吗？"子路回答说："没有。"孔子说："你坐下来，我告诉你。爱好仁德而不爱好学习，它的弊病是受人愚弄；爱好智慧而不爱好学习，它的弊病是行为放荡；爱好诚信而不爱好学习，它的弊病是危害亲人；爱好直率却不爱好学习，它的弊病是说话尖刻；爱好勇敢却不爱好学习，它的弊病是犯上作乱；爱好刚强却不爱好学习，它的弊病是狂妄自大。"

从孔子上面的话看来，"好学"可以让人们——仁而不愚、知而不荡、信而不贼、直而不绞、勇而不乱、刚而不狂。

教化子路

子路初进孔门的时候，很不安心读书，有时，孔子在上面传教，他便在下边摆弄长剑，等夫子考问时，总是一问三不知。原来，子路并不喜欢读书。他的志向是当一名武将。起初，他的性情野蛮、粗俗，可后来，他不仅改掉了这些坏毛病，而且学习还很用功，成了孔子的忠实门徒。孔子是怎样使子路回心转意的呢？这里有一段故事。

有一年春天，孔子带领弟子到尼山游览，来到半山腰的时候，孔子突然喊停住，命子路到后山小溪里去取水。

子路到了后山，来到溪边，刚要提水，只觉得身后树摇草动，寒风袭人。他猛回头，看见一只老虎从草丛中窜了出来，向自己扑来。子路一纵身，闪到一块大石头后面，老虎扑了个空。老虎再次向子路猛扑过来。子路趁机揪住老虎的尾巴，使劲在手腕上挽了两圈，用力一拉，虎尾巴被子路揪断，老虎逃跑了。

子路歇息了一会儿，把虎尾巴揣在怀里，提着水，十分得意地来见孔子。可孔子对子路连看也不看，接过水便喝。子路按捺不住了，便问："老师，书上有没有打虎的方法？"

孔子平静地说："书上没有。但我听人说过打虎的人是分四个等级的。"

"哪四个等级?"子路急不可待地问。

孔子说:"一等打虎按虎头,二等打虎揪虎耳,三等打虎抓四蹄,四等才是拽尾巴。"

子路一听,满面羞愧,悄悄地溜到山崖,把虎尾扔进山涧。

子路独自越想越生气:"老师明知山里有虎,却叫我去提水,这不是故意要让老虎吃掉我吗?"想想自入孔门后,一直受孔子的奚落,被同学们看不起。子路觉得热血直冲脑门,顺手抓起一块石头,要去和孔子算总账。

子路见了孔子,怒气冲冲地问道:"老师,你学问满腹,我比不上你,可你能战胜一个英雄武士吗?咱们来较量较量如何!"

孔子不急不躁,笑了笑,说:"子路,你一个壮汉要杀死一个手无寸铁的老者,这不是很容易的事吗?这算不上英雄武士,只不过给自己留下骂名,叫后人耻笑他不仁不义不道德,办事鲁莽、粗俗,没头脑而已。我早就听人说,杀人也是分等级的。"

"怎么分?"子路问。

"共分五等,一等杀人用笔,二等杀人用口,三等杀人用拳,四等杀人用刀,最下等的人杀人才用石头。"

孔子这一席话,说得子路无地自容,只好悄悄地把石块丢了。

孔子问:"子路,你听说过为人有六种毛病吗?"

子路摇摇头。

孔子说:"你坐下,听我告诉你。喜好仁义而不喜欢学习,其毛病就是愚昧;喜好机智而不喜欢学习,其毛病就是放荡;喜好信用而不喜欢学习,其毛病就是谬误;喜好直率而不喜欢学习,其毛病就是褊狭;喜好勇敢而不喜欢学习,其毛病就是祸患;喜好刚劲而不喜欢学习,其毛病就是狂妄。"

孔子就是这样,用循循善诱的方法教育不同性格特点的学生。

从此,子路在人前再也没有了傲气,用心地跟着孔子学习,终于成了孔子的得意门生。

大胆的想法,要靠努力来实现

比尔·盖茨从小酷爱读书,除了童话故事,他最喜欢的书要数《世界图书百科全书》。他常常一读就是几个小时，对书的迷恋和狂热真是无人能比。

小盖茨强烈的进取心在同龄人中是罕见的，无论游戏还是比赛，盖茨总要争个高低。

盖茨就读的中学是美国最先开设计算机课程的学校。盖茨总是百读不厌，还能举一反三。同窗好友保罗·艾伦，常向盖茨发难和挑战，坚强的意志力和强烈的进取心使他俩成为知己。艾伦曾说："我们都被计算机能做任何事的前景所鼓舞……盖茨和我始终怀有一个伟大的梦想，也许我们真的能干出点名堂。"

从比尔·盖茨的青少年时代，我们可以看出，也许盖茨最早所具有的梦想与一般人相差无几，财富、成功、金钱对一般人只是一个抽象的观念而已，但盖茨却能够将这一梦想与自己新接触的计算机联系在一起，这使得他的梦想有了坚硬的基石。

盖茨还有一个人人皆知的梦想：将来，在每个家庭的每张桌子上面都有一台个人电脑，而在这些电脑里面运行的则是自己所编写的软件。

正是在这一伟大梦想的催生下，微软公司诞生了，也正是在这个公司的推动和影响下，软件业才从无到有，并发展到今天这种蓬勃兴旺的地步。

有一个大胆的想法是成功的第一步，第二步要有勇气去实行，第三步要全力以赴地工作，这样看起来不切实际的梦想才能成真。

子夏曰："博学而笃志，切问而近思，仁在其中矣。"（《论语·子张》）

博：广也。笃：厚也。志：识也。言广学而厚识之，使不忘。切问者，亲切问于己所学未悟之事，不泛滥问之也。近思者，思己历未能及之事，不远思也。若泛问所未学，远思所未达，则于所习者不精，所思者不解。仁者之性纯笃，今学者既能笃志近思，故曰仁在其中矣。一个人心有远大理想就要有丰富的知识，要多多提出疑问，多多深入思考。对于自己的志向不能有过多的功利干扰，要淡泊名利，只有平静地看待这些才能更好地实现自己的理想。

"博学而笃志，切问而近思"这十个字被定为复旦的校训，寓意深远。前一句讲做人，要求学生要有广博的知识，做人和做学问都要立志，而且要志向专一（笃志），不能朝秦暮楚、见利忘义，要坚忍不拔、奋斗到底；后一句讲做学问，所谓"切问"，就是经常问，而且要问得中肯；所谓"近思"，就是把问题放在脑子里经常思考。

真知重在笃行；唯有笃行，方能得真知，曾国藩云："出之于口，入之于耳，口耳之间四寸耳，曷足以美七尺之躯哉？"颜习斋云："凡事心中了了，口中说说，笔下写写，而不从身体力行过，全是无用。"我们求学要有志，志大人之学，非为装饰品，非为敲门砖，不仅求生活的技能，我们要有识，用博学、审问、慎思、明辨、笃行的工夫，在德智体群各方面充实自己，锻炼自己，健全自己，我们要有恒，有恒为成功之本，持之以恒，日积月累，锲而不舍，自然见效，天资高的勿自傲，天资低的毋自弃，天下无难事，天下亦无易事。成功是十分之一的灵感，十分之九的血汗。

子夏曰："百工居肆以成其事，君子学以致其道。"（《论语·子张》）

子夏说："各行各业在自己的岗位上完成自己的工作，君子通过学习学以致用来推行仁道。"

每个人都有自己的岗位，君子的工作就是修养好道德，学好知识，然后用自己的品德、知识，来推行仁德。

一个有志向有品质的人，其治学修养必如匠师制器，切磋琢磨，精益求精。勤学苦练，不畏艰难，心无旁骛，精进奋迅，持之以恒，不可半途而废，不可浅尝辄止，不可朝三暮四，当如铸造剑器，必须趁热打铁、煅淬锤炼、精钢百炼、柔能绕指、锋可吹毛、刚能截铁的宝剑由斯而成。

此外，大匠作品每每技艺精湛、巧夺天工，更兼创意独到、别开生面。治学亦复如是，不拘于传统，不拘于定规，不惧于权威，别具天眼，不断开拓创新，自我之品德与智慧才能不断提升，代代精英以自我自觉自愿的努力，主动承担历史的责任，推动人类文明永续前进。

君子治学并非如普通人为着功名利禄，而是为着探索人生、生命、社会、自然之发展规律，从而达到造福苍生社会的目的。这就是格物、致知、诚意、正心、修身、齐家，而后治国、平天下的"内圣外王"之道。

子夏曰："仕而优则学，学而优则仕。"（《论语·子张》）

子夏说："做官的事情做好了，就更广泛地去学习以求更好；学习学好了，就可以去做官以便更好地推行仁道。"

这句话告诉我们，人的一生是学习的一生，不管你在什么时候，什么地点，只要有机会学习，就不要放过机会。

"读书"是社会上的某一职业。什么叫以读书为职业，就是说，不擅长使枪弄棒，也不是"商人重利轻别离，前月浮梁买茶去"。过去称读书郎、书生，现在则是教授、作家、研究员，还有许多以阅读、写作、思考、表达为生的人，都是以读书为职业的。

"读书"是精神上的某一状态。

在漫长的中外历史上，有许多文化人固执地认为，读不读书，不仅关涉举动，还影响精神。商务印书馆出版加拿大学者曼古埃尔所撰《阅读史》（2002），开篇引的是法国作家福楼拜1857年的一句话："阅读是为了活着。"这么说，不曾阅读或已经告别阅读的人，不就成了行尸走肉？这也太可怕了。

还是中国人温和些，你不读书，最多也只是讥笑你俗气、懒惰、不上进。宋人黄庭坚《与子飞子均子予书》称："人胸中久不用古今浇灌之，则俗尘生其间，照镜觉面目可憎，对人亦语言无味也。"问题是，很多人自我感觉很好，照镜从不觉得面目可憎，这可就麻烦大了。

读后收获：

一、"知之为知之，不知为不知"是一种智慧。生活中有些人爱面子，凡事不懂装懂，强不知以为知。读下面"北人啖菱"的故事，看看闹出了什么笑话。

北人生而不识菱者，仕于南方。席上啖菱，并壳入口。或曰："啖菱须去壳。"其人自护其短，曰："我非不知。并壳者，欲以清热也。"问者曰："北土亦有此物否？"答曰："前山后山，何地不有！"夫菱生于水而曰土产，此坐强不知以为知也。

二、读读下面的短文，谈谈司马光"学而时习之"有什么收获？

司马温公幼时，患记问不若人，群居讲习，众兄弟既成诵，游息矣；独下帷绝编，迨能倍诵乃止。用力多者收功远，其所精诵，乃终身不忘也。温公尝言："书不可不成诵，或在马上，或中夜不寝时，咏其文，思其义所得多矣。"

三、读短文，看看匡衡读书怎样更乐在其中的。

匡衡，字稚圭。勤学而无烛。邻居有烛而不逮（及，达到），衡乃穿壁引其光，以书映光而读之。邑人大姓文不识，家富多书，衡乃与其佣作而不求偿。主人怪，而问衡，衡曰："愿得主人书遍读之。"主人感叹，资给以书，遂成大学。

四、读读秉烛夜读的故事，谈谈它讲了一个什么道理？

晋平公问于师旷曰："吾年七十，欲学，恐已暮矣。"师旷曰："何不秉烛乎？"平公曰："安有为人臣而戏其君乎？"师旷曰："盲臣安敢戏君乎？臣闻之："少而好学，如日出之阳；壮而好学，如日中之光；老而好学，如秉烛之明。秉烛之明，孰与昧行乎？"

平公曰："善哉！"

五、读短文，回答问题。

子曰："贤哉回也！一箪食，一瓢饮，在陋巷，人不堪其忧，回也不改其乐。贤在回也！"

子曰："饭疏食，饮水，曲肱而枕之，乐亦在其中矣。不义而富且贵，于我如浮云。"

叶公问孔子于子路，子路不对。子曰："女奚不曰：其为人也，发愤忘食，乐以忘忧，不知老之将至云尔。"

1. 这几章节形象地表现了孔子怎样的思想和心境？
2. 你怎样理解浮云的比喻义？

第五章　孝敬无价

当代歌坛上有一首歌曲,我很偶然地听到了,因为我平时对新歌听之不多,但我觉得这首歌很好,很有意思,那就是香香演唱的《细语》。

这本来是一首表达青年男女真挚爱情的歌曲,但是在我这一个做父亲的听来,却是做父母的心声,仿佛是细心关爱呵护孩子的父母对儿女的细语,那么细腻体贴、万般周到的关爱,令人感动。

> 我小心将冬天温暖后/才放你身边/我偷偷将夏天降温后/再送你面前/我将月亮星星请来/帮你装点房间/我爱你好爱你/我请春天细心化妆后/才让你看见/我请秋天在你走以后/再褪去笑脸
> ……
> 一天一天无际无边/围绕你身边/月亮弯弯笑/你的爱来把我烦扰/昏头昏脑不依不饶/你会爱我吗/爱我吗/你爱我好爱我

请听,这不就是做父母的真实心声吗——我小心将冬天温暖后/才放你身边/我偷偷将夏天降温后/再送你面前/我将月亮星星请来/帮你装点房间。你的爱来把我烦扰/昏头昏脑不依不饶/你会爱我吗/爱我吗/你爱我好爱我。这几句是相信儿女将来会全心爱着父母,赡养父母。

孝道是中国传统最重要的美德之一,在所有的传统规范中具有特殊的地位和作用。人类文明不管进化到何种程度,孕育、出生、成长、衰老、直至死亡,这一过程乃是一切正常人的必由之路。传统的中国文化在某种意义上,可以称为孝的文化;传统的中国社会,更是奠定于孝道之上的社会。"孝"文化是中国特有的,它有着悠久的历史。

当今的中国,家庭亲情伦理发生了很大的变化,导致亲情关系的疏离和淡薄。

第一,大多数的家庭多为独生子女,父母将全部的爱和希望寄托于子女身上,导致父母的爱过多过细地施于子女身上,而子女认为父母的这些付出是理所应当的,缺少报答父母回馈父母的自觉愿望。很多大学生在校肆意挥霍,不能体谅父母挣钱辛苦,对父母缺少感恩之心就是真实的例证。很多家长忙于生计,很少敞开心扉和子女谈心交流导致这一现状得不到根本改善。尤其是在最近几年,留守儿童增多,他们和常年在外打工挣钱的父母缺少必要的沟通。

第二,目前离婚率增高,单亲家庭增多、复合家庭增多,很多青少年和养父母生活在一起,这在一定程度上颠覆了传统的亲情伦理关系,造成了父母和子女之间亲情的隔离和疏远,也使简单的亲情变得复杂起来。

第三,随着社会保障体系的逐步完善,很多老年人部分地做到了病有所医,老有所养,很多子女就以为这样一来减轻了自己的负担,因而淡化了自己孝敬父母的心理准备和自觉意识。

第四,存在一个奇异的现象,因为父母多年的努力有了一定的财富基础,有的子女乐滋滋地做起了"啃老族",自己缺少奋斗意识,成立的家庭在而立之后,不仅还吃着喝着父母的还要问父母要钱花,自己挣的钱作为自己小家庭享乐之用。这种情况多是父母溺爱子女的时间延续,这样的亲情关系不利于培养子女的感恩孝敬意识,也容易养成子女对父母的依赖心理,极不利于青年人的成长和发展。这样产生了很多"富二代"不愿去奋斗,只愿躺在父母膝前享受的现象。

在这些现状下,我们还要不要恪守传统的伦理道德去孝顺父母,我们如何处理好对父母的亲情回报?这都是我们要思考的问题。

一、孝是做人的本分

"百善孝为先"这一句出自清人《围炉夜话》的文章之中。因为是根本的道理,根本的人伦,根本的共识,所以数千字的《围炉夜话》,抵不过这一句"百善孝为先"的名声。

为何以孝为百善之先?其实正因这句话说到了"根本"处,所以放之四海而皆准。何只百善,千行万念,无不以此为先。这又为何?因没有孝,没有根本,就没有人类传承。为人子女当孝,为人父母当慈。父母养子女叫做"养",子女养父母也叫做"养"。前者抚养成人,后者赡养终老。这叫天经地义。如何叫天经地义?人栽果树,此树领受天地雨水阳光,必然开花结果。没有受人滋养而不报答的天地道理,这就是天经地义。

看一看动物们,乌鸦尚且知道反哺,羔羊也能跪乳,何况作为万物之灵长的人呢?所以孝敬父母是做人的本分。

有子曰:"其为人也孝悌而好犯上者,鲜矣。不好犯上而好作乱者,未之有也。君子务本,本立而道生。孝悌也者,其为仁之本与?"(《论语·学而》)

悌(替):儒家伦理道德之一,意为弟弟必须顺从哥哥、敬爱哥哥。鲜:很少。犯上作乱:冒犯尊长,颠覆国家。

有子说:"孝敬父母、尊敬师长,却好犯上的人,少极了。不好犯上,却好作乱的人,绝对没有。做人首先要从根本上做起,有了根本,就能建立正确的人生观。孝敬父母、尊敬师长,就是做人的根本吧!"

子曰:"弟子入则孝,出则悌,谨而信,泛爱众而亲仁,行有余力,则以学文。"(《论语·学而》)

孔子说:"年轻人在家里应该孝顺父母,在学校尊敬师长,出去在外就要认真诚信,寡言少语,广施爱心,亲近有仁德的人。能轻松做到这些,就再去学习文献。"

此可谓做人之根本原则,芸芸众生,皆可以此为做人的根本原则。此为中国传统文化的做人思想的根本，然而今天的很多年轻人已经失掉了此思想，更多崇拜的是一种享乐主义，拜金主义，拜权主义。

五四运动割断了中国传统文化的传承，十年"文革"对于传统文化来说简直是毁灭性的打击。我们的时代已经离传统越走越远了。然而，传统文化在中国根深蒂固，只要我们重新挖掘，一定会还原其最亮丽的风采。

2007年6月1日起实施的《行政机关公务员处分条例》，其中有一项内容非常引人关注：如果行政机关公务员不尽孝道，拒不承担赡养等义务，或虐待、遗弃家庭成员，将受到警告、记过、记大过、降级、撤职等处分，情节严重的将被开除。这一条例是新中国成立以来第一部全面、系统规范行政惩戒工作的专门行政法规，而对行政机关工作人员的个人"孝道"作出具体规定，还是第一次。

其实这真算是一个最具人性化和人文关怀的法令，表明国家对孝敬父母这一传统道德的高度重视。试想，一个人如果连自己的父母都不能孝敬，还能指望它为社会奉献、对百姓尽责吗？

40年前，陈从福只有15岁，但从此就挑起了家里的重担。村里的老人们回忆说，他的父亲陈代金年轻的时候就丧失了劳动能力，我们是看着陈从福这娃娃的嫩肩膀挑起一大家的负担的。

……

除了日常照顾老人的吃喝拉撒睡外，伺候老人最难的是四处求医看病，为治好父亲的慢性病，陈从福不知道跑了多少路，花了多少钱。每当他听说某处有个可能能治好父亲病的医院或医生，就跋山涉水地背着父亲去求治，每听说一种药方，就跑到山上去挖草药来熬。陈代金每年的一般性药费支出大约需要3000元，在一般的农村家庭中这个数目是一个比较重的负担。特别是在2005年3月陈代金到五桥住院，诊断为神经性带状疱疹后，住院医疗费近5000元，兄弟长期在外打工，他不等不靠，所有的赡养和治疗义务自己一人承担。

周围的邻居感慨地说：什么是孝子？陈从福就是孝子，俗话说久病床前无孝子，陈从福坚持了40年，自己都熬成了老头子了，还是这样没有变啊！

记者问陈从福，为什么能坚持40年这样尽心地孝敬父亲？

第五章　孝敬无价

陈从福说，其实这也没什么，这是做人的本分，父亲是生我养我的人，我服侍他是应该的。再说，我们每个人都要老，我现在就是要做给我们的后人看，有个前传后教。

二、不只是养，还要做到敬

孔子认为，孝不仅是外在的道德规范，也是内在的主观要求，因而他强调孝的内在自觉性，并明确指出孝不止于养，而且还要做到敬。

子游问孝。子曰："今之孝者，是谓能养，至于犬马，皆能有养，不敬，何以别乎？"（《论语·为政》）

至于：谈到。

子游问孝道。孔子说："现在的孝顺，只是能赡养老人。即使是狗马，都会得到饲养。若不存心敬重父母，那样赡养爹娘和饲养狗马有什么分别呢？"

"敬"是人跟动物的区别，因为人与动物的最大区别是有思想有感情，所以孝子养亲，乃出于对父母养育之恩的感怀，发自至情至爱，自应毕恭毕敬，和颜悦色。

孔子这么说，并不是要否定能养，而是认为能养是最低的要求，真正的孝也应该由此更上一层楼，达到敬。

举一个我亲身见闻的事情。

有一年春节那天，我到邻居大伯家拜年。院子里冷冷清清，只听见屋里大伯在说话："来，吃呀！""你欠吃就吃呗！"这是大娘的声音，口气能冲倒墙。

我很纳闷，推门进屋，只见桌上放着一大碗热气腾腾的肉菜，还有用手巾兜着的四个馒馒。大伯强颜欢笑地招呼我坐下，而大娘在一旁抹眼泪。我问怎么回事，大伯遮遮掩掩不肯说。再三追问，他才道出真情：原来多年的儿子和儿媳"平时很少来掉个脚印"，今日大年初一，只让9岁的女儿送来桌上那份菜食就算了事。大伯叹口气："唉！年年如此，总要哭一场，还不如不送……"

我听了心里也不是滋味。大伯的儿子儿媳都是40多岁的人了，还不懂这点礼识，看来有必要向他们进一言，以启迪他们作为人子、人媳的良知。抱着这样的目的，我告别大伯大娘，径直来到他们儿子的家里。

这里是别一番景象，全家 6 口人正在举行家宴，餐桌上有肉有酒，一家人正在边吃边喝，有说有笑，充满天伦之乐。看见我进来，男女主人急忙站起，拉我入席，左边劝酒，右边递筷子，自是十分殷勤好客的样子。我故意环顾室内："大伯大娘呢？"

"送去了。"男主人显出慷慨大度的样子，"一大碗肉菜，四个白蒸馍，够他二老肥肥实实过个年了！"

我苦笑一声："可是……"

女主人"吧嗒"一声放下筷子："咋啦？"

我笑笑说："可是老人并不满足呀。"

女主人眼珠一转："敢情说啥不然了？砍的没有镟的圆。你就直说吧，老人家说啥了？"

事已至此，我索性直说了："大娘正在伤心落泪呢？"

女主人顿时火爆起来："咋？怨我没亲自端去？哼，吃饱不饥就是了，还难说话！"

女主人出言不逊，男主人急忙接上说："大兄弟，忙啊。你瞧这一桌，我俩起五更忙到现在……"

我说："那……何不把他们接过来一起过年呢？"

男主人两手一摊："你看，这么小的桌子……"

我不无讽刺地说："这么说，就多两位老人？"

男主人弄了个大红脸，女主人勃然变色："大兄弟，今儿大年初一，你是来过俺的堂？"说完气呼呼地离席而去。

这一手真厉害，我只好讪讪告辞。

过年应是举家欢宴，他们仅以酒席桌上的多余之物打发孤寂独处的双亲，以图了事，乃不啻"嗟来之食"，这哪有一点孝敬的意思呢？在他们看来，把东西送去了，就是尽了孝道的，可是他们真的不知道，父母更需要的是儿女真心的尊重，更需要和子孙后代在一起欢笑的天伦之乐。

第五章　孝敬无价

很多人都以为给老人点钱,老人就高兴了。孝顺不仅仅是给点钱就叫孝顺。孔子说:"至于犬马,皆能有养,不敬,何以别乎?"

没有人会反对孝顺,但怎么样做才算孝顺?这是一个大问题。

有个故事,公公年纪大了,吃饭时手发抖,经常把碗摔破,媳妇为了省钱,就买了个木碗给公公使用。有一天这媳妇下班回家,看见自己的儿子坐在门槛上,拿个小刀在刻木头。媳妇问,儿子你做什么呢?儿子说,我在刻两个木头碗,将来一个给爸爸用,一个给妈妈用。媳妇听了,心里一惊,知道自己做了坏的示范,给公公用木碗固然摔不破,事实上却是对公公不尊敬,只考虑到金钱的损失,而没有想到他的尊严。因此,孝顺只满足父母的需求是不够的,还要有尊敬之心,照顾到父母的尊严。

各位中学生读者,请你们大声读下面一句话:"百善孝为先!"请赶快孝敬父母吧!

子夏问孝。子曰:"色难。有事,弟子服其劳,有酒食,先生馔,曾是以为孝乎?"(《论语·为政》)

色难:儿女侍奉父母时的脸色。馔:吃喝。曾:竟。

子夏问孝道。孔子说:"(儿女在父母面前)总保持愉悦的容色,是一件非常难的事情。父母有事,年轻人抢着干了,有酒有肉有好吃的,让年纪大的人先吃,难道这就可以认为是'孝'了吗?"

说起色难,我们就不得不提中国古代一本叫《二十四孝》的书,其中有一个"戏彩娱亲"的故事,说的是一个叫老莱子的人,父母活着的时候,他70多岁了还不说自己老(不像现在社会上的一些小姑娘,十五六岁就开始称自己"老娘"了),不仅如此,他为了让父母高兴,自己每天穿着五色彩衣,手拿着拨浪鼓像小孩子一样在父母面前玩耍。有一次他为父母送水,摔了一跤,为了不使父母伤心,竟躺在地上学小孩子哭,结果令父母大笑。

从物质生活上关怀赡养父母,这是低层次的孝,侍奉父母能怀有崇敬的心情,愉悦的颜色,使父母在精神上得到安慰,这是孝的升华,才是难能可贵的高层次的孝。

《诗经》说:"哀哀父母,生我劬劳。哀哀父母,生我劳瘁。无父何怙,无母何恃。父兮生我，母兮鞠我。拊我畜我，长我育我。欲报之德，昊天罔极。"

父母亲生我养我，太辛劳了。没有父亲，有谁可以依赖呢？没有母亲，有谁可以依靠呢？出了门就感到哀伤，回家也看不到父母亲。父母生了我、怀抱我、照顾我、养育我，对我们的恩情真是无话可说。父母老了，如果我们不能孝顺他们，尊敬他们，又如何心安呢？况且，当我们壮年时，也应该想到自己年老时也会有被儿女照顾的一天，那时候子女如果对我们态度不敬，我们的心里又会作何感想呢？

所以，一个人光孝顺是不够的，还要知道为什么孝顺，怎么样做才算孝顺。你光能满足父母的生活需求是不够的，还要从心底里尊敬父母，理解父母；看父母快不快乐，想自己如何才能让父母快乐。

前几年特受欢迎的一首歌《常回家看看》，为什么受欢迎？就是因为写出了当代子女孝敬父母的一种较为理想的实在的方式——常回家看看。

　　带上笑容　带上祝愿/陪同爱人　常回家看看/妈妈准备了一些唠叨/爸爸张罗了一桌好饭
　　生活的烦恼跟妈妈说说/工作的事情向爸爸谈谈/常回家看看　回家看看/哪怕帮妈妈刷刷筷子洗洗碗/老人不图儿女为家做多大贡献呀/一辈子不容易就图个团团圆圆/常回家看看　回家看看/哪怕给爸爸捶捶后背揉揉肩……

当代生活，年轻人工作压力大，生活节奏加快，很多人借口没有时间看望父母孝敬父母。往往一个电话的问候想代替对父母的孝心，其实是不了解老年人的心理需求，老年人更需要亲情的慰藉。哪怕是和子女一起说说闲话吃顿饭，他们都能高兴一段时间。可是，我们又有几人做到了呢？

中国人认为，善与恶是以家庭为单位的。一个家庭一路下来，如果多做好事，子孙就会有一些福报；如果做了很多不该做的事，子孙也会受到影响。古人这么说，正是希望子女和父母一起行善，才能"家和万事兴"，对社会起到正面影响。如果一个家庭的价值观出现偏差，只知道不择手段去赚钱，那么即使取得成就，也可能对社会造成伤害。所以，不管父母是好是坏，子女都要尽好自己的责任，多多积德行善，也算是孝顺了。

子曰："父在，观其志。父没，观其行。三年无改于父之道，可谓孝矣。"（《论语·学而》）

孔子说："父亲在世时，看其志向。父亲死后，看其行动。三年内不改父亲的规矩习惯，可算孝了。"

这句话说得是一般的规律，父亲在一个家庭里通常是顶梁柱，是一家人的靠山，是精神支柱。父亲对子女的人生教导往往是实质性的、大多通往正确道路的。所以做子女的要多听从父亲的教导，才能少走弯路、错路。

三、游必有方：离家也不忘行孝

子曰："父母在，不远游，游必有方。"（《论语·里仁》）

孔子说："父母在世时，不要走远，必须远走时，远离就一定要告知父母自己的去向。"

我们都知道，古代交通不方便，出趟远门可能就是一年半载；通信又不发达，全靠家书——一封信最少也得十天半月甚至更长时间才能到家吧，路上还有丢的可能。所以可想而知，如果出门之前不交待清楚自己的去向及所做事情，父母得多着急。

古人出门离家大概有四种情况：一是游学，到外面去求学；二是游仕，去外面做官；三是游历，看看各地的山川风物或古迹名胜，到朋友家里去玩；四是谋生。古时候通讯不发达，不像现在人人有手机，到任何地方都可以发短信、打电话向父母汇报。在古代，子女一旦出远门，会好多天音信全无，联系不上，父母会非常地担心、挂念，不知道子女在外面会发生什么状况。所以孔子才会说，父母亲在世的时候，做子女的尽量不出远门，以免让他们挂念，这是一种孝顺。不过孔子的意思并不是不让你出门，而是你出门到什么地方去，要让父母知道，要常常想到父母在为你担心；想到我现在做这件事，到这个地方去，父母会担心吗？如果父母会担心，就不要去做。

今天在这一点上我们好做得多，外出办事一方面交通便利，几千里路也可以在两三天内赶回来；随时可以用手机和父母亲联系，还可以视频聊天。所以孔先生当年的这一准则对我们今天的年轻人就没有了太多的限制。但是有一点要做到，就是要主动及时地告知父母你的去向和行程，以及回来的时间，免得父母为你担心。古人也有言：儿行千里母担忧。现在真的好多了。

或许你可以为自己找理由说：我们就是要向更好的生活条件努力，这是我们努力之后应该享有的。可是，你有没有想过，相对于自己，你给了父母什么？你回报了这个世界最爱你的为你付出了最多的人多少？在一个"发展"了的社会，我们有了"远游"的理由，但是多少人忘了"游必有方"并不需要理由。

拉开窗帘，母亲节的夜空并没有看到月亮，但是依旧思念故乡，更深怀对爸爸妈妈的愧疚。孝，是为了弥补时间的裂痕，该做什么，其实心里已经有了答案。该做的就不要再拖延。

四、如何面对父母的过错

子曰："事父母几谏，见志不从，又敬不违，劳而不怨。"（《论语·里仁》）

几：轻微，婉转。

孔子说："侍奉父母，他们若有过失，要婉言劝告。话说清楚了，却没有被接纳，仍然尊敬他们，不要违逆对抗，继续操劳而不怨恨。"

我们经常会学习一些人际交往准则，跟同事要怎么说话，跟朋友要怎么说话，但几乎没有一本社交宝典上会教你跟父母怎么说话，因为大家都觉得，父母是亲人，跟父母说话还需要讲究方式吗？

孔子说出了一个简单的道理，就是你最亲的人是最伤不得的，好话要好好说。

孩子说了，有的父母会听，有的父母还坚持自己的做法，就是"见志不从"。没听你的怎么办? "又敬不违",做孩子的还要心存尊敬,不要去顶撞他们。

你心中可能对这事继续担忧,但不能生出怨恨,这就叫"劳而不怨"。

什么叫做"又敬不违"? 中国民间有个说法叫"孝顺",孝顺孝顺,顺者为孝。很多时候,我们的孝心就在于不违背。当然,也有些儿女跟父母的冲突属于大是大非。但是,如果现在做个统计,父母、儿女之间所产生的冲突,究竟有多少是大是大非,关乎道德,关乎家国大义? 这种事情毕竟很少。

绝大多数的冲突,用我们老百姓的话来说都是鸡毛蒜皮,却弄得父母心里头不高兴,儿女心里头往往也委屈,因为两代人可能动机都是好的,但看问题的方式不一样。

孔子说了一句话,叫"又敬不违",难道我们不能顺着点父母吗?

每一个人走到今天,都带着历史的烙印,每一个人都是由自己的习惯铸就的。如果没有老太太攒瓶瓶罐罐那段岁月,也许就没有儿女今天的生活;没有老爸蹲在墙角吃面条的那种节俭,也许你就不会从那个村庄走出来,就没有今天的楼房。

真正爱自己的父母就意味着包容和尊重他们的习惯。这是真正的敬。心理上的这种"敬",直接导出来的行为层面就是"不违"。

所以,我们不是说在大是大非的问题上都一定要做儿女的放弃原则,但是,在可以不计较的时候,儿女要对父母多一点尊重和理解,多让他们按照自己的方式去过一种快乐的日子,也许这就是最好的孝敬。

其实,在物质生活大大丰富的今天,对于父母的心思做一些认真的揣测,按照他们的心意去做事,你可以做得更含蓄,更不外露,会让父母心里更自信,让他们对自己有更多的肯定。这也许是最好的选择。

五、尽心尽力行孝道

子曰:"父母之年,不可不知也。一则以喜,一则以惧。"(《论语·里仁》)

孔子说:"父母的年龄和身体状况,做儿女的不能不知道。一方面因父母长寿而喜悦,一方面因父母年高而恐惧。"

我们做儿女的,要时刻关心父母的身体,一方面为父母的高寿而欣喜,一方面又为父母的年高体弱而担忧。天下父母至死不忘儿女的生日,为人子者,能谨记父母生辰的不多,感恩父爱母爱,当从记住父母生日开始。

因此,做子女的爱惜身体,保持健康,不仅是做人的责任,也是孝道的根本。儒家谈孝顺,强调"将心比心",要替父母着想,替父母着想的方法是把自己当成父母来思考。

有一句话说得好,"养儿方知父母心"。我们在做子女的时候,往往不太能够了解父母的心情;只有等到自己也做了父母,有了子女之后,才会想到父母从前是怎样替自己担心了。所以儒家说,一个人上有父母,下有子女,才比较可能表现出深刻的孝顺,这是人性自然的道理。

人长大成熟之后,一方面有了自己的孩子,要跟孩子一起成长。因为我们长大之后,往往会忘记自己过去的经验,忘记了父母的恩情,而孩子会提醒我们,父母也是这样辛苦地把我们养大的。另一方面,也要跟父母一起成熟。看到父母亲年纪越来越大,就要想到将来我们也会跟父母一样,衰老、生病,接近到生命的终点。所以,一个人有父母,有子女,有一个完整的家,是人生非常大的幸福。看到子女,会想到自己小时候的样子;看到父母,可以去想象自己年老时的样子。一个人有过去有未来,他的现在才不至于是落空的,他的生命才有原有本,慢慢成熟。

爱需要用行动来表达,对父母的爱也是如此。现在就去做,不要等父母都不在了而空留遗憾。古话说"子欲养而亲不待",年少时不能完全理解父母的爱,等自己也为人父母、理解了父母的苦心时,父母已经等了很久了。孝敬父母要及早,不要等父母不在了才想起要孝顺,为时已晚,只能空留遗憾。

比尔·盖茨曾说过这样一句话:在这个世界上,什么事情都可以等待,只有孝顺是不能等待的。

时间如流水,青少年时期每个人都有很多事情要忙,忙学习,忙游戏……等成人了,还要忙工作,忙事业。当我们认为拥有了可以孝顺父母的能力的时候，父母已经吃不动也穿不了，有的父母甚至已经远离了尘世。趁父母还健在的时候多为父母做点事，用实际的行动来表达我们对他们的爱和感激，而不要总是把爱埋在心里。

像关心自己的孩子一样关心自己的父母，你便不会总为自己推迟行孝的举动而寻找借口。爱你的父母就像爱你的孩子，只有这种付出才是真正的孝。

树欲静而风不止，子欲养而亲不待。有多少人为自己没有机会侍奉父母而抱憾终生。

老舍在《我的母亲》一文中写道：生命是母亲给我的。我之能长大成人，是母亲的血汗灌养的。我之能成为一个不十分坏的人，是母亲感化的。我的性格，习惯，是母亲传给的。她一世未曾享过一天福，临死还吃的是粗粮。唉！还说什么呢？心痛！心痛！

季羡林在《我的母亲》一文中写道：我是一个最爱母亲的人，却又是一个享受母爱最少的人。我六岁离开母亲，以后有两次短暂的会面，都是由于回家奔丧。最后一次是分离八年以后，又回家奔丧。这次奔的却是母亲的丧。回到老家，母亲已经躺在棺材里，连遗容都没能见上。对享受母亲的爱来说，我注定是一个永恒的悲剧人物了。奈之何哉！奈之何哉！我后悔我后悔，我千不该，万不该离开了母亲。

子夏曰："贤贤易色，事父母，能竭其力。事君，能致其身。与朋友交，言而有信。虽曰未学，吾必谓之学矣。"（《论语·学而》）

贤贤：第一个贤为动词，第二个贤为名词。易：不看重。事：为……做事，事奉。

子夏说："对妻子，重品德，不重容貌；侍奉父母，能尽心尽力；服侍国君，能豁出性命；同朋友交往，说话诚实且讲信用。这种人，即便自己说没有学习过，我也一定说他已经学习过了。"

汉朝的时候，有一个叫黄香的孩子，是江夏人。当时才9岁，但他已经懂得了服侍父母的道理。每次当炎炎夏日到来的时候，就给父母的蚊帐扇风，让枕头和席子清凉爽快，把吸人血的小虫和蚊子扇开，让父母好好睡；到了寒冷的冬天，就用自己的身体让父母的被子变得温暖，让父母睡得暖和。于是黄香的事迹流传到了京城，号称"天下无双，江夏黄香"。

"黄香温席"的动人故事流芳百世，黄香没有用金钱侍奉父母，而是用他稚小的身体，稚嫩的胸脯暖父母冰冷的双脚，其举实在感人肺腑。我们应该想一想：我们自己为自己的父母做过哪些事情？父母给了我们生命，天天无微不至地照顾我们，没有一点怨言，在我们遇到难题的时候给与解答，在我们不开心的时候哄我们开心，在我们遇到挫折的时候鼓励我们继续前进……

我们成长的每一个足迹，都洒满了父母辛勤的汗水，洒满了父母深情的爱。孝敬父母是中华民族的传统美德，"百善孝为先"，作为21世纪的中学生，我们更应该从小做起，用实际行动来孝敬自己的父母亲！

林语堂说过："一个自然人必定会爱自己的儿女，但只有受过文化熏陶的人，才会孝养父母。"古人常说人生的一大遗憾是"子欲养而亲不待"。当我们事业有点成就后，再转过身来想到父母，这时他们已经垂垂老矣，来日无多，这是多么遗憾和悔恨的事啊！孔子云：父母之年不可不知也，一则以喜，一则以惧。让我们为伟大的父母祝福吧，这或许是现代人最能表达孝心的方式了。

读后收获：

一、孝是中国古代重要的伦理思想之一。元代郭居敬辑录古代24个孝子的故事，编成《二十四孝》，以训童蒙，成为宣传孝道的通俗读物。其中虽不乏过时的、落后的乃至不合情理的东西，但作为孝亲的精神还是可以借鉴的。请给下面几个故事各拟一个标题，并把故事讲给同学听。

周老莱子，至孝，奉二亲，极其甘脆，行年七十，言不称老。常着五色斑斓之衣，为婴儿戏于亲侧。又尝取水上堂，诈跌卧地，作婴儿啼，以娱亲意。

1. 给这个故事拟题目：＿＿＿＿＿＿＿＿＿＿

宋朱寿昌，年七岁，生母刘氏，为嫡母所妒，出嫁。母子不相见者五十年，寿昌屡求不获。神宗朝，弃官入秦，与家人诀，誓不见母不复还，行至同州得之，母年七十余。寿昌乃迎归，并迎其同母弟妹共居焉。

2. 给这个故事拟个题目：＿＿＿＿＿＿＿＿＿＿

后汉黄香，年九岁，失母，思慕惟切，乡人称其孝。躬执勤苦，事父尽孝。夏天暑热，扇凉其枕簟；冬天寒冷，以身暖其被席。太守刘护表而异之。

诗曰:

冬月温衾暖,炎天扇枕凉。

儿童知子职,知古一黄香。

3. 给这个故事拟题:_____

二、请概括孔子在下面两则文字中关于"孝"的主要观点,并联系实际简述这种观点的现代价值。

子游问孝。子曰:"今之孝者,是谓能养。至于犬马,皆能有养。不敬,何以别乎?"

子夏问孝。子曰:"色难。有事,弟子服其劳,有酒食,先生馔,曾是以为孝乎?"

第六章　修养丰盈

　　孔子用世屡次受挫，他认为这是外在环境造成的，外部环境能够深刻地影响一个人的发展，甚至束缚人的发展。

　　孔子认为外部环境时有恶劣是正常的情况，有才能的人会经常受到不利情势的历练。对于不好的处境，不是抱怨叹气，而是要努力从各方面修养自己，提高应对环境的能力。

　　孔子认为对于多样的外部世界，要取随机应变的态度，需要根据具体情况来调整自己的行事方式，从而达到人生目的。他说："君子之行己，其于必达于己，可以屈则屈，可以伸则伸。故屈节所以有待，求伸者所以及时。是以虽受屈而不毁其节，志达而不犯于义。"

　　今天浮躁的社会掩盖了一个事实：目前社会精神文化已经到了道德底线，一个国家经济的强盛应该依赖于文化的强盛，留给下一代金钱不如留给下一代好德行，否则就让下一代丧失了成长的机会。

　　子不教，父之过，教不严，师之惰。作为老师，我没有大的作为，但是感受很深，在这里有必要将我的体会奉献给大家，和大家共同成长。

　　修身就是学习如何做人。道常无为而无不为。道不远人，身边的事，眼前的事，校内的事，家里的事，社会的事无不蕴藏着修身之所。

　　修养身心是我们中学生成长中极为重要内容，不是说考上重点高中了，考上重点大学了或者找到了薪资高的工作就是成长起来了，真正的成长理所当然的包括了培养自己良好的品德修养,使自己成为一个修养丰盈的人。

看来,做人修养在中学生成长过程中不是可有可无的,而是至关重要的事。如何提高自己的做人修养呢?拟从以下几个方面谈。

一、每天多次反省自己

曾子曰:"吾日三省吾身:为人谋而不忠乎?与朋友交而不信乎?传不习乎?"(《论语·学而》)

日:每天。三:多次。省(xǐng):检查,反省。传:老师传授的知识。

曾子说:"我每天都要多次反省自己:为别人出主意做事,是否忠实?交友是否守信?老师传授的知识,是否复习了呢?"

儒家十分重视个人的道德修养,以求塑造成理想人格。本句中所强调的自省,则是自我修养的基本方法。

在春秋时代,社会变化十分剧烈,反映在意识领域中,即人们的思想信仰开始发生动摇,传统观念似乎已经在人们的头脑中出现危机。于是,曾参提出了"反省内求"的修养办法,不断检查自己的言行,使自己具有完美的理想人格。

《论语》中多次谈到自省的问题,要求孔门弟子自觉地反省自己,进行自我批评,加强个人思想修养和道德修养,改正个人言行举止上的各种错误。这种自省的道德修养方式在今天仍有值得借鉴的地方,因为它特别强调进行修养的自觉性。

如果我们真正想做自己的主人,让人生过得特别有意义,就应该彻底地安静下来,认真地自我反省,想想自己的人格有些什么欠缺,想想自己的选择出了什么问题,想想自己是否该重新安排一下自己的生活?《菜根谭》上有一段话是这样说的:

忙处事为,常向闲中先检点,过举自稀;动时念想,预从静里密操持,非心自息。

这段话的意思是:生活虽然忙,但如能忙里偷闲,经常反省和检点自己,出错的几率自然会少。应事接物之际,最好能保持内心的沉静,清醒地把握自己,不好的念头自然会平息。一旦工作起来,可能会全身心地投入。全身心的投入有时是必要的,但如果过于投入,我们的心被工作或事务牢牢控制,久而久之,将无暇再面对自己,心也完全麻木了。在这种情况下,即使有了工作间隙和闲暇时光,心还是一刻也不能放松。长此以往,会感觉自己活得很累。这是一种"拎得起,放不下"的心态。《菜根谭》中的这段话试图说明,在繁忙中要保持内心的平静,在喧嚣中要恪守神奇的清醒。

这就如同打扫室内的卫生一样,如果屋子里陈年不经打扫,灰尘污垢就会遍布在屋里各处,即使是角落或狭小的缝隙也概不例外。为了生活得干净,我们就要经常打扫,需要把屋里的灰尘清扫干净。

人的心灵也是这样,需要经常打扫才不致灰尘遍布。都说人心如大地,能生五谷、花草树木,也能生出杂草、荆棘和沼泽,只有时常"自净",才能保持心净而不被那丛生的杂草荆棘刺破、阻拦。

经常反省的最大好处是可以避免一些外界不良因素的侵蚀和诱惑,可以在反省时得到及时的发现与改正。宋代哲学家朱熹就有这样一首诗:

半亩方塘一鉴开,天光云影共徘徊。
问渠那得清如许?为有源头活水来。

这首诗其实也可以看作是吾日三省吾身的典范,因为如果不反省自身,哪里来的源头活水,没有源头活水,又哪来的如许清渠?只有自省其身,自净其意,才能有那无拘无束的心灵,共那无拘无束的天光云影徘徊;只有自省其身,自净其意,才能让心灵不受污秽不执著,成为那有天光云影也有如许清渠的半亩方塘。

吾日三省吾身,谁都可以试试这种可以让心灵清净的方法,正所谓"心田不长无明草，觉苑常开自由花"，当你真的做到了反观自照，也许你就会看到菩提自显。

子曰："予欲无言。"子贡曰："子如不言，则小子何述焉？"子曰："天何言哉。四时行焉，百物生焉。天何言哉！"（《论语·阳货》）

欲：打算。

孔子说："我想不说话了。"子贡说："你如果不说话，那么我们这些学生还传述什么呢？"孔子说："天何尝说话呢？四季照常运行，百物照样生长。天说了什么话呢？"孔子之教大教也。大教者何教，行"无言"之教也，行"不言"之教也。孔子的无言之教，是他自觉理性认识的结果，所以他说"予欲无言"。

孔子欲行"无言"之教，这是一种教育的大境界，孔子认识到教育不仅靠老师的语言说教，还要靠学生的躬行体悟。

孔子的教育源自哪里？源自他对天地万物运行规律的观察体认，他从"天何言哉"中体认到教育也可行"无言"之教。教师的教育智慧，不仅来自于书本，来自于言语的听说，也来自于教师对自然、人生、社会和体悟。在对各种事物的学习与体悟中，教师才能升华出智慧，升华出教育的大境界。

行"不言"之教，正是教育大智慧、大境界的体现。

不言之教中的"不言"是一种教育手段，是一种教育方式，虽然"不言"，但还是要达到教育的目的的。

"言教"非聋哑之人，皆可为之，非为贵也。不言之教，非一般人所能为也，故为贵也。

作为教师，我们当不断提升自己的教育智慧，向着"不言之教"的方向努力。

《列子》上有个薛谭学讴的故事。薛谭跟秦国著名歌手秦青学艺，过了一段时间他觉得自己学得差不多了，便要辞师而归。秦青在野外设宴为他送行。席意，秦青引吭高歌，声震林木，响遏行云。薛谭幡然悔悟，终身不敢言归。

故事里的秦青很善于启发教育，他明知辞归的徒弟学业未成，有心劝告挽留，却不直言，而是在设宴送行时以事实教育他，使薛谭自己悔悟过来。秦青这看似"无意",实则"有心"的做法,未曾说理,而理却在其中。这就是一种"不言之教"。

一位学僧自以为在无德禅师那里学得差不多了,打算离开,于是就向禅师辞行。

无德禅师并未阻拦他,只是说:"你在离开以前,给我盛一盆石子来,注意,一定要盛满!"

学僧按照无德禅师的要求,端来满满一盆石子。

无德禅师问:"满了吗?"

学僧恭敬地回答:"满了!"

无德禅师把沙子倒在石子上面。只见沙子顺着石子间的缝隙流了进去。

无德禅师又问:"满了吗?"

学僧道:"满了!"

于是,无德禅师又把水浇在石子和沙上。结果,水也渗了进去。

无德禅师又问:"满了吗?"

学僧一下子醒悟过来,向无德禅师礼拜,再也不提离开的事儿了。(《日日禅》)

在这则禅宗公案里,禅师也没有明确地挽留学生,而是用一个小"实验"让学生自己醒悟其中的道理。禅,不从慧解入门,而从体悟下手。禅,不是言语说的,不是文字写的,各人说的是各人的,各人写的是各人的。禅,离开语言文字,向上一着,当可透个消息,参!这也是一种不言之教。

我们每天反省自己,反省什么呢?

其中我们最需要反省的是自己心灵的愿望。就是要回归自己真实的心灵状态,不要被滚滚红尘的尘嚣所裹挟,所淹没,所蒙蔽,能经常脱身于尘外,及时调整自己的心态。

东晋诗人陶渊明因为"不愿为五斗米向乡里小儿折腰"而辞官归隐,过着躬耕自得的农家生活。

当代陕西籍作家李汉荣的《山中访友》前几年入选初中语文教材,后改选到小学教材中,文中写到他和山中的很多自然界事物以朋友的关系进行了对话

第六章 修养丰盈 | 149

和交流：微风、古桥、树林、清凉的山泉、飞流的瀑布、陡峭的悬崖、悠悠的白云、淘气的云雀、落花落叶、雷阵雨等。

作者为什么会把这些无生命的自然景物作为自己的好朋友？我们认为作者除了对世界万物怀有无比丰富的爱，具有开阔宽广的胸襟、积极乐观的人生态度以外，还可看出他对世俗社会的理性解剖和批判。

作者如此深情地与那么多的朋友交流，却独不提自己所处的俗世生活，这足见作者心灵的孤独。从文章一开头"踏一条幽径，独自去访问我的朋友"便可看出，这是一次孤独之旅，一种与尘世决然隔离的特立独行的"访友"。

面对当今商品大潮冲击下的滚滚红尘，尔虞我诈，追名逐利的世态，这一切，让作者厌倦、憎恶，也让作者备感身心孤独。因此作者只好寄身于自然，与自然山水进行虚拟的又是真实的对话和交流。

从文中可以清晰地看到作者对这个名利社会的理性批判。如，"白云大嫂，你洁白的身影，让憔悴的天空返老还童，露出湛蓝的笑容"。天空为什么会"憔悴"？还不都是那些一心追求金钱，急功近利，不爱护自然和环境的人们造成的！而瀑布大哥那"不拉赞助，不收门票"的行为，比起当今那些到处拉赞助、大收门票的追名逐利的所谓的"艺术家们"，才见他是何等纯粹的歌唱家。云雀弟弟唧唧喳喳地说些什么，然而"从来不说是非"，却正可以反衬俗尘中那些背后唧唧喳喳搬弄是非的人是何等的可厌！这些都是从侧面不动声色地对俗世社会的理性批判。含蓄而又巧妙！

人有时亟须走进自然，走向平淡，回归宁静，满足自己心灵的真正愿望，用这些方式调整自己。李汉荣先生还有《又见南山》：

> 我是山里人。山是我的胎盘和摇篮，也是我最初的生存课堂。山里的月是我儿时看见的最慈祥的脸（仅次于外婆），山里春天早晨的风是最柔软的手（仅次于母亲），山的身影是多么高大啊（仅次于毛主席）。我读第一本书的时候，入迷得像在做梦，每一个字都是那么神奇，它们不声不响非人非物，但它们却能说出许多意思，这真是太有意思了。忽然书页暗下来，抬起头，才看见，山一直围在我的四周，山也在看书？其实它们站在

书的外面，抵着嘴想要说什么话，不说就不说吧，多少年都不说，就是为了让人去说各种各样的话。我隐约觉得山是很有涵养的，像我外爷，外爷是中医，很少说话，他说，我开的药就是我要说的话。

……

这时候我已经回到当年的小城。这时候我忽然看见我早年逃离的山——南山。

它依然凝重，依然苍蓝，依然无言，不错，还是我祖先般的南山。

但是，我心里很深的地方却被它触动了，被它闪电般照亮了。

……

台湾当代作家林清玄面对日益浮躁喧嚣的现代社会，写了《清欢》一文，表现他对难觅清欢的世俗之态的不满。

少年时代读到苏轼的一阕词，非常喜欢，到现在还能背诵：
细雨斜风作小寒，
淡烟疏柳媚晴滩。
入淮清洛渐漫漫，
雪沫乳花浮午盏。
蓼茸蒿笋试春盘，
人间有味是清欢。

……

清欢之所以好，是因为它对生活的无求，是它不讲究物质的条件，只讲究心灵的品位，"清欢"的境界是很高的，它不同于李白的"人生在世不称意，明朝散发弄扁舟"那样的自我放逐；或者"人生得意须尽欢，莫使金樽空对月"那种尽情地欢乐。它也不同于杜甫的"人生有情泪沾臆，江水江花岂终极"这样悲痛的心事，或者"人生不相见，动如参与商；今夕复何夕，共此灯烛光"那种无奈的感叹。

……

二、培养正当的爱好

孔子曰:"益者三乐,损者三乐。乐节礼乐,乐道人之善,乐多贤友,益矣。乐骄乐,乐佚游,乐晏乐,损矣。"(《论语·季氏》)

孔子说:"有益的喜好有三种,有害的喜好有三种。喜好礼乐调节的快乐,喜好称道别人之好,喜好有许多贤德之友,有益啊。喜好以骄傲为快乐,喜好闲游,喜好宴饮的快乐,有损啊。"孔子告诉我们一个非常宝贵的人生经验。人的喜好有多样,有的有益,有的有损。

人的本性都追求快乐,向往幸福。快乐与幸福不仅是普遍的现实问题,也是古今中外思想家们研究的理论问题。研读《论语》,可以对孔子的相关思想作出如下结论:其一,孔子很重视"乐",多次谈论"乐";其二,孔子并不否认物质生活和个人自由的快乐;其三,孔子实际上认为快乐与人的思想和道德有关,不同品行的人有不同的快乐追求,物质生活和个人自由的快乐要有礼,有节,否则于己于人就有害了;其四,孔子推崇精神生活的快乐。

孔子认为,君子的修炼要经过两个阶段。第一阶段:"博学于文",博学始能会通,然后知其真义,向一切文明智慧学习;第二阶段:"约之以礼",躬行实践,在人生的活动中自觉地规范自己的行为。边学习,边实践,二者相辅相成,相得益彰。

他日又独立,鲤趋而过庭。

曰:"学礼乎?"对曰:"未也。""不学礼,无以立。"鲤退而学礼。(《论语·季氏》)

有一天,孔子独自站在堂上,孔子的儿子伯鱼快步从庭前走过,孔子问:"学礼了吗?"伯鱼答:"没有。"孔子说:"不学礼就不懂得怎样立身。"于是伯鱼回去就学礼。在孔子看来,礼仪的素养是一个人立身处世的基本素养。

孔子主张"君子成人之美,不成人之恶。"奥黛丽·赫本,是美丽与优雅的同义语,是天使的化身,《罗马假日》是她的代表作。她为世界影坛创造了一个清新隽永、纯洁可爱的形象，并由此赢得了全世界影迷的爱戴。当她的女性崇拜者问她怎样才能使自己更美丽时，赫本说：第一，拥有美丽的女人，要有一双美丽的眼睛，要善于发现别人的优点和长处；第二，拥有美丽的女人，要有一双漂亮的双唇，要说好听的话。其实，赫本的话恰恰是我们现代人际关系的两大核心所在：第一，发现别人的优点和长处；第二，懂得赞美他（她）。

莎士比亚曾经说过这样一句话："赞美是照在人心灵上的阳光。没有阳光，我们就不能生长。"在人与人的交往中，适当地赞美对方，会增强和谐、温暖和美好的感情。实事求是，而不是夸张的赞美，真诚的而不是虚伪的赞美，会使对方的行为更增加一种规范。同时，为了不辜负你的赞扬，他会在受到赞扬的这些方面全力以赴，甚至改变自己。赞美具有一种不可思议的推动力量，对他人的真诚赞美，就像荒漠中的甘泉一样让人心灵滋润。

乐道人之善，是一种美德。这种美德，让我们发现别人的好处与优点的同时，反思自己，向人家学习，提高自己。而且，赞美了别人让别人获得了快乐，自己也增添了快乐，这当然又是人生的一大乐事。

孔子曰："益者三友，损者三友。友直，友谅，友多闻，益矣。友便辟，友善柔，友便佞，损矣。"（《论语·季氏》）

孔子说："三种朋友是好朋友，三种朋友是坏朋友。同正直的人交友，同诚信的人交友，同见闻广博的人交友，这是有益的。与谄媚奉承的人交朋友，与圆滑虚伪的人交朋友，与夸夸其谈的人交朋友，这是有害的。"

在《孔子家语》中，孔子说："与善人居，如入芝兰之室，久而不闻其香，即与之化矣。"意思是说，多与贤能之友交往，就如同进入芝兰芬芳的房室，时间久了反而闻不到其香味，是因为自己已与花香融为一体了。孔子以此借喻交友的潜移默化的效应，建议多交贤能之友，就会受到良好的道德熏陶和知识启迪，形成美好的生活氛围。

一个人的品质可以从他交往的朋友的品质得以显现，一个人的生命质量也可以从他朋友的质量来衡量。孔子为我们提供的交友之道，确实是金玉良言，近朱者赤，近墨者黑，如果我们能够与正直的人交友，与诚信的人交友，与见闻广博的人交友，那真是人生一大乐事。

《史记·管晏列传》记载：

晏子为齐相，出，其御之妻从门间而窥其夫。其夫为相御，拥大盖，策驷马，意气扬扬，甚自得也。既而归，其妻请去。夫问其故。妻曰："晏子长不满六尺，身相齐国，名显诸侯。今者妾观其出，志念深矣，常有以自下者。今子长八尺，乃为人仆御，然子之意自以为足，妾是以求去也。"其后夫自抑损。晏子怪而问之，御以实对。晏子荐以为大夫。

这段故事是说，晏子做齐国宰相时，一次坐车外出，车夫的妻子从门缝里偷偷地看她的丈夫。她丈夫替宰相驾车，头上遮着大伞，挥动着鞭子赶着四匹马，神气十足，洋洋得意。不久回到家里，妻子就要求离婚，车夫问她离婚的原因，妻子说："晏子身高不过六尺，却做了齐国的宰相，名声在各国显扬，我看他外出，志向思想都非常深沉，常有那种甘居人下的态度。现在你身高八尺，才不过做人家的车夫，看你的神态，却自以为挺满足，因此我要求和你离婚。"从此以后，车夫就谦虚恭谨起来。晏子发现了他的变化，感到很奇怪，就问他，车夫也如实相告。晏子就推荐他做了大夫。

这个故事说明，"益友"是我们人生的镜子，交"益友"，学"益友"就会改变人生。与"益友"同行，共同进步，共同发展，真是其乐无穷。

老子在《道德经》里似乎预测了现代社会的状况，他说：

五色令人目盲，五音令人耳聋，五味令人口爽，驰骋田猎令人心发狂，难得之货令人行妨。是以圣人为腹不为目，故去彼取此。

混杂的色彩会让人眼花缭乱，烦躁的声音会阻塞人的耳朵，繁多的食物会让人舌不辨味，驰骋狩猎，人心会激荡不能自抑，追求珍奇的财宝，会损害人的操行。因此，有品位的圣人，只求安饱而不追逐声色之娱，摒除外界纷乱的干扰，保持安宁祥和的境界。

老子描绘的图景正是现代社会的真实写照。放眼望去，滚滚红尘，灯红酒绿，声色犬马，纸醉金迷。震耳欲聋的摇滚，激烈对抗的游戏，忽上忽下的股市，数不胜数的美味，斑驳陆离的服装……整个社会就是欲望的海洋，徜徉其中的人们不知不觉地失去了自己。

而更为可怕、可悲的是，沉醉在其中的人们，还自认为是现代生活方式，把那些敬而远之的人视为时代的落伍者。

殊不知，他们在放纵的"快乐"中麻醉了自己，浪费乃至葬送了自己有意义的人生。这种所谓的现代快乐其实不是真正的快乐，只是一种动物式的快感而已，放纵之后，依然是排遣不去的落魄、无聊、郁闷与寂寞。

三、不要患得患失

子曰："鄙夫，可与事君也与哉？其未得之也，患得之；既得之，患失之。苟患失之，无所不至矣。"（《论语·阳货》）

孔子说："可以和一个鄙夫一起侍奉君主吗？他在没有得到官位时，总担心得不到。已经得到了，又怕失去它。如果他担心失掉官职，那他就什么事都干得出来了。"

静下心来想一想，我们读书、赚钱究竟是为了什么？读书仅仅是为了找个好工作，我们也就成了工作的奴隶！赚钱仅仅是为了炫耀或者享乐，我们也就成了欲望的俘虏！

在没有得到名利富贵的时候，我们为了名利富贵而奔波劳碌；得到名利富贵的时候，我们因为害怕失去而担忧，或者为了得到更高层次的名利富贵而继续操心费力。我们难道不是在受着得失的煎熬吗？我们失去的是人生的根本精神。

我们有多少人在天天发着牢骚！怨社会不公，怨他人不信，怨官员贪污，怨道德滑坡，怨私利觊觎，可是，我们是否想过，我们自己做得如何？"其身正，不令而行；其身不正，虽令不从。""躬自厚而薄责于人，则远怨矣。"指责别人谁都会，唯独不求从自我的修身做起，似乎修身必然会吃亏！

当不该得到却通过送礼而得到的时候，我们也就给社会增加了一分不公；当我们心中产生了掩耳盗铃的念头的时候，社会也就减少了一分诚信；当我们通过行贿而达到了自己自私的愿望的时候，我们也就是在助长贪污；当我们把羡慕与嫉妒放在心中的时候，就产生了道德滑坡的可能性；当我们事事只为自己着想的时候，我们就没有资格怨私利猖獗！孔子"不怨天，不尤人"，怨天尤人不是解决问题的方法。

学了本领一心想为百姓造福的代表，而不为权贵服务，视高官金钱为粪土，不为五斗米折腰的，典型的代表人物有两个，一个是孔子，可谓百折不挠，明知不可为而为之。另一个是庄子，可谓从不染指，明知不可为而绝不为之。

四、充实和完善自己

子曰："古之学者为己，今之学者为人。"（《论语·宪问》）

这句话从字面翻译就是，古代的求学者是为了自己，今天的求学者是为了别人。这并非是孔子的原意，而且如果这样理解也就失之浅薄、谬误了。

应该理解为古代的学者学习是为了提高自己的修养，现在的学者学习是为了给别人看，为了向别人炫耀自己。

孔子在上面指出了"达"这样的本领，君子上之，小人下之。学生们兴趣大增，甚至连子张都专门请教怎么做到达。孔子在此就告诫学生们：你们要像古代的求学者一样，为了自己而求学。而不能像如今的那些求学者一样，为了他人而读书！

北朝颜之推《颜氏家训卷第三·勉学》中说：

> 古之学者为己，以补不足也；今之学者为人，但能说之也。古之学者为人，行道以利世也；今之学者为己，修身以求进也。夫学者犹种树也，春玩其华，秋登其实；进论文章，春华也，修身利行，秋实也。

古代求学的人是为了充实自己弥补自身的不足；现在求学的人是为了对别人炫耀并夸夸其谈。古代求学的人是为了广利大众，积极推行自己的主张来造福社会；今天求学的人是为了自己利益，修身养性以求得一官半职。求学就如种树，春天可以玩赏它的花朵，秋天可以摘得它的果实；讲论文章，就恰似玩赏春花，修身利行，就好像摘取果实。

"今之学者为人"是讲今天的学者纯粹是为了别人而求学，包括求学的目的——为了自个儿安逸的生活，哪管什么理想和道义，现实和享受主义至上。求学的用途——谁给钱，就为谁干。总而言之，一切向钱看。学了本事，就想找个安逸的工作，用尽一切办法，削尖脑袋往里钻，哪管什么有道无道的，有了铁饭碗才是硬道理！如此忙忙碌碌地干了一辈子，到头来，都是为别人而活，什么时候是为了自己而活呢，什么时候是为了自己的理想和追求而拼搏呢？

古之学者为己，今之学者为人。您读了下面的故事，也许生发出跟孔老夫子一样的感慨。这已经不是一般的活到老学到老的精神与态度，而是一种知之者不如好之者，好知者不如乐之者的境界。

他出生在贫困山村，一生经历劫难无数，却始终坚守读书的理想。他 59 岁参加高考，荣膺"花甲状元"；他 5 次考研均遭失利，但依然坚持学完了研究生课程；他年近古稀，却激情四射；他相貌平平，实则深不可测……他就是李文超。10 年前，国家取消了高考的年龄限制，一生怀抱着大学梦的李文超毅然报考，最终以 286 分的成绩在全国大龄考生中名列第一。在经历了 5 次考研的失利后，他又在今冬以 68 岁高龄离家北上，前往北京旁听清华大学和北京大学的博士课程。

这位老人为何如此痴迷于读书求学，知识对他来说又意味着什么？在一个晴朗的冬日下午，李文超在租住的地下室里接受了我的采访，讲述了他的求学路。

父母让我懂得知识可贵。

"我刚刚从清华大学听了哲学课程回来，现在觉得非常快乐。""快乐学习"是李文超给记者的第一印象。

他身穿一件普通的蓝色夹克和一条黑色裤子，头发稀疏且已花白，但是精神矍铄，眼神中充满活力。

"我学习的目的就是学习本身，这是我的生活方式。"老人说。

1942 年，李文超出生在距重庆市丰都县 25 千米外的一个山村。他居住的地方，山既高又陡峭，石头掉下去会摔得粉碎。在这种恶劣的环境下，李文超度过了自己的童年。"我父母在我很小的时候就告诉我，要读书，要有知识。"李文超说，父母都是文盲，但十分重视对自己的教育。"我到现在还不是很明白，父母为什么这么重视教育。这或许与民族、家族传统有关，我想更重要的是，他们希望我将来用知识改变命运。" 3 岁那年，李文超出了天花，在高烧的状态下读到了人生的第一本书—本皇历，他至今仍能熟练地背诵上面的歌谣。

后来，李文超到了长江南岸，在条件稍好的外婆家居住，他上了小学。回顾自己的小学经历，李文超的神情变得复杂。"学校离家很远，每天一大早去打猪草，再走很远的路去上学，晚上回来天都黑了，又没有灯看书。"作为家中的长子，李文超承担了家里一部分体力活儿，但是父母仍然坚持要他读书。在那时，李文超真正体会到了读书的乐趣。"我学习成绩很好，从小学到初中，从初中到高中，班里都只有我一个人升学。"

……

2001 年，在即将步入花甲之年时，他再一次走进高考的考场。谈到高考，他不无得意地说，自己并没有专门为高考做过准备，而是几十年的知识积累和生活经历使他在考场上发挥自如。他考了 286 分，在当年所有参加高考的大龄考生中排名第一，被贵州师范大学求是学院破格录取。

李文超终于实现了自己的大学梦。在校期间，他和比自己小 40 岁的同学们共同学习、生活，被他们亲切地称为"超哥"。他拒绝了学校给予的特殊照顾，和年轻人一起参加军训、上体育课。他不但是军训的优秀学员，在体育成绩上也比许多年轻人出色。他告诉记者，自己在 1965 年的时候就曾经横渡长江。大学给李文超提供了学习的广阔平台，经过 4 年努力，他的成绩在班级上排到了第 19 名，但他并未因此满足，而是打算继续报考研究生。从 2005 年开始，他连续参加了 5 次考研，其中最好的一次考到了 313 分，但是他没能获得像考本科一样的破格录取机会。李文超坦言，当时自己很遗憾。后来，母校贵州师范大学给他提供了学习研究生课程的机会，他读完了 24 门课程，但最终因为种种原因没能获得硕士学位。"我后来也不计较了,觉得自己再拿个学位证也没有意义了,但是这段时间我又学到了新知识。"知识和学历在李文超的眼中彻底脱了勾。

"知识无止境,不代表生命无止境。我想用有限的生命多学些知识,学得越多就越恐慌,总是觉得自己还没学到位。"于是,李文超决定离开家乡,北上京城,期待能在中国最好的学府清华大学和北京大学旁听博士课程。

……

李文超说,在清华大学听课的过程中,遇到了一些很开明的老师,但是也遇到过不被欢迎的情况。他现在每周固定去听一些课,涉及文、史、哲的许多学科。经过一个多月的时间,他逐渐适应了这种独特的求学生活,也和一些博士成为朋友。他听课很认真,每节课都能记七八页的笔记,到现在已经有五六本了。他说,他受到了许多人的关怀和帮助,有人怕他不适应北京寒冷的冬天,送他冬衣;有人给他送来可口的饭菜为他改善伙食;还有曾经采访过他的记者,给他的同学打电话转告他多穿衣服。他很感激这些关心自己的人。谈到家人,李文超的眼睛里又闪烁出光芒。他掏出个盛水的小玻璃瓶,笑着说是儿子送给他的。无论是老伴儿还是儿子,都很支持他读书。老伴儿曾经和自己一起旁听研究生课程,两个儿子都已30多岁,都学了多个专业,但至今还没有成家。他隔一段时间会和家里通一次电话。

在北京一个多月的时间,李文超租房花费400元,生活费不到500元。他每月有2030元的退休费。他说,"我对生活没有要求,只要听课就行。"在这段时间,他也没有像许多北漂的外地人一样去北京各处走走,"我很清楚自己来北京的目的。"当记者问他下一步的打算时,他说现在寒假快到了,清华大学的博士课程马上就要结束,但是以后自己肯定还会继续旁听下去。但当我进一步问他寒假期间的打算时,他迟疑了一会儿说,自己之前一直忙于听课,还没有考虑过这段时间的安排。他同时也透露,自己目前还没有回家的想法,但也并非不会回去。"我想在下学期再多听些北大的课程,当然,如果有天津的学校邀请我,我也一定会去听课。"

……

由此看来，读书学习是完善自己最好的也是最快捷的方式。

子曰："群居终日，言不及义，好行小慧，难矣哉！"（《论语·卫灵公》）

"群居终日"，意思是整天聚在一起。"群居"，即成群地聚集在一处。《说文》曰："群，辈也。"皇侃在《论语义疏》中说："三人以上为群居。""言不及义"，意思是言谈丝毫不涉及道义。"义"，即正义，可以引申为合宜的道理、道德和行为。"好行小慧"，意思是喜欢卖弄小聪明。"小慧"，即小聪明。《论语集解》曰："小慧，谓小小之才知也。"

孔子说："整天聚在一块儿，说的话都达不到义的标准，专好卖弄小聪明，这种人真难教导啊。"

一群人终日相处，却不以善道相切磋。言谈丝毫不涉及道义，则会生放荡邪僻之心。爱耍小聪明，无非是想投机取巧，行冒险侥幸之事。这些行为对德行的修养都是有害的，所以这样的人"难矣哉"。"难矣哉"，即终难成器。《论语集解》云："难有所成矣哉，言终无成也。"

这里，孔子是要告诫人们，群居交谈，应以义理为内涵，言谈都要涉及道义，实践大智慧。人类群居，切磋以善道，渐渐便会养成敦厚质朴的习性，道德修养亦会一日新过一日，慢慢会达到至诚至善的境地。

然而，言不及义，好行小慧，则会养成投机取巧、行冒险侥幸的习性，道德修养也就日趋薄弱，也便很难有所成就了。

五、加强道德修养

子曰："德之不修，学之不讲，闻义不能徙，不善不能改，是吾忧也。"（《论语·述而》）

孔子说："品德不培养（修：指培养），学问不研讨（讲：研究，讨论。之：连词，作用是把主谓结构变成偏正结构），听到了应当做的事（义），却不能马上去做（徙：迁移。这里指按照义的准则改变自己的行为）；有错误却不能改正。这些都是我所担忧的（是：指示代词，在判断句中充当主语，指代德之不修到不善不能改这段话所讲的事)。"

春秋末年，天下大乱。孔子慨叹世人不能自见其过而自责，对此，他万分忧虑。他把道德修养、读书学习和知错即改三个方面的问题相提并论，在他看来，三者之间也有内在联系，因为进行道德修养和学习各种知识，最重要的就是要能够及时改正自己的过失或"不善"，只有这样，修养才可以完善，知识才可以丰富。

"二战"后，戴明随同盟国占领军来到了日本。戴明将一系列质量改进方法带到了日本，其中就包括统计法和戴明循环。日本的松下、索尼、本田、重工等等都先后应用戴明循环，他的教诲帮助日本建立了这样一个管理基础，正是在这个基础之上，日本的产品质量才达到了今天这样被世界广泛承认的水平。他为日本战后统计质量控制的发展做出了巨大贡献。为日本发展成强国做出了巨大贡献。

这只是简单的"见义能徙"的过程。

一切大的成功，就是不断向好的方向提高的过程，一个小小的成功积累起来的。

有人也把他应用到教育管理或者体育训练当中，也称为"百分之一进步法"，就是每天进步一点点，积累下来将是巨大的成功。

据说乔丹所在的芝加哥公牛队的教练得到戴明循环法，他就要求所有的队员，每天进步百分之一，第二天比第一天要好百分一，比前一天多投进一个球，比前一天配合更默契一点，就这样，连续拿下六届NBA总冠军。

子曰："道听而涂说，德之弃也。"(《论语·阳货》)

道听：在路边听没有经过查证的话而信以为真。

涂说：在马路上传播没有经过证实的话。涂：道路，通"途"。

道听，听之易；途说，说之易，入于耳，出于口，没有经过心的思索或判断，因此，纵然听到善德，也不能为己所有，其德终无可成。这是从对自己修养道德这一方面来说的。

从对别人这一方面来说，道听途说，未加求证，便跟着传播，往往会造成对他人的伤害，那是不道德的。

《战国策》有"三人成虎"、"曾子杀人"的典故,都是这种道听途说有名的例子。一个人如果轻易地就听信未经查证的流言,那就距离"德"太遥远了。

子曰:"乡原,德之贼也。"(《论语·阳货》)

乡原:乡里看起来像谨厚的人。原:通"愿",谨厚的样子。贼:伤害。

乡原,是一种看起来很忠信,做事好像很廉洁,似乎没有什么缺失的人。他对任何人都不肯批评,对任何事都没意见。他做人做事非常圆熟,不得罪任何人;反过来说,一乡的人对他也没有批评,好人说他好,恶人也说他好。这种人会把人类社会弄得是非善恶不分。因此孔子对这种人很憎恶。

乡原这种人,要数说他的不是,却很难说得出;要批评他的过失,却也找不出。这种人完全和流俗同化,迎合污浊的社会。看起来像很忠信,行为像很廉洁。大家都很喜欢他,他也自以为是,但是这种人永远不合尧、舜之道,所以这种人是"德之贼"。古今中外,乡原到处都有。但是,如果人人都当乡原,都不愿得罪他人,那么最后会变成恶人出头,社会的公理正义就无法维持了。这也正是孔子特别憎恶乡原的原因吧。因此孔子并不欣赏"乡人皆好之"的乡原,而欣赏"乡人之善者好之,其不善者恶之"的正直之士。

什么叫乡原?就是指好好先生,谁都不得罪,你觉得这种人好吗?孔子说,这才是德之贼。你经常和稀泥,没有是非标准,会纵容不好事情的发生。不要以为孔子提倡忠恕之道,提倡宽容善良,就毫无节制。真正的仁爱,一定是有准则的。真正的仁爱,一定能够是非恩怨都分明的。所以,疾恶如仇的人,才是心中有大仁爱的人,有是有非,就叫能好人,能恶人。有仁爱在心的人,不会被表面现象所蒙蔽,他是让人格性命可以建设扩大气象的一个根本依托。

六、穷且益坚,安贫乐道

子贡曰:"贫而无谄,富而无骄。何如?"子曰:"可也。未若贫而乐,富

而好礼者也。"(《论语·学而》)

子贡说:"人虽然贫穷,却不去巴结奉承。虽然富有,却不傲慢自大。怎么样?"子贡的心得很了不起。但孔子并没有打高分,只是说:"还可以,比不上贫穷的人乐于道德的自我完善,富有却又崇尚礼节的了"。

通过这番问答,可见孔子的高明。也正是通过这番问答,给我们学人当头棒喝。

有的人常说:"你有钱,我不羡慕。你有地位,我不巴结。我比你强也不瞧不起你。"

说这话的人似乎很清高,实际上很可能不是这么回事。不如人时做出一副满不在乎的样子,其实满肚子不满与想不开。当自己有钱有地位时,觉得我要以礼待人,其他人不如我,用不着与他们计较。有一种优越感,高高在上的感觉。心里其实并没有真正的恭敬心。

子贡能做到无谄无骄,在夫子看来,只是保持了天性而已,可则可矣,但若能修身正道,做到乐道好礼,则属难能可贵了。

人在穷困时,较能显示志节的高低,这时除了做到"无谄"之外,如果进而坚持行道,并且以此为乐,就接近"仁"的境界了。富有的人也可以行道,但是除了"无骄"之外,还须进而好礼。

无谄与无骄是努力避免缺点,乐道与好礼则是积极有为的表现了。所以说孔子说的"贫而乐道,富而好礼"显示了更高的境界。

子曰:"贤哉回也!一箪食,一瓢饮,在陋巷,人不堪其忧,回也不改其乐。贤哉回也!"(《论语·雍也》)

箪:dān,古代盛饭用的竹器。巷:此处指颜回的住处。乐:乐于学。

孔子说:"多么有贤德啊,颜回!一筒饭,一瓢水,住在简陋的小巷子里,别人都受不了那穷困的忧愁,颜回却依然自得其乐。多么有贤德啊,颜回!"

孔子又一次称赞颜回,对他作了高度评价。这里讲颜回"不改其乐",这也就是贫贱不能移的精神,这里包含了一个具有普遍意义的道理,即人总是要有一点精神的,为了自己的理想,就要不断追求,即使生活清苦困顿也自得其乐。乐源何在?孟子有言:"君子有三乐,而王天下不与存焉。"其中第三乐,乃"得天下英才而教育之"。换一个角度讲话：拜圣人为师而学，难道不也是莫大的快乐吗？

颜回是孔子最欣赏和得意的门生，名列"德行"排行榜榜首。《论语》里，孔子关于颜回的评论，条目是最多的。

孔子为什么喜欢颜回，从以上记述不难看出：

1. 颜回安贫乐道，好学不厌。

2. 颜回视师如父，对于老师所讲授的，"无所不说"（没有不乐于接受的），"不违如愚"（不提相反的意见和问题）。

3. "不迁怒，不贰过"，好人缘。颜回早逝，孔子哭之恸，曰："自吾有回，门人益亲。"

《史记·仲尼弟子列传》讲了这么一个故事：孔子师徒被围困陈、蔡之间，进退不得，断绝了粮食，弟子们疲惫不堪，饿得站不起来。孔子知道弟子们有怨恨之心，就分别召见子路、子贡和颜回，问了同样一个问题："我们的学说难道有不对的地方吗，我们为什么沦落到这个地步？"

子路说：我们还没有达到仁吧？所以别人不信任我们。

子贡说：老师是否可以稍微降低一点标准呢？

颜回则说："夫子之道至大，故天下莫能容。虽然，夫子推而行之，不容何病，不容然后见君子！夫道之不修也，是吾丑也。夫道既已大修而不用，是有国者之丑也。不容何病，不容然后见君子！"

孔子对前两个学生的回答都不满意。当听到颜回的回答，他才"欣然而笑"，说："有道理啊。颜家的孩子！假使你拥有许多财产，我给你当管家。"

子曰："饭疏食，饮水，曲肱而枕之，乐亦在其中矣。不义而富且贵，于我如浮云。"（《论语·述而》）

饭，这里是"吃"的意思，作动词。疏食即粗粮。肱：gōng，胳膊，由肩至肘的部位。曲肱即弯着胳膊。

孔子说："吃粗粮，喝白水，弯着胳膊当枕头，乐趣也就在这中间了。用不正当的手段得来的富贵，对于我来讲就像是天上的浮云一样。"

孔夫子所吃的是青菜和很粗糙的饭，喝的是白开水，睡觉的时候，连枕头都没有,就是曲着手臂当枕头,而生活的乐趣在其中了,如果是以不合理的方法取得富贵,他根本看不上眼,当它是天空中的浮云一样,那是很快就会消散的,绝对不要它。

孔子极力提倡"安贫乐道",认为有理想、有志向的君子,不会总是为自己的吃穿住而奔波,"饭疏食饮水,曲肱而枕之",对于有理想的人来讲,可以说是乐在其中。同时,他还提出,不符合于道的富贵荣华,他是坚决不予接受的,对待这些东西,如天上的浮云一般。这种思想深深影响了古代的知识分子,也为一般老百姓所接受。

因为比起以不合理手段取得的富贵来讲,这种幸福来的实实在在,踏踏实实。在张扬个性的现在,什么是幸福?愚以为,还是那个硬道理:平平淡淡就是真。饿了可以大吃一顿,困了就好好睡一觉;年轻的妈妈扶着咿呀学语的孩子走路;大人小孩平平安安上班,上学;老年人聚在一起聊天,下棋……俗话说知足常乐,幸福是朴素的,生活中并不缺少幸福,而是缺少感受幸福的心。

大家知道,王安石这个人不注意生活小节,吃饭填饱肚皮就行,穿衣也很随便。人家请客,他就把自己面前的那个菜吃光,其他菜都不动一筷子,害得人家以为他就喜欢吃那个菜,就给王安石夫人说了,夫人说,你下次再换一个其他菜试试,结果,无论你换啥,王安石还是把面前的那个菜吃光,这下子主人才恍然大悟,"我们以前都以为他藏奸装假啊,原来就是这个脾气!"这些本来是个大优点,很符合孔子说的"饭疏食,饮水,曲肱而枕之,乐亦在其中矣"的君子标准,颜渊不就是个好榜样吗?

读后收获:

一、阅读《论语》中的几段文字,然后回答问题。

子曰:"志于道,据于德,依于仁,游于艺。"

子曰:"君子义以为质,礼以行之,孙以出之,信以成之。君子哉!"

子曰:"志士仁人,无求生以害仁,有杀身以成仁。"

子曰:"士志于道,而耻恶衣恶食者,未足与议也。"

曾子曰:"士不可不弘毅,任重而道远,仁以为己任,不亦重乎?死而后已,不亦远乎?"

1. 综合上述 5 段材料,说说在儒家看来,一个优秀的人应具有哪些素养?
2. 你认为这些素养中哪种最重要?为什么?
3. 请谈谈你对最后一句话的理解。

二、阅读下面几则文字,回答问题。

子曰:"贤哉回也!一箪食,一瓢饮,在陋巷,人不堪其忧,回也不改其乐。贤哉回也!"

子曰:"饭疏食,饮水,曲肱而枕之,乐亦在其中矣。不义而富且贵,于我如浮云。"

叶公问孔子于子路,子路不对。子曰:"女奚不曰:其为人也,发愤忘食,乐以忘忧,不知老之将至云尔。"

1. 这几章节形象地表现了孔子怎样的思想和心境?
2. 你怎样理解浮云的比喻义?

三、阅读下面几则文字,回答问题。

子贡问:"师与商也孰贤?"子曰:"师也过,商也不及。"曰:"然则师愈与?"子曰:"过犹不及。"

子曰:"君子之于天下也,无适也,无莫也,义之与比。"

子曰:"不得中行而与之,必也狂狷乎!狂者进取,狷者有所不为也。"

有子曰:"礼之用,和为贵。先王之道斯为美。小大由之,有所不行。知和而和,不以礼节之,亦不可行也。"

子曰:"君子和而不同,小人同而不和。"

子曰:"乡原,德之贼也。"

1. 孔子是如何评价师和商的?你是否赞同孔子的评价?为什么?
2. 上述章节都体现了孔子怎样的哲学思想?谈谈你对这一思想的理解。

第七章 交友有道

大家知道，我们活在世上，必定或多或少地要与人发生各式各样的联系，人与人之间的关系，在中国古代被称之为"人伦"。这五伦之中，朋友一伦的地位很特别，它起于自由的结合，没有法律的力量维系它或是限定它，它唯一的基础是友爱与信义。《论语》中所体现的交友观承载了孔子对那个时代独特的理解，在孔子眼中，学会了交友，也就学会了如何为人、为政。

在我们成长的过程中，学会交友，能多交益友，不交损友，是有智慧的表现，也能促进我们更加健康快乐地成长。

一、为何交友：齐贤自省

1. 完善自我

我们知道在社会上一个人的力量往往是有限的，就算是再贤能的人，也不可能事事都可以做到，必须依靠各种力量，完成各自单独不能完成的事，这就是 1+1＞2。我们能看像孔子这样的圣人都需要朋友完善自己，我们有何理由不这样做呢！

曾子曰："君子以文会友，以友辅仁。"（《论语·颜渊》）

选择品德高尚的人交往，与他们做朋友，受他们的影响熏陶，潜移默化，自己的思想境界和品德修养就会在无形中得到提高。所以，选择交往的对象是非常重要的。

2. 定位自我

子曰："德不孤，必有邻。"（《论语·里仁》）

人在社会中不可能是孤立的，物以类聚，人以群分。从外部看，考察一个人所结交的朋友，就可以推断出这个人属于哪种类型。纯粹的友情总是靠共同的取向得以维系。一方面，我们通过朋友这面镜子，了解自己是谁；另一方面，我们在与朋友的交往中产生共鸣。既然朋友对自己有益，那么结交什么样的朋友才能使自己收益呢？

二、交友原则

1. 分清优劣，去伪存真

在交朋友之前，首先要确认所交之友是益友还是损友。这一步是选择交友的关键。

孔子曰："益者三友，损者三友。友直，友谅，友多闻，益矣。友便辟，友善柔，友便佞，损矣。"（《论语·季氏》）

孔子说："有益的朋友有三种，有害的朋友有三种。与正直的人交朋友、与诚实的人交朋友、与见多识广的人交朋友，有益处；与走歪门邪道的人交朋友、与谄媚奉迎的人交朋友、与花言巧语的人交朋友，有害处。"

所谓益者三友，就是友直，友谅，友多闻。

第一，这个朋友为人要正直，坦荡，刚正不阿。一个人不能有谄（chǎn）媚之色，要有一种朗朗人格。在这个世界上能顶天立地的，这是一种好朋友。因为他的人格可以映照你的人格。他可以在你怯懦的时候，给你勇气。在你犹豫不前的时候，给你果决。

第二是友谅，也就是宽容的朋友。其实，宽容是一种美德，是世界上最深沉的一种美德。当我们一不小心犯了过错，或者对他人造成某种伤害的时候，过分的苛责，不如宽容的力量来得更恒久。有时候，最让我们内心感动的是，在忏悔的时候，没有得到他人的怨气，反而得到淡淡的一种包容。

所以，有一个好的朋友，他会给我们内心增加自省的力量。宽容的朋友，不会使我们堕落，更不会放纵自己，反而会让我们从他人的内心包容上，找到自己的弊病，找到自己的缺失。所以，有一个宽容的好朋友，是一种做人的情怀，一种悲悯，就好像是对一花一叶，一草一木的关怀中所折射出的一种耀眼光芒。

第三叫友多闻。在孔老夫子所处的先秦时代，不像现在有电脑，有发达的资讯，有铺天盖地的媒体。那时要想广视听，最简单的办法就是交个好朋友，把你朋友所读过的书的那些间接经验转化成你的直接经验系统。当你感到犹豫彷徨，有所踌躇的时候，到你的朋友那里去，以他的广见博识，为你做一个参考，帮你做出选择。所以，交一个多闻的朋友，就像打开一本辞典，总能从他人的经验中为自己获得一个借鉴系统。

孔老夫子所说的三种坏朋友，就是友便辟，友善柔，友便佞（nìng），这是损者三友。

友便辟就是性情暴躁的朋友。每个人的生活不一样，有时碰到一件事，你还在迷茫中的时候，你朋友却首先发怒了。社会上一些青少年犯罪，好多都是打群架，一不小心就会出人命。其实，这种事很少是一个人干的，往往是一群孩子裹挟在一起。他为什么要去呢？哥们义气！这就说明，你遇到的是一个暴躁的朋友。但是一个人，燃烧了一场愤怒，对于我们来讲，只有坏处，没有多少益处。盲目的激情，可能会带来永远无法追回的后果。好朋友之间，应以理性为先，告诉他怎样去过一种没有危险的生活。

第二种叫友善柔，是优柔寡断的朋友。我们知道，过分的优柔寡断，其实，是在浪费你的生命能源。你有一个机会，想辞职，想跳槽，要下海。你去问朋友，朋友说，你再想想吧！你现在的地方也不错，万一你要走了，你的什么东西就要丢掉了。我们有些朋友，在关键的时刻，会给你一种制约的力量，让你觉得还是退一步吧。

善柔的朋友往往会耽误你身边的机遇。很多事情，不在于你是做还是不做，而在于你什么时间去做是最有价值的。生活中的很多事情，都是有保质期的。过了保质期，你再去做就没有任何意义了。所以，我们一定不要被优柔寡断的朋友干扰了你的思维。

第三种叫友便佞，这是最坏的一种朋友。大家都知道佞臣之说，佞，就是那种心怀鬼胎的，有心计的，总是以不择手段的方式去谋取个人利益的人。这种心理阴暗的人，往往会打扮出一副善良面孔。由于他内心有所企图，所以他对人的热情，比那些没有企图的人，要高出好几十倍。一不小心，你被这种人利用的话，那么这一生，你就给自己套上了枷锁。如果你不付出惨痛的代价，这个朋友是不会放过你的。其实，这也是在考验我们的眼光，考验我们知人论事的能力。

清代的乾隆，我们推开民族观念不讲，只看他的政治作为，在历史上是很可观的。一般史学家认为清初时代的成就，超过了汉唐。最有名善说笑话的纪晓岚，就是乾隆时代的名臣，他们君臣之间，即以友道相处，我们都知道叫"老头子"的故事：

有一个大热天，翰林院的人热得受不了，统统脱掉上衣聊天，纪晓岚人胖，赤了上身。这时乾隆突然便服到翰林院找大家聊天，远远便被看到，大家一哄而散。纪晓岚有深度的近视眼，一下子摸不到衣服，也没地方躲，就钻到桌底下去。乾隆进了翰林院，看不见人，就到处转，纪晓岚近视眼模模糊糊，看见好像有人在转，躲在桌下闷不住了，就伸出头来问："老头子走了没有？"这可给乾隆逮到了，叫他出来问道："你们这样没礼貌，为什么骂我老头子？"纪晓岚解释说："万岁！万岁！万万岁！乃国之大'老'，国家元首为'头'，'子'是天子，全国百姓都称陛下为'老头子'，这是尊称。"乾隆也就笑了。由于这个典故，可见他们君臣相处，有时候完全像朋友一样。因为当皇帝也够苦闷的，有大臣与自己谈得来，也很好玩的。

再如和珅，非常贪婪，官不很大，后来却包揽大权。在乾隆晚年，大家向皇帝报告，政绩样样都好，就和珅这个人应该去掉。但乾隆始终不动他，后来有人问乾隆为什么偏袒和珅？乾隆说："我知道和珅坏，但是你们总得留一个人跟我玩呀！"

这可能是做皇帝者的真话，一个人到了地位最高处，连一个可以说笑话，可以玩玩的人都没有，就太苦了。乾隆说留着他玩玩，当个可以一起玩玩的朋友一样。可等到他儿子嘉庆皇帝上台的时候就除掉了和珅，把他家里的财产全抄了出来，当时就有"和珅跌倒嘉庆吃饱"的说法。

以上这些事例，就提醒大家，如果有一天自己当了领导，到了某一种地位，与周围的人要用友道去相处，当然要有所选择了，但不要犯乾隆用和珅这种错误。和珅这个人就是典型的损者三友之中那种便佞之徒。

2. 讲究诚信

孔子说："有朋自远方来，不亦乐乎！"（《论语·学而》）

的确，有些朋友因为家庭、事业、学业、理想而各奔东西，无法常相聚首，只能借鱼雁或书信问候，但是心中却清楚知道对方总在祝福自己。若是得遇机缘，重新会面，自然会有快慰平生之感。

人生之事，因缘而聚，随缘而散，一切顺其自然。譬如大家快要毕业了，那就毕业吧，你不能说我们这一班同学感情特别好，大家一起再多念一年，这是不可能的。

不管缘分如何，人与人之间，没有说谁一定要跟谁做朋友，谁一定不能跟谁做朋友。一般来说，交朋友分为四个层次，最下一层叫做"酒肉之交"，大家一起吃饭、喝酒、享受；往上叫做"利害之交"，一起做生意、合作，合则两利，离则两害；再往上叫做"道义之交"，"道"代表人生的方向，"义"代表正当性，亦即每一次我所做的正当选择，跟你选的或想的一样，譬如中国人津津乐道的"桃园三结义"，刘备、关公、张飞三人就是道义之交；最高一层叫做"生死之交"，一般称作知己。

英国作家亨利·亚当斯说："人的一生，能结交一位好友，已属难得；能结交两位，可谓幸运之至；至于结交三位，则根本不可能。"如果把朋友界定在"知己"的层次,这段话确实反映了人生经验。我国古人不也说"人生得一知己,可以死而无憾"吗?可见,知己是以生命来相互交换的,是交朋友的最高境界。

不论结交哪一种朋友,交朋友的原则都是一样的,四个字:真诚相待。其实,"真诚"不但是对朋友,对任何人都应该真诚。西方有一句话说得好,"你对朋友是以性格互相裸露",在朋友面前,我的性格不穿衣服,不需要伪装,不需要化妆,我是什么性格就让朋友直接知道;相反,如果朋友之间不能以真诚的态度相处,就是虚与委蛇,浪费生命而已。

曾子曰:"吾日三省乎吾身。为人谋而不忠乎?与朋友交而不信乎?传不习乎?"(《论语·学而》)

为别人做事有没有尽心尽力呢?和朋友交往有没有讲诚信呢?

与朋友交往要言而有信。

读一篇女作家秦文君的散文《一诺千金》:

我做女孩时曾遇上一个男生开口问我借钱,而且张口就是借两元钱。在当时,这相当于我两个月的零花钱。我有些犹豫,因为人人都知道那男生家很贫穷,他母亲仿佛是个职业孕妇,每年都为他生一个弟弟或妹妹。她留给大家的形象不外乎两种:一是腹部隆起行走蹒跚;另一种是刚生产完毕,额上扎着布条抱着新生婴儿坐在家门口晒太阳。

我的为难令那男生难堪,他低下头,说那钱有急用,又说保证五天内归还。我不知怎么来拒绝他,只得把钱借给了他。

时间一天一天过去,到了第五天,男生竟没来上学。整个白天,我都在心里责怪他,骂他不守信用,恍恍惚惚地总想哭上一通。

夜里快要睡觉时忽然听到窗外有人叫我,打开窗,只见窗外站着那个男生,他的脸上淌着汗,手紧紧攥着拳头,哑着喉咙说:"看我变戏法!"他把拳头搁在窗台上,然后突然松开,手心里像开了花似的展开了两元钱的纸币。

我惊喜地叫起来,他也快活地笑了,仿佛我们共同办成了一件事,让一块悬着的石头落了地。他反复说:"我是从旱桥奔过来的。"

后来,从那男生的获奖作文中知道,他当时借钱是急着给患低血糖的母亲买葡萄糖,为了如期归还借款,他天天夜里到北站附近的旱桥下帮菜家推菜。到了第五天拂晓他终于攒足了两元钱,疲乏极了,就倒在桥洞中熟睡,没料到竟酣睡了一个白天和黄昏。醒来后他就开始狂奔,所有的路人都猜不透这个少年为何十万火急地穿行在夜色中。

那是我和那男生的唯一的一次交往,但他给我留下的震撼却是绵长深切的。以后再看到"优秀"、"守信用"这类的字眼,总会联系上他,因为他身上奔腾着一种感人的一诺千金的严谨。

那个男生后来据说果然成就了一番事业,也许他早已遗忘了我们相处的这一段,可我总觉得那是他走向成功的源头。

一诺千金看来只是一种作风,一种实在,一种牢靠,可它的内涵涉及对世界是否郑重。诚挚、严谨的人做人做事自然磊落、落地生根,一言既出,驷马难追。那种准则的含义已超出了本身,而带着光彩的人类理想、精神和正气在其中。

然而处在大千世界,有着太多随意许诺,却从不兑现的人。那种人较之于一诺千金的人似乎活得轻松,可惜,这种情景不会长久。一个人失信多了,他的诺言也就被当成戏言,大打折扣,全面降价。且不说别人会怎样看轻他,就是他自己,那种无聊、倦怠都会渐渐袭上心头。人一沾上那种潦倒的气味,做人的光彩就会大为逊色。

3. 君子之交淡如水

这是庄子在论述交友之道时说的一句话。这句话的意思是,交朋友要保持水一般的细水长流滋味。

如何理解这句话呢?就是说朋友之间的关系不可太过密切,比如你有事去找朋友,到朋友屋前时,恰好听到里面有人在和朋友交谈,这时你该怎么办?有人会想,既然是朋友,干脆推门进去就是了。其实不然。虽然是朋友,但你冒昧而入，打搅了人家谈话，其效果一定是好的吗？

因此，你应该悄悄离去，另外再找合适的机会。或者去朋友家拜访之前先打个电话约好时间，而不能认为是好朋友就可以随时登门。如果能做到这一点，你们的朋友关系的纽带一定很牢固持久。

与"君子"相对立的是"小人"。庄子指出："小人之交甘如饴。"这是讲，人与人之间的交往，如果像水一样淡淡地细水长流，永远都不会感到厌倦，友情会长久持续。倘若像甘饴一般地黏住对方，开始交往时一定很好，时间久了，关系就会疏远了。因此，交朋友时一定要保持一定的距离，给自己同时也给对方，留下回味的余地。

《菜根谭》的作者洪自诚在论交友时也说："交友需带三分侠气。"侠气需压制三分，即与朋友相处，需要保持适当的距离，不要过分地亲密。这与庄子所说的"君子之交淡若水"相似。如果侠气发挥到了八分、十分的地步，往往容易造成两败俱伤。

子游曰："事君数，斯辱矣。朋友数，斯疏矣。"（《论语·里仁》）

"数"是"屡次"的意思。如果你有事没事总是跟在国君（领导）旁边，虽然表示亲近，但离自己招致羞辱就不远了；你有事没事总是跟在朋友旁边，虽然看起来亲密，但离你们俩疏远也就不远了。

所以，与好朋友相处也要有个度，不要什么样的事情都大包大揽。

所有这些，都可以称为非爱行为，因为，它是以一种爱的名义所进行的一种强制性的控制，让他人按照自己的意愿去做。要本着平等和理性的态度去尊重每一个人，彼此之间留一点分寸，有一点余地。

这非常像禅宗所推崇的一个境界，叫做"花未全开月未圆"。

这是人间最好的境界。花一旦全开，马上就要凋谢了；月一旦全圆，马上就要缺损了。而未全开，未全圆，仍使你的内心有所期待，有所憧憬。

儒家讲究"中庸"，什么叫做中庸呢？儒家的中庸无论怎么说，归根结底不过是对度的把握，为人处世，接人待物都要有度，不偏不倚，基本上能做到这个就是中庸了，当然还可以做更多解释，但我认为再怎么说，也不外乎这个意思了。

从这个基本点出发，过多地提意见会招人烦，君主有生杀大权，自然会给你侮辱，朋友不能把你怎么样，那就会躲着你。为什么，因为你失去了中庸之道了，没有度了。如果用利益关系来讲呢，中庸就是处理好各方面的利益关系，从而使自己获得最大的利益。

而"事君数，斯辱矣；朋友数，斯疏矣"这句话就是对如何处理好人际关系做出了一个课题，来让人思考，如何处理人际关系其实就是如何处理人与人之间的利益关系，当有直接利害关系时，不要采取最直接的方法，因为这样往往不会获得想要的效果，应该绕过最直接的利害冲突，采取曲线救国的方法来达到目的，如果是间接利害关系，处理好间接枢纽才能达到利害本质。

子游说："劝谏君主过于频繁，就会遭受侮辱，对待朋友过于烦琐，也会被疏远。"

其实"朋友数，斯疏矣"对我们的现实生活更有启发。每个人都是独立的，每个人看事的角度不同，做事的出发点不同。我们认为是错的，在别人来说可能是唯一的选择，不处在当事人的位置，我们又有什么资格去指责他呢？就如一对比较前卫的夫妻，男的不喜欢女的吸烟，女的不喜欢男的赛车，但因为爱着对方，而对方喜欢这些事，所以，当女的吸烟时男的还是会给她点上，而男的赛车时女的会陪着他。吸烟有害健康，赛车危险，确实都有坏处，如果以为对方好的名义去干涉他，禁止他，会怎样呢？亲密如夫妻都是如此，那朋友呢，父母子女呢？有时，明明看到孩子做的是错的，我们不想让他们走我们曾走过的弯路，但怎么说也不听，甚至因为逆反更要去做。这时我们怎么办？也只能放宽胸怀，相信这是他人生的必经之痛，相信他摔倒后能自己站起来，我们所做的是准备一个温暖的怀抱，让他在受伤后能够有地方静静疗伤。

子贡问友。子曰："忠告而善导之，不可则止，毋自辱焉。"（《论语·颜渊》）

子贡问怎么交友。孔子说："忠心地劝告，善意地引导，不听则止，不要自取其辱。"

忠告善导，不可则止。与朋友相交，首先在交心，即在思想与品格上相互砥砺，如果朋友在为人处世方面出现过错，便应告诫之、批评之，旨在劝其改过向善。但是，在劝友改过时必须注意方式方法，适可而止。否则，不但不能达到目的，反而还会给自己带来苦恼。

4. 志趣相投

所谓"道不同，不相为谋"，由志趣的差异最后衍生到人生抉择的不同。如果贸然选择志趣不相投的人做朋友，不仅事倍功半，也可能貌合神离，甚至反目成仇。天下许多仇人都是朋友演变成的，可不慎乎？所以，交朋友一开始靠的是缘分，像同乡、同学、同事，甚至一起出去游玩，都可能成为朋友，但后面的发展就要看志趣是否相近了。志趣不相近，勉强在一起，友谊恐怕也很难维持长久。

子曰："可与共学，未可与适道；可与适道，未可与立；可与立，未可与权。"（《论语·子罕》）

孔子说："在一起共同学习，不一定能共同进步；能共同进步，不一定能共同创业；能共同创业，不一定能共同开拓。"

在往上走的道路中，人总是越来越少。而在这个过程中，孔子认为可以分为三个阶段，或者说是三个境界。

(1) 可与共学，未可与适道

求学的人多，但求道的人少。所以"可与共学，未可与适道"——有些人可以成为一起学习的同伴，但没法成为求道的同伴。因为大家志向有不同。

比如管宁割席的故事，就是个很好的例子："管宁、华歆共园中锄菜。见地有片金，管挥锄与瓦砾不异，华捉而掷去之。又尝同席读书，有乘轩冕过门者，宁读书如故，歆废书出观。宁割席分坐，曰：'子非吾友也。'"

管宁和华歆一起锄菜地。忽然看到地上有一块金子，管宁继续干活，把金子看做砾石一般。而华歆则去拿起金子再丢开。又一次，管宁和华歆坐在一张席子上读书，有人坐豪华车经过，管宁照旧读书，而华歆扔了书跑出去观看。于是管宁割开席子和华歆分坐，说："你不是我的朋友。"

(2) 可与适道，未可与立

立志求道的多，但最后能坚持下去而有所成就的少。

孔子弟子冉求有次就有了畏难情绪，曾对孔子说："非不说子之道，力不足也。"孔子回答他:"力不足者,中道而废。今女画。"

孔子自己15岁就志于学,一直到30岁才有所立。这条路还真不是容易走的呢。

(3) 可与立,未可与权

有所成就的人已经很少了,但能懂得权变的人更少。到这一步,已经有点"由实返虚"的意思了。

什么是权?权就是权变。《孟子》:"男女授受不亲,礼也;嫂溺,援之以手者,权也。"

权,是针对经(礼)而言的。虽然经(礼)是儒家的行为规范,但事实上,礼和现实社会总是充满了矛盾。于是"权变"思想就被引入来解决这个矛盾问题。到了孟子的时候,已经发展出一套经权思想。

从孔子这句话来看,孔子已经对"权"的思想有了明确的认识。而且他也很清醒地看到,"权"是不能随意滥用的。所以,他把权放在了"立"之后,只有那些有所立的人,才可以去讨论"权",这样就把"权"的发挥给加了一个很强的限制。这是很睿智的思想。

司马牛忧曰:"人皆有兄弟,吾独亡。"子夏曰:"商闻之矣,死生有命,富贵在天。君子敬而无失,与人恭而有礼,四海之内,皆兄弟也。君子何患乎无兄弟也。"(《论语·颜渊》)

司马牛忧伤地说:"别人都有兄弟,唯独我没有。"子夏说:"我听说过:'死生有命,富贵在天'。君子敬业而不犯错误,对人恭敬而有礼。四海之内,皆兄弟。君子担心什么没有兄弟?"

司马牛是宋国人,本来生在富贵之家,他的哥哥桓魋(tuí)是宋国的权臣,手握兵权。他心生一计,谋叛宋景公,想做一番大事,无奈人算不如天算,最终失败,只好出亡。家族因此受连累,几个兄弟也都流亡国外。司马牛本人辗转到了鲁国。

遭遇这一劫难,富贵安稳的日子成为过去,他内心的抑郁,可想而知。所以,司马牛心情很不好地叹息说,看到别人都有兄弟,家庭和谐美好,我却一个人流亡在外,没有兄弟,我这心里头堵啊。

第七章 交友有道 | 177

这段话有几层涵义：

第一，既然死生、富贵这些事情都是天命所归，个人无法决定，也无法左右，那就要学会承认并且顺应。

第二，保持一颗诚敬的心，使自己的言行减少过失，对待他人充分尊重、谦恭有礼，是可以通过提高自身修养做到的。

第三，一个人能做好自己，那么普天下的人都会爱敬你如同手足兄弟。

第四，要做一个有良好修养的真君子，又何愁没有兄弟呢？

这是《论语》所倡导的一种价值观念。

2008年，中国发生了很多大事，其中一件大事就是奥运会在北京召开。《三联生活周刊》2008年第30期"奥运专刊之二"封面的大标题，用的就是孔子的一句话：礼之用，和为贵。其中一张开幕式图片下面的说明文字是这样一句话：四海之内，皆兄弟也。

北京时间2008年8月8日晚8时，巨大的中国国家体育场"鸟巢"里，焰火突然腾空而起，场地里2008面缶（中国古代乐器）构成了矩阵，其中的部分光芒四射闪烁倒数。8时整，当"0"一出现，2008名演员立即击缶而歌，"有朋自远方来，不亦乐乎"。名为《美丽的奥林匹克》的北京奥运开幕式表演拉开了大幕。

"四海之内，皆兄弟也。"到了今天依然魅力迷人。

人首先要能够正确面对人生的遗憾，要在最短的时间内接受下来。不要纠缠在里面，一遍一遍地问天问地，这样只能加重你的苦痛。

印度诗人泰戈尔曾经说过一句著名的话，他说如果你因为失去月亮而哭泣，那么你也将失去星星了。也就是说，你总看着自己人生的遗憾，你总在念叨着这个遗憾，这个遗憾能被放大到多大呀，甚至这个遗憾有可能变为你生命中的一个阴影，这个阴影在你的内心，极而言之，它对你的生命质量是会有所损害的。

东晋著名诗人陶渊明有诗云："落地为兄弟，何必骨肉亲。"在他写给孩子们的信中曾这样说道："汝等虽不同生，当思四海皆兄弟之义。"

老舍先生曾经说过：如果你相信普天下四海之内皆兄弟，那你也就没什么别的选择了。你就是一个革命者了,你就会支持那些有勇气、有决心改变社会现状的人了。

1983年,著名诗人艾青在《十月》杂志上发表了一首长诗,诗名就定为《四海之内皆兄弟》。

1958年5月16日,毛泽东在给第二机械工业部党组关于同苏联专家关系的报告批语中曾这样写道:"……就共产主义者队伍来说,四海之内皆兄弟,一定要把苏联同志看作自己人。"

周恩来总理在1961年接见溥仪、溥杰等人时曾说过,"世界上有黑种人、黄种人、白种人和棕种人",但"不管是哪种人,相互间都应该是平等的"。"地不分南北,人不分肤色,四海之内皆兄弟"。

事实上,"四海之内皆兄弟"这句格言,2500年来已经成为"君子们"道德修养的基本方法。不管是国内,还是国外;不论在政治、经济领域,还是在社会文化、生活各方面,这句格言都渗透其中。自觉或不自觉中,人们都在运用它,这样的例子是很多的。

在当今纷繁复杂的社会中,以"四海之内皆兄弟"的胸怀和态度来处理人与人之间、单位与单位之间的关系,乃至不同民族、不同国家、不同宗教、不同文明之间的关系,使其达到完美、和谐,仍是非常有效的。"四海之内皆兄弟"这句格言,其古老的思想在当代文明社会仍然闪耀着不尽的光芒。

让我们永远记住——"四海之内皆兄弟"。

5. 选择胜过自己的人

子曰:君子不重则不威,学则不固。主忠信,无友不如己者,过则勿惮改。(《论语·学而》)

这一句中"无友不如己者"我们若细思一下都会发现在逻辑上有些问题:都去和比自己强的人交朋友,怎么能交得到呢,那么谁愿意和不如自己的人交朋友呢,再说这样做不是势利眼了吗?

我们在指导学生们读《论语》的时候很多学生也注意到了这句话的问题。其实很多名人也都注意到了这句话,我们看看他们是怎么理解的。

"无友不如己者"是交友的心理条件。

钱穆注曰:"师友皆所以辅仁进德,故择友如择师,必择其胜我者。能具此心,自知见贤思齐,择善固执,虚己向学,谦恭自守,贤者亦必乐与我友矣。"

以胜己之心交友,"择其善者而从之,其不善者而改之",虚心向学,广交贤友;能具此心,自知见贤思齐。或说:此"如"字,当作似字解。胜己者上于己,不如己者下于己,如己者似己,与己相齐。窃谓此章绝非教人计量所友之高下优劣,而定择交之条件。孔子之教,多直指人心。苟我心常能见人之胜己而友之,即易得友,又能获友道之益。

从钱穆的观点来看,这胜过自己的人并非是在金钱上、地位上胜过自己,而是在学业上胜过自己,作为好学的人,只有选择这样的人做朋友,才能提高自己的求学境界,不断严格要求自己,向更高的求学目标努力。我们常常说"听君一席话,胜读十年书",还有听你一句话真让我有醍醐灌顶之感,这一席话或一句话通常就是胜过自己的人说的。这不就是求学者要的最好的收获吗?

苏轼注曰:"世之陋者,乐以不己若者为友,则自足而日损,故以此戒之。是谓不以文害辞,不以辞害意。如必胜己而后友,则胜己者亦不吾友矣。"

在苏轼看来,有些鄙陋之人,乐于结交不如自己的人为朋友,这样看起来好像放下了自己的架子,礼贤下士了吧。可是容易自我满足而且耗费自己的时间,这样做是应该戒除的。这样的交友容易造成这样的结果:在一帮不思进取的朋友面前沾沾自喜,夸夸其谈,自我满足,不思进取;或者流连于一帮贪于享受的狐朋狗友之中,贪于物欲和感官的享受,对学习没有帮助,还会消磨自己的人生之志。所以苏轼认为这种陋习应该戒除。

三、交友方式

曾子曰:"君子以文会友,以友辅仁。"(《论语·颜渊》)

曾参说:"君子以合乎礼仪的标准和方式来选择、交往朋友,以与朋友的交往来辅助仁德的修养。"

《礼记·学记》云："独学而无友，则孤陋寡闻。"一个人的认知能力是有限的，所接触的人，经历的事，走过的地方也是有限的。文友之间经常交流思想、交流见闻，就等于增加了智慧，扩大了视野。此外，思想的火花常常是在不同见解的相互激荡碰撞中产生的。

以文会友，自古以来就是我国文人墨客探讨文章之道、交流学术思想、激发创作热情的重要形式，许多学者名人以此名垂青史。

譬如你交到一个喜欢下棋的朋友，你自己本来不喜欢下棋，他带着你下棋，慢慢地你也喜欢下棋了；又或者你不喜欢读书，但是你的朋友喜欢读书，受他的影响，你可能也会喜欢读书了。所以曾子说，朋友之间要能够谈文论艺，才有共同的交集，也就是有共同语言。而交这样的朋友目的是要用来"辅仁"。"仁"指人生的正途，也就是"道"，亦即朋友之间要互相切磋勉励，在人生正路上相互扶持，以实现大家向善的心志，这才是交朋友的光明大道。

不过，人生中所交的朋友，由于机缘所限，因缘不再，其实都是值得珍惜的。许多人对朋友存有幻想，渴望认识合乎理想、心意相通的朋友；但往往忽略朋友是相互的，我们希望有什么样的朋友，朋友也同样希望我们是这样的人。如果一个人缺乏自我认识的工夫，对自己的志趣都搞不清楚，又如何期待别人成为自己志趣相投的朋友呢？

读后收获：

一、完成下面句子的填空：

1. 君子之交淡如水，_____。
2. _____，小人与小人以同利为朋。
3. 与善人居，如入幽兰之室，久而自芳也；与恶人居，_____，久而自臭也。
4. 以势交者，势倾则绝；以利交者，_____。
5. 益者三友，损者三友。_____，_____，_____，益矣。

_____，损矣。

6. 爱因斯坦说："世间最美好的，莫过于_____。"

二、你知道这些著名的文友吗？如不知道可以查阅资料后填空。

1. 在濠梁之上辩论"鱼之乐"闻名天下的是_____

2. 汉末建安年间的"建安七子"：_____

3. 唐代被称为"文友诗敌"的是：_____

4. 20 世纪初，上海的"天涯五友"：_____

三、读下面几句话，回答问题。

子曰："君子周而不比，小人比而不周。"

子曰："君子矜而不争，群而不党。"

子贡问友。子曰："忠告而善道之，不可则止，毋自辱焉。"

子游曰："事君数，斯辱矣。朋友数，斯疏矣。"

1. 从上述文字可以看出，孔子认为在人际交往中应遵循_____原则。

2. 现代社会的发展离不开竞争，孔子却强调在人际交往中要"矜而不争"，你同意孔子的看法吗？简要说明理由。

四、读下面一段话，回答问题。

孔子曰："益者三友，损者三友。友直，友谅，友多闻，益矣。友便辟，友善柔，友便佞，损矣。"

1. 孔子所说的择友的标准是什么？请用自己的话加以概括。

2. 从交友有益的角度来说，你认为孔子的弟子中哪些人比较适合做自己的朋友？请举一例，并说明理由。

第八章　忠信立本

把忠信放到一起来谈，是由于很难把忠诚与守信截然分开，应用到当今，夫妻之间要相互忠诚，同时也要互相信任。按当时曾子的说法，似乎该事君以忠、交友以信、使民以礼，即下对上忠，平等交往信，上对下礼。但是孔子也说过要"与人忠"，也说过对朋友提出"忠告"，这些都是真诚、诚恳的意思。一般情况下的用语，还是忠上，信友，礼下。

忠该怎么表现，似乎是唯命是从，其实不然。忠就是"心""中"，就是把心摆中、摆正，最好不要三心二意，最低要求是不要吃里扒外，否则就是奸了。国君做得不好，去规劝是忠，"忠焉，能勿诲乎"。孔子反对从一而终的愚忠（如果他像彭祖那样长寿，不知道他会怎样评价三姓家奴吕布）。忠信乃立国之本，立人之本。

作为今天的中学生，"忠信"二字仍是我们成长中最基本的要求，最根本的原则。那就是忠诚于祖国，忠诚于人民，忠诚于事业，忠诚于爱情。对人做到诚信。以"忠信"作为立人之本，处世之本。

一、孝悌乃做人之本，忠之基础

有子曰："其为人也孝弟，而好犯上者，鲜矣。不好犯上而好作乱者，未

之有也。君子务本，本立而道生。孝弟也者，其为人之本与？"（《论语·学而》）

鲜（显）：很少。犯上作乱：冒犯尊长，颠覆国家。

有子说："孝敬父母、尊敬师长，却好犯上的人，少极了。不好犯上，却好作乱的人，绝对没有。做人首先要从根本上做起，有了根本，就能建立正确的人生观。孝敬父母、尊敬师长，就是做人的根本吧！"

中国几千年以来，都是以孝治国，有二十四孝图之类的东西。孝的文化，博大精深，蕴涵几多治家治国治世的道理。只可怜，商品经济的大潮，使父子相间，孝道不复存矣！

子曰："弟子入则孝，出则悌，谨而信，泛爱众而亲仁，行有余力，则以学文。"（《论语·学而》）

孔子说："年轻人应该孝顺父母，尊敬师长，认真诚信，广施爱心，亲近仁人志士。能轻松做到这些，才可以从事理论研究。"

"仁"是儒家的核心理念，但孝悌是做人的根本，一个人孝敬父母，顺从师长，自然就不会作乱犯上，一个人的仁爱之心就渐渐培养起来了。

就眼下而言，且不说"仁"之如此高的境界，单一个"孝"字就能感受家庭观念在我们这个社会的地位，孝心在当今社会还重要吗，我们怎样尽孝心呢？今天，我们中的许多人都是分散在五湖四海，各自为自己的前程忙碌着，我们有没有在某个没有应酬的夜晚想起远在家乡的父母呢，有没有想起他们那爬满皱纹的脸和那颗有缘牵挂你的心呢？会不会在梦中被父母的呼唤惊醒，而在午夜时分泪流满面？孔子云：父母在，不远游，游必有方。现代人不得不为了一份理想的工作而四海漂泊，到异乡去寻找我们的天地和梦想。守候在父母身边尽孝，已经成为一个越来越模糊的梦想。

二、对国事忠于职守

子曰："道千乘之国，敬事而信，节用而爱人，使民以时。"（《论语·学而》）

道：治理。乘（胜）：军队基本单位，兵车一辆，兵士100人。

孔子说："治理国家应该事事认真，时时诚信，处处节约，关心群众，及时抓住发展机遇。"

忠于职守，这属于公务员基本素质。机关里的同志好说自己虽然一肚子酒精，但工作绝不含糊，这种说法我不同意。说还能喝的都是喝高了的，说很清醒的都是醉倒了的；三杯小酒一下肚，绝不含糊的都含糊了。这是说酒，还有其他很多，如财、色等等，取之有道、坐怀不乱只是个别现象，常在河边走哪能不湿鞋是普遍真理。所以说你要想忠于职守，就得克制欲望，公私分明。

当年刘邦总结自己取得天下的原因时说："谈到运筹帷幄之中，决胜千里之外，我不如张良；镇守国家，安抚百姓，供给粮饷，保持运输粮道畅通无阻，我不如萧何；统率百万大军，战必胜，攻必克，我不如韩信。这三位都是人中豪杰，而我能够任用他们，这才是我所以能取得天下的原因。"试想，如果刘邦让韩信做谋士，张良去打仗，萧何去当兵，那也就没有了高唱"大风起兮云飞扬"的汉高祖了。

作为一个领导者，能够知人善任，是一项最重要的能力。

抗战时期，一个战地记者分别采访了国民党军队和共产党军队，使他印象最深刻的是，当需要冲锋时，共产党军队的干部站在团队前说："同志们，跟我冲啊"；而国民党军队的干部站在团队后面说："弟兄们，给我冲啊！"一个跟，一个给，决定了两个团队成败兴衰的必然。

"节用"的目的是什么？是为了"爱人"，关注企业内每一个员工的健康和生活，关注他们的福利待遇将决定他们是否在企业里长期踏实的工作，关注他们的薪酬将决定他们是否开心和生活得更好。有很多的企业是"节用"了，制定了很多冷冰冰的条例，可结果却极不理想，反而让员工觉得没有人情味，因为他们忘记了"节用"的目的！

在这样一个"以人为本"的社会中，谁最能够体现"爱人"并营造"爱人"的氛围和制度，谁就可以吸引来最有价值的人才来为你创造更大的价值。

子禽问于子贡曰："夫子至于是邦也，必闻其政。求之与？抑与之与？"子贡曰："夫子温良恭俭让以得之。夫子之求之也，其诸异乎人之求之与？"（《论

语·学而》)

是：这个。邦：诸侯国。抑：还是。其诸：大概。温良恭俭让：温和、善良、恭敬、节俭、谦让。子禽问子贡："老师每到一个地方，就能了解到该地的政事，是求来的？还是人家自愿告诉的？"子贡说："老师凭着温和、善良、恭敬、节俭、谦让的品德得来的。老师的请求，与普通人的请求大概不同吧？"

本章通过子禽与子贡两人的对话，把孔子的为人处世品格勾画出来。孔子之所以受到各国统治者的礼遇和器重，就在于孔子具备温和、善良、恭敬、俭朴、谦让的道德品格。例如，这五种道德品质中的"让"，在人格的塑造过程中，就起着十分重要的作用。"让"是在功名利权上先人后己，在职责义务上先己后人。让用之于外交如国事访问，也是合乎客观需要的一个重要条件。

孔子就是因具有这种品格，所以每到一个国家，都受到各国国君的礼遇。孔子认为，好胜，争取名声；夸功，争取名利；争不到便怨恨别人，以及在名利上贪心不足，都不符合让的原则。据此可知，让这一基本原则形成社会风尚的可贵之处是：就人情而言，长谦让名利地位之风，人们就多学别人所长而鉴人所短。前者可以导人于团结、亲睦、向善；后者则诱人嫉贤妒能。二者的社会效果截然相反。

三、一以贯之

子曰："参乎，吾道一以贯之。"曾子曰："唯。"子出，门人问曰："何谓也？"曾子曰："夫子之道，忠恕而已矣。"(《论语·里仁》)

孔子说："曾参啊，我的思想是用一个基本思想贯彻始终的。"曾子说："是。"孔子走后，其他学生问："什么意思？"曾子说："老师的思想，就是忠恕。"

什么是忠？什么是恕？

曾子没有说，但孔子自己在别的地方有过解说。

所谓"忠恕"是孔子待人的基本原则，是一个问题的两个方面，所以孔子说是"一"以贯之，而不是"二"以贯之。

"忠"是从积极的方面说，也就是孔子所说的："己欲立而立人，己欲达而达人。"自己想有所作为，也尽心尽力地让别人有所作为，自己想飞黄腾达，也尽心尽力地让别人飞黄腾达。这其实也就是人们通常所理解的待人忠心的意思。

"恕"是从消极的方面说，也就是孔子在回答子贡"有一言而可以终身行之者乎"的问题时所说的："其恕乎！己所不欲，勿施于人。"自己不愿意的事，不要强加给别人。

总的来说，"忠恕"之道就是人们常说的将心比心，推己及人。所谓人心都是肉长的，自己想这样，也要想到人家也想这样；自己不想这样，也要想到人家也不想这样。我们今天在中小学生中开展"心中有他人"的活动，从某种意义上说，正是推行的忠恕之道。推而广之，所谓"让世界充满爱"，又何尝不是忠恕之道的体现呢？

四、正人需先正己

子曰："其身正，不令而行；其身不正，虽令不从。"（《论语·子路》）

孔子说："领导自己身正，即使不下达命令，群众也会自觉去做；领导自身不正，即使下达了命令，群众也不会服从。"

很多时候，《论语》都是在指导我们如何立身处世，如何成为他人的表率，在他人的心目中留下美好的印象，孔子本人是这样说的，也是这样做的，他一生的所言所行，皆成为后人处世的模范。

父母的真正权威来自他们的人格魅力，得益于他们的人格影响力。要想成为合格的父母，仅仅具有先天所具备的神圣的父亲、母亲称号是不够的，还必须具有合格父母应该具备的个人品德和才能，应受到孩子的尊敬和佩服。人格影响力是指父母的优良的道德品质、工作作风、勤俭持家、尊老爱幼、诚实守信、大公无私等要素所形成的影响力。实践证明，父母的人格影响力是子女品格形成的原动力。

　　学高为师，身正为范。这是所有教师所遵循的，教师的为人师表是对学生身教的直接表现。同理，作为家庭教育工作者的家长，也必须遵循这一点，尤其是后者。也就是说家长的思想和行为，应该对子女起表率作用。俗话说：上梁不正则下梁必歪。要使你的孩子正，必须要从正己开始，起好表率的作用。

　　我列举几个身边其身不正的例子：

　　露露的爸爸是一个爱贪小便宜的人，经常把单位的公物往家里拿，还在露露的面前得意洋洋地吹嘘自己有能耐。露露耳濡目染，便跟着效仿，从坐车逃票到捡了别人的东西不还，直到偷别人的东西。其父最初对此并不加以制止，甚至当露露拿了别人的东西回家，还称赞孩子头脑灵活，能够把不属于自己的东西据为己有，有本事！

　　于是，在爸爸的鼓励和影响下，露露一发不可收，逐渐养成了偷盗的习惯，在歧路上越走越远。当看着露露的行为越来越不像话，贪心表现得越来越离谱，露露的爸爸才感到不妥，才开始阻止。可是已经晚了，露露根本听不进爸爸的劝告。反而拿爸爸当年鼓励她的话来反驳，认为今天自己这样做都是爸爸教的。

　　岩岩的妈妈对岩岩的奶奶很凶，总是不给奶奶好脸色看，还不让岩岩拿好吃的给奶奶。她对岩岩说，奶奶已经老了，不能帮我们干什么，还总给我们添麻烦。岩岩听多了妈妈如此说，也觉得妈妈的话有道理，并习惯了妈妈对奶奶使脸色，甚至自己也学会了对奶奶冷眼相对。

　　岩岩出门坐车也从不给老人让座，因为她记得妈妈说过，老人既然能出门坐车，就说明他身体还很好，没必要给他让座。同学们都说岩岩太自私，但岩岩却笑他们太傻。当有一天，岩岩对妈妈也没好脸色的时候，妈妈骂她太不懂得尊重长辈。岩岩反驳妈妈：你尊重长辈了吗？妈妈是有泪只能往肚里流。

　　从以上故事中，我们不难看出家长自身形象对孩子的直接影响。所以，我们正人要先正己，不准孩子做的，自己一定不要做。认识到自己的一言一行对孩子都有示范作用，一定要以身作则，别成为孩子走上歪路的领路人。

五、忠心耿耿

子曰:"爱之,能勿劳乎?忠焉,能勿诲乎?"(《论语·宪问》)

孔子说:"爱护他,能不让他勤劳吗?忠于他,能不规劝吗?"

这里谈做人的两个角色,一个是对下,一个是对上。

对下,要爱护,什么是真正的爱。是让他吃喝玩乐,不思进取。还是让他勤奋简朴。有些人选择了前者,尤其是很多父母,对自己的孩子爱之唯恐不及,对孩子照顾得无微不至,当孩子长大的时候才发现,孩子的生活能力、工作能力很差,所以说,对孩子的真正的爱,对下属真正的爱,就是让他们勤劳地工作。

有一天,公文伯朝见鲁君后回家,看到母亲敬姜正在织麻,就对母亲说:像我们这样的家庭,您还要织麻,季孙看了会生气的,以为我不能侍奉您老人家哪!敬姜听罢儿子的抱怨,训诫道:"夫民劳则思,思则善心生;逸则淫,淫则忘善,忘善则恶心生"。

只有勤劳地工作,才能知道劳动的辛苦,才能体会他人的辛劳,才能产生感恩的心,才能磨砺坚强的品格,才能成就品德与才干。所以孔子说,爱他,能不让他辛劳吗?

对上,要忠。忠就是表里如一,把自己真实的想法与上司分享,当面对具体的事情时,要分享自己的心得,对有偏差的地方要规劝。如果任由上司犯错误,不仅是对上司的伤害,也是对团队的伤害,同时是对自己的伤害。

反过来说,作为管理者,如果下属不能把自己的真实想法和你分享,那就要反省一下自己是不是哪些地方做得不好,使自己没有忠言入耳。如果从他人那儿能得到劝告,那说明这个人对你是忠心的。

所以孔子说:"忠焉,能勿诲乎?"

六、诚信至上

子曰:"人而无信,不知其可也。大车无輗,小车无軏,其何以行之哉?"(《论语·为政》)

輗(尼),軏(月):都是车上关键部位。

孔子说:"作为一个人却不讲信誉,不知能干什么?就像大车没有安横木的輗,小车没有安横木的軏,怎么能拉起来呢?"

诚信是中国儒家思想中最核心的理念之一。

大车、小车,分别指牛车和马车。大车、小车车辕前面都有驾牲口用的横木,这横木要怎么铆住呢?就是用木销包了铁以后插在小孔里,才能把横木固定住。輗和軏,就是牛车和马车上的木销。如果车上没有这样的木销,就无法套住牛马,它又怎么能行走呢?

孔子说,一个人如果没有信誉,就好像这个车子有了横木也是虚架上的,没有关键的木销,不就无法行走了吗?对一个人来讲,信誉是什么呢?是你行走于世界最基础的那个保障。

也就是说,只有靠信誉,才能把人生这辆车驱动起来。只有信誉,才能够让你不管穿越什么样的风险、坎坷,都颠扑不破,而在坦途上一路前行的时候,也能够保障你的速度。就是因为有信誉,才让你始终是一个完整的人,可以立得起来。要是没有信誉,就缺少了安身立命最根本的条件。

孔子关于"信"的阐述都很简单,但这是他核心的教育理念之一。"子以四教:文,行,忠,信。"孔子用四种内容教育学生:历代文献,社会生活的实践,对待别人的忠心,与人交际的信实。文,行,忠,信,这些东西就是孔子教导学生的基本内容。"忠"和"信",占了很大的比重。

所谓守信用,就是信守诺言,说话算数,讲信誉,重信用,履行自己应承担的义务。东汉许慎在《说文解字》中说:"信,诚也。"孔子也说过"言必信,行必果"的名句。"自古皆有死,民无信不立。"孟子说:"诚者,天之道也;思诚者,人之道也。"墨子说过:"言不信者,行不果。"

以诚待人,以信取人,是我们中华民族最为优秀的传统之一。孔子云:"诚者,乃做人之本,人无信,不知其可。"韩非子曰:"巧诈不如拙诚。"陶行知先生也曾说过:"不作假秀才,宁为真白丁。"季布一诺胜过千金,商鞅变法立木求信,君子一言驷马难追……

类似的故事和典故不胜枚举,但随着时代的进步,人类在迅速发展的市场经济熏陶下,摒弃了人类最基本的传统和优秀的东西,真是可悲可叹!

诚,就是要实事求是,不扩大,不缩小;信,就是要一言九鼎,说到做到,不朝秦暮楚,不朝令夕改。诚信是立业之本,做人的准则,是企业和人的第二张身份证,其中道理不言而喻。一个企业、一个部门甚至于一个人,如果谎话连篇,如果说话不算数,不守信义,谁还会相信他。那个站在山头上大喊"狼来了"的小男孩,不就是因为一再说谎,而导致说话无人听,最后被狼吃了吗?其实,吃他的并非是狼,严格地说是他那不诚信的品质。

"无诚则有失,无信则招祸。"那些践踏诚信的人也许能得利一时,但终将作茧自缚,自食其果;那些制假售假者,或专靠欺蒙诈骗者,则往往在得手一两次后,便会陷入绝境,导致人财两空,有些甚至锒铛入狱。

在现代经济社会,即使一个企业拥有雄厚的资本实力和现代化的机器设备,有誉满全球的品牌优势,建立了很好的采购和销售网络,并且有一支高素质的员工队伍和高学历的管理者队伍,但如果它在财务报表、在商品、在服务上做假,欺骗商品客户和投资者,丢掉了信用资本,就没有银行愿意给他贷款,企业的股票、债券和商品就没有人买,合作者和客户没有了,所有物力资本和人力资本就失去了它的意义,企业必然会陷入困境,并最终在市场中消失。因此,诚信确确实实是做人、立业之本。我们每个人都有义务从自身做起,恪守诚信,让诚信成为我们为人做事的准则;只有这样,我们的生活才能绚丽多彩,我们的社会才能不断进步。

北宋词人晏殊,素以诚实著称。在他14岁时,有人把他作为神童举荐给皇帝。皇帝召见了他,并要他与1000多名进士同时参加考试。结果晏殊发现考试是自己十天前刚练习过的,就如实向真宗报告,并请求改换其他题目。宋真宗非常赞赏晏殊的诚实品质，便赐给他"同进士出身"。晏殊当职时，正值天下太平。于是，京城的大小官员便经常到郊外游玩或在城内的酒楼茶馆举行各种宴会。晏殊家贫，无钱出去吃喝玩乐，只好在家里和兄弟们读写文章。有一天，真宗提升晏殊为辅佐太子读书的东宫官。大臣们惊讶异常，不明白真宗为何做出这样的决定。真宗说："近来群臣经常游玩饮宴，只有晏殊闭门读书，如此自重谨慎，正是东宫官合适的人选。"晏殊谢恩后说："我其实也是个喜欢游玩饮宴的人，只是家贫而已。若我有钱，也早就参与宴游了。"这两件事，使晏殊在群臣面前树立起了信誉，而宋真宗也更加信任他了。

孔子有这样一句话，他说："人之生也直，罔之生也幸而免。"一个人要想坦坦荡荡走过一生，凭的是他为人的正直。正直的人就能安身立命，这个人的一生理所应当走得远。但是，那些不正直的、不守信用的人，那些翻手为云、覆手为雨的人，他们不是也活下来了吗，这是怎么回事呢？孔子说，这叫"幸而免"，他们是侥幸逃脱了很多本应该发生的责罚才磕磕绊绊地活下来的，他们迟早要摔跟头。

有位知名的学者曾讲过这样一个故事。

一名赴德留学生在毕业时成绩优异，他决定留在德国找工作。拜访许多大公司后，他都被友好地拒之门外。他只得去一家小公司求职，但也照样被礼貌地拒绝了。他大声说："你们这是种族歧视，我要控告你们……"对方还未等他把话说完，便打断他说："请你小声点，我们去别的房间谈谈好吗？"两人走进隔壁一间空房，人事经理递上一杯水之后，从档案袋里拿出一张纸。这是一份记录，上面记录留学生乘公共汽车时曾经三次逃票。留学生看后十分惊讶，也十分愤怒，心里不禁嘀咕，"就为这点小事而不肯聘用我，德国人也太小题大做了。"据称德国人抽查逃票通常被查到的概率是万分之三。留学生居然被查出三次逃票，按照逻辑，他曾经逃过一万次票。逃票达一万次之多，一向以信誉著称的德国人对此自然不会等闲视之。如果你损失了一些钱你并没有损失什么；如果你失去了一些朋友，你失去的可大了；如果你失去了信誉，那一切都完了。

无论"大丈夫"还是"小女子"，讲诚信的人都会赢得人们的尊重。有这样一个故事：

2002年8月份，广东省化州市一个彩票投注站的老顾客吴先生由于出差，便委托投注站老板林海燕代购了700元的彩票，结果这些彩票却中了500万元的大奖，但期间吴先生仍在出差，而且700元的代购费也没有交，林海燕完全可以将这500万元的大奖据为己有。彩票的特点大家都知道：它不记名，不挂失，在谁手上谁就有权去领取，这点是受法律保护的。所以，林海燕就算拿了这500万元从法律上来讲，也是站得住脚的。

但出乎大家意料的是，林海燕却把唾手可得的巨奖还给了吴先生：她毫不犹豫地给吴先生打了电话，通知他过来领奖，而自己只拿了700元的代购费。

也许你会说，投注站老板林海燕真傻！没错，她丢了500万元，不，不是丢，是放弃！她主动放弃了500万元的大奖，可是她收获了无价的"诚信"。她宁愿以舍弃500万元的代价，坚守诚信。"一言既出，驷马难追"，她信守了诺言，中国古人非常看重这一点，所谓一诺千金。

有子曰："信近于义，言可复也；恭近于礼，远耻辱也。因不失其亲，亦可宗也。"（《论语·学而》）

复：实现。因：依靠。宗：可靠。

有子说："诚信符合义的要求，诺言才可遵守。恭敬符合礼制的要求，才能远离耻辱。婚姻只要不伤害父母的情感，也可以自己做主。"

孔子的弟子有子在本章所讲的这段话，表明他们对"信"和"恭"是十分看重的。"信"和"恭"都要以周礼为标准，不符合于礼的话绝不能讲，讲了就不是"信"的态度；不符合于礼的事绝不能做，做了就不是"恭"的态度。这是讲的为人处世的基本态度。

"信近于义，言可复也。"信，诚信之意。近，接近、符合之意。复，实践、履行之意。义是儒家的伦理范畴，义者宜也，即合宜的道德、行为和主张，可解作正义、正当。

义的另一种解释是墨子的"侠义"精神，所谓"路见不平，拔刀相助"。墨子的义对国人的影响深远，但有子这里说的是儒家的义。信的要求是言必行，行必果，说到做到。

季布一诺,千金难求,信作为一种美德历来被人传诵。

从古以来,就流传着《曾子之妻》的故事。曾子是孔子的学生。有一天,曾妻要上街,孩子哭闹着也要去,曾妻对孩子说别闹,许诺等她回来时杀猪给他吃。看来,她是不打算实践诺言的。因为等她回家,看见曾子真的准备杀猪便马上阻止,说自己只是跟孩子说说玩的。曾子说:做父母的如果失信于孩子,就等于教孩子也去欺骗。说完,就把那猪杀了。

18世纪英国的一位有钱的绅士,一天深夜他走在回家的路上,被一个蓬头垢面衣衫褴褛的小男孩儿拦住了。"先生,请您买一包火柴吧",小男孩儿说道。"我不买。"绅士回答说。说着,绅士躲开男孩儿继续走,"先生,请您买一包吧,我今天还什么东西也没有吃呢",小男孩儿追上来说。绅士看到躲不开男孩儿,便说:"可是我没有零钱呀。""先生,你先拿上火柴,我去给你换零钱。"说完男孩儿拿着绅士给的一个英镑快步跑走了,绅士等了很久,男孩儿仍然没有回来,绅士无奈地回家了。

第二天,绅士正在自己的办公室工作,仆人说来了一个男孩儿要求面见绅士。于是男孩儿被叫了进来,这个男孩儿比卖火柴的男孩儿矮了一些,穿得更破烂。"先生,对不起了,我的哥哥让我给您把零钱送来了。""你的哥哥呢?"绅士道。"我的哥哥在换完零钱回来找你的路上被马车撞成重伤了,在家躺着呢。"绅士深深地被小男孩儿的诚信所感动。"走!我们去看你的哥哥!"去了男孩儿的家一看,家里只有两个男孩的继母在招呼受到重伤的男孩儿。一见绅士,男孩连忙说:"对不起,我没有给您按时把零钱送回去,失信了!"绅士却被男孩的诚信深深打动了。当他了解到两个男孩儿的亲父母都双亡时,毅然决定把他们生活所需要的一切都承担起来。

《论语》中记载有孔子的一句话:"言必信,行必果,硁硁然小人哉。"

在孔子看来不问青红皂白,固执地坚守诺言的人是小人、死心眼和傻帽。

抱柱而死的尾生就是孔子所称的这种死心眼的人。尾生是孔子的同乡,他在梁地和一位姑娘一见钟情,但遭姑娘父母的反对,为了追求爱情和幸福,两人决定私奔,约定在城外的一座木桥边会面,双双远走高飞。黄昏时分,尾生提前来到桥上等候,姑娘却久久没来。不料天气突变,滂沱大雨倾盆而下,山洪暴发裹挟泥沙席卷而来，淹没了桥面，尾生想起与姑娘的信誓旦旦，他寸步不离，死死抱着桥柱，终于被活活淹死。当洪水渐渐退去，姑娘赶来看到紧抱桥柱而死的尾生，悲恸欲绝，抱着尾生的尸体纵身投入滚滚江中。

多么凄美动人的爱情故事，可是这样的悲剧本可以避免，如果尾生不那么死心眼抱着柱子不动，而是到高处避避洪水，也许有情人终成了眷属。管仲就没那么死心眼，没有为公子纠而死，而是帮助齐桓公成就了"一匡天下"的春秋霸业。所以，后来孟子讲："大人者，言不必信，行不必果，惟义所在。"可见，儒家之信分为两种，近于义的大人之信，不近于义的小人之信，大人之信须坚守，小人之信不拘泥。

读后收获：

一、阅读下面文字，回答问题。

子曰："参乎，吾道一以贯之。"曾子曰："唯。"子出，门人问曰："何谓也？"曾子曰："夫子之道，忠恕而已矣。"

子食于有丧者之侧，未尝饱也。

子见齐衰者、冕衣裳者与瞽者，见之，虽少必作，过之，必趋。

1. 前一章中的"忠"是什么意思？

2. 后两章表现了孔子学说的基本观念中的哪一个侧面？结合内容作简要分析。

二、阅读文字，回答问题。

子曰："参乎，吾道一以贯之。"曾子曰："唯。"子出，门人问曰："何谓也？"曾子曰："夫子之道，忠恕而已矣。"

子贡曰："如有博施于民，而能济众，何如？可谓仁乎？"子曰："何事于仁，必也圣乎！尧舜其犹病诸！夫仁者己欲立而立人，己欲达而达人。能近取譬，可谓仁之方也已。"

1. 关于孔于"推己及人"的"恕"，材料中是如何表述的？请用一句原文概括。

2. 孔子说"己所不欲，勿施于人"，结合上面的选段，请简要说明你对孔子的"恕"的理解。

第九章　心灵修仁

　　《论语》就是以讲"仁"为主。不算标题计标点，《论语》共21469个字，其中"仁"字出现，有人统计有109次，还有人统计说105次，这里统计是106次。总之，是100次多些吧。

　　这也就是说，《论语》中，平均十几个字中就出现一个"仁"。密度之大、频率之高，实属罕见。这位孔圣人是事事讲"仁"、处处讲"仁"，为政讲仁政，做人讲仁人，在他老人家那里举手投足、言谈举止都有"仁"，乃至居住也讲"里仁为美"。

　　可见，"仁"在孔子的思想体系中居于十分重要的地位，是儒家的基本概念，以至有人把孔子的思想概括为"仁学"。

　　正因如此，"仁"在中国传统文化并至今的社会观念中有着特殊的意义。这其中，"不仁不义"绝对是为人类所不耻、为社会所唾弃的。

　　仁爱是什么？有时候，仁爱是一种身体力行，一种点点滴滴身边的行为。仁爱是孔子儒家思想的核心内容，同时，这一思想，也贯穿了他的政治、教育、伦理、文化主张的诸多方面，尤其是在做人的问题上。在孔子看来，仁爱是做人的根本，那么，什么样的人才可以称得上志士仁人呢？孔子有些解释很平实，他可以直截了当告诉你，怎样做到仁爱。

　　修养仁爱之心是最根本的心灵之道。

一、主动追求"仁"的境界

仁爱的思想，是儒家哲学里基石下的基石，重点中的重点。

那么，究竟什么是仁爱呢？

学生问什么是仁？老师只回答了两个字：爱人。就是一种发自内心的善意去对人好。但这两个字，体会起来有很深的道理。民间有个说法，别看仁这个字只有四画，单立人一个二，叫二人成"仁"。就是说，仁爱，从来不是一个单立人状态下的自我状态。在孤独的、自我的、封闭的环境下，是谈不到仁爱的。仁爱一定是你旁边还有一个别人，俩人在一起时，才能看出是否仁爱。

孔子主张任何人都应该有一种为"仁"的愿望，应该诚心诚意去求"仁"，如果这样做了，那么就会得到"仁"。达到"仁"的境界的根源在于自己如何去做，而不是由他人来推动，只有主体自己的主动追求，才有可能达到"仁"的理想境界。表明孔子认为"为仁"是某种自觉的内在情感行为，任何人是无法替代的，只要自己态度端正，就可以实现"仁"的要求。

孔子对"仁"的思想的重视，表明"仁"的思想和学说是孔子整个思想体系的价值核心。

子曰："苟志于仁矣，无恶也。"（《论语·里仁》）

苟：如果。孔子说："假如立定志向实行仁德，就不会为非作歹。"

按南怀瑾先生的意思，这两句话应该连起来读。看看也的确如此，如果断开了，实在有自相矛盾之嫌，连起来，意思出现了一个转折，但还是容易理解的。

一个人真正有了仁的修养，就不会讨厌另一个人，即使他的行为很坏，也只是讨厌他的行为而已，还是相信他能够改过向善。很多宗教是提倡这一点的，对于好人要褒奖，对于坏人要怜惜，要感化，要引导他向善。

倘若是一个政治家，他对于一个人的举用与贬黜，还会综合考虑到一个人的德与才。比如曹操与诸葛亮的用人。前者曾三次发出《求贤令》，说明天下动荡之际，国家需要人才，因此，不问出身，不问德性，只要有才干，都要量才使用，以服务于国家统一的事业。曹操对于越难收服的人才，越表现出竭诚相待的热忱，在做出几个月的努力沟通后，原来对曹操颇有成见的人也改变了。因此曹操掌权时期，征召到许多俊杰，为后来中国的统一奠定了人才的基础。

而后者相反，因为个人的成见，使名将魏延死于无谓的内部纷争，此后号称天府之国的川中大地竟落到"蜀中无大将，廖化作先锋"的地步。可以说蜀国的灭亡，很大一部分原因是诸葛亮求人太苛导致的人才缺乏。从选拔人才以利益天下国家的角度上说，曹操有资格称为一个"仁者"，而诸葛亮显然稍逊一筹了。

子曰："刚毅木讷，近仁。"（《论语·子路》）

孔子说："刚强，果决，朴质，言语不轻易出口，有这四种品德的人，近于仁德。"

子曰："仁远乎哉？我欲仁，斯仁至矣。"（《论语·述而》）

孔子说："仁离我们很远吗？我想要仁，仁就来了。"

仁爱离我很遥远吗？我要追求仁爱，仁爱就到了。他认为实现仁的理想并不是遥不可及的事，只要我们去做，很快就可以实现。我们现在唱着"只要人人献出一点爱，世界将会变成美好的人间"。不也是在做"仁"的事业吗？

仁其实很简单，只要你懂得爱人就可以了。你可否意识到，你身边的每个人都很重要，你是否曾经关注过他们，比方说为我们学校的校园环境卫生默默奉献的清洁工，为我们宿舍的安定和谐而苦口婆心的舍长，为我们学校的安全筑起第一道防线的门卫……当你再次遇见他们时，请问一声好，请给他们一个微笑，这样，你就已经是一个"仁"者了。

在《论语》中，孔子一再勉人努力实践仁道，实在是"仁"为人类内心深处最真诚无私、最纯洁无瑕的一份关爱，只要有适当的机缘，便应让它发芽而萌生仁爱的行为。

讲几个小故事，大家体会一下"爱人"的内涵。

（1）为何国王把王位传给第三个儿子

有个国王有三个儿子，他很疼爱他们，但不知传位给谁。最后，他让三个儿子回答如何表达对父亲的爱。大儿子说："我要把父王的功德制成帽子，让全国的百姓天天把您供在头上。"二儿子说："我要把父王的功德制成鞋子，让普天下的百姓都知道是您支撑他们。"三儿子说："我只想把您当做一位平凡的父亲，永远放在我心里。"最后，国王把王位传给了第三个儿子。

通过这则材料我们总结出的是：感恩需要真诚，它应该来自心灵的深处。

（2）小女孩为何获得"雷鸣般的掌声"

老师正在做一次如何感恩父母的调查。一个同学马上说："等我长大的时候，我要送一套很大很大的别墅给他们。"其他的同学露出惊奇和羡慕的目光。另一个同学接着说："我要请爸爸妈妈出去旅游，南极的冰川和北极的极光就是我送给他们的礼物！"其他的同学传出不小的赞叹声。只有一个女孩怯怯地说："我要给妈妈洗头，让……让她的长发飘逸起来……"空气在这一刻凝固了，教室里静得能听见心跳声。"为什么？"老师不解地问。"在一次车祸中，妈妈的双手致残了，只有我给她洗头……对妈妈来说，洗头是种幸福！"教室里爆发出雷鸣般的掌声。

在十年动乱那个人妖颠倒的年代，一个最普通的老师，用自己的仁爱之心呵护了一个贫困中受侮辱的小学生，虽然是一件普通不过的小事，但是改变了这个孩子一生的道路。

孔子的学生曾参发展了他的仁爱思想。

曾子曰："士不可以不弘毅，任重而道远。仁以为己任，不亦重乎？死而后已，不亦远乎？"（《论语·泰伯》）

弘：宽广也。毅：强忍也。非弘不能胜其重，非毅无以致其远。士在这里有两个义项，一是古代统治阶级中次于卿大夫的一个阶层，二是指读书人。

曾子说："士人不可不志向远大，意志坚强，因为他肩负重任，路途遥远。以实行仁道为己任，不也是很重大吗？直到死才能罢休，不也是很遥远吗？"

子曰："当仁不让于师。"（《论语·卫灵公》）

孔子说："面对仁道，应当勇于承当，率先向前，在老师面前也不要谦让。"

在孔子的心中，仁是有着超越一切的至高无上的地位的。

二、"仁"的价值内涵

孔子的思想是一门如何处理人与人、人与社会、人与自我之间关系的学问，是一门关注人的自身发展的学问。孔子所提倡的是人在实际生活中如何达到理想人格的问题。

"爱人"作为"仁"的重要精神内涵具有广泛的适用性，在孔子"仁"的价值内涵中，由"爱人"所推导出的一系列内容都深刻体现出孔子对一般社会民众的关注，对整个人类社会发展中实现人际之间共同和谐发展的关切，这一切都奠定了孔子作为中国乃至世界最伟大思想家的地位。不仅如此，在几千年后的今天，孔子所提出的一系列思想仍具有普遍适用性和永恒价值。

子曰："人而不仁，如礼何？人而不仁，如乐何？"（《论语·八佾》）

如……何：拿……怎么办。孔子说："对于不仁的人，礼法有何用？音乐有何用？"孔子这句话是从反面说，假如没有了"仁"会产生怎样的后果。

一位老师和他的一群学生十年间游历了很多国家，拜访了无数的学者，现在他们回来了，个个都满腹经纶。

进城之前，老师在郊外的一片草地坐了下来，对学生说："十年游历，你们都已是饱学之士，现在学业就要结束了，我们上最后一课！"

学生们围着老师坐了下来，老师问："现在我们坐在什么地方？"

学生们答："现在我们坐在旷野里。"

老师又问："旷野里长着什么？"

学生们说："旷野里长满杂草。"

老师说："对。旷野里长满杂草。现在我想知道的是如何除掉这些杂草。"

学生们十分惊愕，他们都没有想到，一直在探讨人生奥妙的老师，最后一课问的竟是这么简单的一个问题。

一个学生首先开口说："老师，只要有铲子就够了。"

另一个学生接着说："撒上石灰就可以除掉所有的杂草。"

接着讲的是第四个学生，他说："斩草除根，只要把根挖出来就行了。"

等学生都讲完了，老师站了起来说："课就上到这里，你们回去后，按照各自的方法除去一片杂草，没除掉的，一年后再来相聚。"

一年后，学生们都来了，他们按照各自的方法没能除去杂草。原来相聚的地方却已不再是杂草丛生，它变成了一片长满谷子的庄稼地。学生们围着谷子地坐下，等待老师的到来。

然而，老师没有出现。

几年后，老师去世了，学生们在整理他的言论时，在书的最后补了一章：要想除掉旷野里的杂草，方法只有一种，那就是在上面种上庄稼。

子曰："不仁者，不可以久处约，不可以长处乐。仁者安仁，知者利仁。"（《论语·里仁》）

约：贫困。孔子说："没有仁德的人不能长久地处在贫困中，也不能长久地处在安乐中。仁人是安于仁道，实行仁道的。有智慧的人则是知道仁道对自己有利才去行仁道的。"

孔子的道、德、仁、义、礼五大中心思想，在论语中说的次数最多的，便是仁。但是孔子并不看重字义的界定，专在仁的意义上面做文章。他所重视的，是在道德实践上，勉励大家透过实践仁的工夫，来亲自领悟仁在具体生活中，所发挥的功能和产生的效果。

不仁的人，刚开始过穷困的生活，还能够勉强忍耐。日子久了，便怨天尤人。由于缺乏道德修养，便为非作歹，甚至扰乱治安，造成社会的不安宁。就算过安乐的日子，刚开始可能比较安分，不敢标新立异，顶多暴露一些暴发户的心态。久了以后，各种奢侈、放荡的花样，层出不穷，同样危害人群，扰乱社会秩序。

道德修养良好的，至少把道德看成正当的生活规范，使自己过着安宁的日子。那些天生有道德的仁人，以平常心看待道德，认为本来就应该这样，在生活中享受到最大的快乐。

"仁者安仁"讲仁的体，"知者利仁"讲仁的用，即说一个智慧、修养都达到仁的境界的人，无论处于贫富之际，得意失意之间，都会乐天知命，安之若素。因为"久处约，长处乐"相当于"安贫乐道""富贵不淫"，并不是容易做到的事。

有的人可以像颜回一样，一箪食，一瓢饮，不改其乐，而一旦得志便忘形，所谓子系中山狼，得志便猖狂。有的人可以做到乐善好施，富而好礼，而一旦遇到挫折便一蹶不振，自暴自弃，所谓从俭入奢易，从奢入俭难。

子曰："唯仁者能好人，能恶人。"（《论语·里仁》）

孔子说："只有仁者能正确地爱人，正确地恨人。"

孔子说：喜欢善良的，讨厌邪恶的，这是天下人共有的情感。但是普通人心中都有私欲，因此好恶往往不合于理。唯有仁者，心中只有天下而无私欲，因此如果他喜欢的，一定是真正的贤德。喜爱之情，完全出于天理而不是私心，这样的人才能够真正地喜欢一个人。仁者如果讨厌的，一定是真正的不肖。厌恶之情，完全出于天理而不是私心，这样的人才能够真正地讨厌一个人。因此，喜欢一个人，讨厌一个人，只有仁者才能真正做到无偏，可见做人应当以仁为做事的基本点，去除自己的私欲。张公教育小万历说：作为国君，对于人事的进退取舍事关重大，不能不先修心，做到纯粹的仁德，才能正确处理。

这话毛病大了，怎么普通人还不能有自己的喜恶？当然不是这个意思。普通人的好、恶皆从小我、私利出发，仁者则不同，好恶由"平等性智"出发，以利益别人为原则。仁者通达而知利弊，"好"是利己利人，"恶"也是利己利人。

有人误以为仁者是那种你打他右脸，他还把左脸伸过来的笨蛋。其实错了，圣人也是会骂人的。你若魔性大发，圣人说不定会宰了你。

有个故事说一个仁者坐船，晚上听到一伙盗贼商量如何杀人劫财。他看形势无法劝阻，又无法让其他乘客离船，于是晚上趁盗贼睡着时，将那伙盗贼杀了。其杀亦仁。

《孟子·梁惠王》中"文王一怒而安天下之民"，亦即此意。

喜欢和讨厌都是人之常情，但是孔子说，喜欢和讨厌也有对有错。满足自己的私欲，取悦自己的私心，就喜欢，反之就讨厌，这是小人的情绪，不仅于国于民没有好处，而且也徒增自己的烦恼。仁者喜欢顺乎天理、顺乎自然的事物，讨厌逆天而行的事物，胸怀天下而不是只装着自己，其坦荡和豁达不是小人可比的。孔子讲好恶，也是在讲正确的人生观和价值观。私欲永远也不可能满足，越追求烦恼就越多，慢慢沦为物质的奴隶，只有克服私欲的控制，才能体会真正自由的世界和无比宽广的胸襟。

三、"仁"的实践价值

孔子关于"仁"的思想具有很强的实践性特征，他把关注的焦点投向社会，投向现实，时刻关注现实生活中如何实现人的全面发展问题。孔子关于"仁"的学说不是纯粹思辨性的形而上的理论体系，更多的是结合具体行为方式告诉人们应该怎么做，这不是哲学意义上的实践理性的体现，而是对一般民众人格升华、人性解放的终极关怀。

子曰："富与贵，是人之所欲也，不以其道得之，不处也。贫与贱，是人之所恶也，不以其道得之，不去也。君子去仁，恶乎成名？君子无终食之间违仁，造次必于是，颠沛必于是。"（《论语·里仁》）

终食之间，就是吃一顿饭之间。违仁：去仁。乌乎：怎么。造次：匆忙。

孔子说："富裕和尊贵是人人都想要得到的，但不用正当的方法获取利益，就不去享受富贵；贫穷与低贱是人人都厌恶的，但不用正当的方法抛弃它，就不去摆脱贫贱。君子如果离开了仁，又怎么能成就君子的名声呢？君子没有一顿饭的时间背离仁的，就是在急迫的时刻也必须按照仁办事，就是在颠沛流离的时候也一定会按仁去办事的。"

见富贵不动心的，至少我没见过，但取之有道是可以做到的。过去中国人对爱钱的人往往嗤之以鼻，觉得有钱就必定是庸俗、没有格调之人。可扪心自问，谁不爱钱？那些视钱财如粪土的人确属不易，但也不可说他们的品德就如何高尚。真正品德高尚的人，钱财只要取之有道，可救人济世，何必视它为粪土而包装自己的清高呢？

"君子无终食之间违仁，造次必于是，颠沛必于是"是说明君子要时刻不离仁。离仁而谈富贵贫困，就好比离仁而说好、恶一样，都是以自我为中心的颠倒妄想。

孔子进一步说：不但处富贵贫贱不能失仁，从自己一个人独处到待人接物，从眼前一时到一辈子，都要心中常有仁心，不敢有一顿饭的工夫背离仁义本心。即使遇到紧急情况，仓促应对的时候，也不能忘了心中的信条，君子的心也一样只在仁上。即使颠沛流离的时候，遭遇艰辛困苦，也不能放弃心中的主义，君子的心也一样只在仁上。危急情况，流离之中，是人最痛苦的时刻，如果此时也能坚持为仁，那就可以说无时无刻不在仁中了。

仁这个字，说起来很简单，做起来似乎也有模有样，但是一时一事的仁不是真正的仁。要让仁的思想真正充满内心，而没有其他的夹杂，这样才叫做纯仁。做到纯仁，一切行为就都是内心仁义的流露，即使遇到风霜雨雪，刀兵水火，也不会有丝毫不仁的念头和行为。我们凡人做到这一点很困难，就应该从前一句所说的克制自己的私欲开始，勿以善小而不为，勿以恶小而为之，在日常生活中常常观照自己的内心，在惊慌错乱中检验自己的修持，让仁心日益坚固，让不善的夹杂日益减少，这才是修身应该做的。

子曰："我未见好仁者，恶不仁者。好仁者无以尚之，恶不仁者其为仁矣，不使不仁者加乎其身。有能一日用其力于仁矣乎，我未见力不足者。盖有之矣，我未之见也。（《论语·里仁》）

好：喜欢，爱好；恶：厌恶；无以：没有、不会有……的做法。尚：超过；加：影响。其身：自身。盖：大概、可能。

孔子说："我没有见到爱好仁道修养的人，没有看到厌恶不仁品行的人。真正爱好仁道修养的人，那是再好没有的了；厌恶不仁品行的人，他所谓的'仁德'，也只是不让不符合所谓'仁德'的行为影响到自己。有谁能用一天的时间来致力于实践仁道精神？我没见到能力不足以实践仁的精神的人。可能是有这种人的，但我没见过。"

今天嘴上讲奉献，台上讲反腐败、讲廉政建设，不到数月居然被"双规"，以贪污、受贿、渎职罪而获刑的官员们，可以说明这一点。是纯属假仁假义，道貌岸然。

四、如何做到仁爱

子张问仁于孔子,孔子曰:"能行五者于天下,为仁矣。"请问之。曰:"恭宽信敏惠。恭则不侮,宽则得众,信则人任焉,敏则有功,惠则足使人。"(《论语·阳货》)

子张问仁,孔子说:"能在天下推行五种品德,就是仁了。""哪五种?"说:"庄重、宽厚、诚实、勤敏、慈惠。庄重就不会受侮辱,宽厚就会得到拥护,诚实就会受到重用,勤敏就会获得成功,慈惠就会有本钱使用人。"

学生问什么是仁?老师只回答了两个字:爱人。就是一种发自内心的善意去对人好。但这两个字,体会起来有很深的道理。民间有个说法,别看仁这个字只有四画,单立人一个二,叫二人成仁。就是说,仁爱,从来不是一个单立人状态下的自我状态。在孤独的、自我的、封闭的环境下,是谈不到仁爱的。仁爱一定是你旁边还有一个别人,俩人在一起时,才能看出是否仁爱。

我们大家想想,其实,这就是人行走于这个世界上的道理。打一盏灯客观上是给别人照亮路,主观上也给自己规避了很多风险。在这个世界上,我们都是明眼人吗?我们都能洞悉一切事项,规避一切风险吗?有时,为了让别人方便,打着灯笼为别人照亮,别人可以躲开你,你自己的风险,也就没有了。

仁爱是什么?有时候,仁爱是一种身体力行,一种点点滴滴身边的行为。

那么,什么样的人才可以称得上志士仁人呢?

子张问老师,怎么能做到仁?

孔子说,有五者行于天下,有五点你要做到了,仁就算做到了。

子张问:哪五点呢?

老师说:恭,宽,信,敏,惠。

第一个是恭敬的恭,恭则不侮,翻译出来就是,一个人对世界,对他人,保持毕恭毕敬的态度,那他的生命,就不会轻易招致侮辱。我们想想是不是这个道理？真正的恭，永远与敬相连，也就是说，能够对别人恭的人，是松弛的，柔软的。

比如你劳累了一天，晚上进家门，家人在厨房炒菜，看见你回来了，高高兴兴地端上一盘菜，让你尝尝。你可能是一个很挑剔的人，吃了一口，很不高兴，怎么这么咸，打死卖盐的了？家人会"咯噔"一下，人家忍一下，没说什么。端出第二盘菜，你又吃了一口，今天这个菜炒老了！以后等我进门再炒。又端上来第三盘菜，你还没拿筷子，这俩菜怎么搭配在一起，炒错了吧？如果你对每一盘菜都这么挑剔，脾气再好的人，再是你的亲人，最后，只有把围裙一甩，这顿饭你别吃了。这样绷着的人，一定会换来对自己的尊重吗？

什么叫恭则不侮？这个世界上，凡人凡事，没有功劳还有苦劳，尊重一点别人的辛苦，同样是一顿不完美的饭菜，如果你进门高高兴兴地招呼老人，招呼孩子洗手，说闻见香味了，大家赶紧上桌，其实可以吃得很快乐。实际上，这就是我们对世界的态度，也形成了世界对我们的态度。他人的面容永远是我们表情的一面镜子。你和颜悦色，别人就笑语春风，你怒目相向，别人就怨气冲冲。我们想得到世界什么待遇，就以恭敬之心去面对他人。如果想得到别人的尊重，就要以恭敬之心去面对他人。

第二点叫宽则得众，恭敬之心自然会带来宽和的态度，宽可不容易啊。禅诗里有一句话，叫眼内有尘三界窄，心头无事一床宽。眼睛要是被一点尘埃所蒙住，就是给你三界，你都觉得活得很郁闷，但心头要是没事，坐在自家的床上，觉得天宽地阔。宽与窄，跟你现在住的 60 平方米，还是 200 平方米，关系不太大，跟你怎么看这个生活，关系很大很大。

在这个世界上，同样的生活，会有不同的解释。

当你怀着一颗恭敬之心，抱着一种宽和态度，去对待他人的时候，你不仅可以得到对方的尊重，同时也会得到别人的肯定。这就是孔子的仁爱思想，对于人的自身修养的提升。但是，在竞争日趋激烈的今天，机会对每个人来说，都是难得的，光有修养是不够竞争力的，那么，我们还应该具备哪些素质和能力呢？宽，意味着人的修养，仅仅有修养能够在世界上安身立命吗？我们还得有职业生涯，所以，第三点叫信。

孔子说，信则人任焉，就是谁有信用，就会有更多的人，任用守信之人。用今天的话来说，你的职业生涯就宽广，老有人给你机遇。

经常有往届的学生回来跟老师聊天，说自己现在外面的发展。我惊讶地发现，发展最好的那些学生，后劲最大的学生，往往不是当年学习上的尖子，不是一直拿三好学生证书，排名第一第二的孩子。排名第一第二的孩子，一到单位就不融合，恃才傲物，觉得当年我是保送上研究生的，你凭什么分配我跟本科生干一样的活？你不重视我，我就跳槽。而有些专业资质平平的，为人笃诚守信，他到一个地方能做到用他的名字守住他的信誉。给一件事就做好，扎扎实实，一步一个脚印，领导就不断地给他机会。一路走来，三年两年看不出，五年八年，十年二十年，你就会发现：诚信人品，永远比专业技术重要得多。因为这个社会，走出大学校门的时候，有一部分专业知识已经过时了，专业是需要不断更新的，但是，人品和信誉，在一个公民社会里，永远是人格的基石。人品和信誉，永远是人格的基石。

第四点，叫敏则有功。谁敏锐，谁敏捷，谁就能建功立业。我们人人都在做功，但有的人做的是无用功。谁敏锐，谁敏捷呢？你能不能从不经意处获得灵感的火花呢？

美国有过一个穷困潦倒的画家，最贫困的时候，买油漆，买画布，买彩色颜料的钱都没有。他只好在街上给人画广告，后来流落到堪萨斯州，在一座教堂里给人家修修补补壁画。晚上惨到只能住在破败的车库里，身边唯一的生命只有一个小耗子，经常吱吱呀呀地在陪伴他。他觉得孤独，跟小耗子成了好朋友。一个偶然的机会，好莱坞要推出一部动画片，寻找主创设计师，他就画呀画呀，画了四五稿都不行，晚上他一个人坐在车库里，咬着画笔，盯着画纸，好像已经走到穷途末路。这时候，那只小老鼠就蹲在他画案上，两只小眼睛亮晶晶地看着他。他也看着这只小耗子，脑子里突然跳出一个造型，落在笔下的就是米老鼠。这个人就是大名鼎鼎的迪斯尼先生，米老鼠灵光乍现，车库里一只小耗子，成就了一位大师，成就了一个卡通形象。

敏是什么？敏就是抓住无所不在的机遇。敏不仅表现在这样一种敏锐，敏捷上，还表现在日常经常绷起来的神经上，表现在一个人对自己生命的自省，对环境的观察和防微杜渐。

美国康奈尔大学，做过一个试验，把反应极其敏捷的青蛙，扔在一个滚油的锅里。这只青蛙敏捷地一跳，能从油锅里迅速跳出来逃生，居然不被烫死。但是，如果把它放在锅里，锅里盛满冷水，然后在锅底下逐渐加温，这只青蛙在锅里待着，毫无知觉，等到变成一锅热水时，青蛙已经浑身瘫软，没有什么行动能力了。最后，这只青蛙就被烫死在这锅开水里。

这是一个什么实验呢？就是人的敏，不光反映在瞬间的应变上，还反映在防微杜渐上，对整个日常生活的察省之中。敏，不光反映在瞬间的应变上，还反映在防微杜渐上。能够一生保持这样一种态度的人，敏则有功，他能建功立业。

第五点，叫做惠。孔子说，惠则足以使人。一个团队领导，有慈惠之心，面对你所有的下属，你才有足够的资格去使用得动别人。

在精神价值上，要不断地肯定下属，在物质利益上，能与他们分享，那么你就能得到忠臣死士，能够用得动人。有时候，有这样一种心态，就能得到一个团队的真正敬重和尊重，这就是惠则足以使人。有慈惠之心，他就能带动起这个团队。

这五点如果都做到的话，仁，基本上就做到了。仁，真的很难吗？它有的时候，就是一种行为方式，而这种行为方式，会给我们生活带来一些改变。一个真正有仁爱之心的人，他可以以此安身立命。有了仁爱，你才知道怎么跟人打交道，唯仁者能好人，能恶人。一个人有了仁爱，并不是做好好先生，而是他去真正分出来什么是真正的好人，什么是真正的恶人。他心中的是非判断，其实是明确的。

你真正热爱它，愿意把自己的生命投入其中，愿意废寝忘食把自己连工作之外的休闲时间，都投入进去。这样的人固然在这个事业中，可以完整地去实现自己，但是，这种生命未免沉重。你可能会忘记这个世界的风花雪月，你可以牺牲很多跟家人闲度的时光，就是因为你好知。但是，这个境界，也不是最高的，最高境界叫好之者不如乐之者。在这样一个事业投入的过程中，你感受到生命被提升的大欢乐。在这里面你的心是舒展的，你是被成全的，你享受这个过程,不仅创造事业,而且创造自己。在点点滴滴之间,每天你能感受到,世界对你的一种善意,你那种欢腾之心,会把你带到一个愉悦的境界之中。

孔子曾经说,仁爱离我们远吗?我想要仁爱的时候,念头一动,斯仁至矣,仁爱就来到我的心中,我的生命就被仁爱充满了。

我希望这一句话,是孔子越过 2000 年时光,说给我们每一个子孙后人的。就在今天,就在此刻,就是我们每一颗心对自己说:仁远乎哉?我欲仁,斯仁至矣。当你真正信任了这件事的时候,仁爱就在这一刻,来到我们的生命之中,我们被仁爱充满,我们跟这个世界都会变得更好。

读后收获:

一、阅读下面文字,回答问题。

①唐代白居易写过一首名为《鸟》的诗:"莫道群生性命微,一般骨肉一般皮。劝君莫打枝头鸟,子在巢中望母归。"近来媒体报道:由于市场上松子、榛子一直热销,导致松鼠基本上只能在挨饿的状态下熬过漫长冬季,有人呼吁少吃或不吃此类坚果。

②厩焚。子退朝,曰:"伤人乎?"不问马。(《论语》)

材料①、②的价值取向有所不同,请围绕"仁"作出简述。

二、阅读下面文字,回答问题。

子曰:"人而不仁,如礼何?人而不仁,如乐何?"

子夏问曰:"'巧笑倩兮,美目盼兮,素以为绚兮。'何谓也?"子曰:"绘事后素。"曰:"礼后乎?"子曰:"起予者商也,始可与言诗已矣。"

1. 从以上文字分析礼和仁之间的关系。

2. 为什么孔子认为此时可以与子夏谈《诗》了?

三、阅读下面文字,回答问题。

子曰:"若圣与仁,则吾岂敢?抑为之不厌,诲人不倦,则可谓云尔已矣。"

颜渊问仁。子曰:"克己复礼为仁。一日克己复礼,天下归仁焉。为仁由己,而由人乎哉?"

子曰:"仁远乎哉?我欲仁,斯仁至矣。"

孔子从不轻易以仁许人,他自己也说"若圣与仁,则吾岂敢",但另一方面却又说"为仁由己"、"我欲仁,斯仁至矣",两者是否矛盾?应该怎样理解"我欲仁,斯仁至矣"这句话?

四、阅读下面文字,回答问题。

子曰:"唯仁者能好人,能恶人。"

子贡问曰:"乡人皆好之,何如?"子曰:"未可也。""乡人皆恶之,何如?"子曰:"未可也。不如乡人之善者好之,其不善者恶之。"

子曰:"乡原,德之贼也。"

1. 仁者如何真正地认清"好人"和"恶人"?

2. 孔子认为好好先生是道德的败坏者,"不如乡人之善者好之,其不善者恶之",但是"做一个受人欢迎的人"这句话是现在很多人的处世原则,他们希望所有人都喜欢自己,对此请谈谈自己的理解。

第十章　礼用和贵

礼是人们生存的外部环境，类似于宇宙观中的空间。我们可以先回顾一下绝对光速宇宙观中空间的特点，我们所处的空间是相对的，没有哪一个空间比另一个更特殊；空间是有所限制的，我们的宇宙尽管一直在膨胀，但还是有一定尺寸的；虽然空间具有一定的尺寸，但是空间的尺度还是相当大的，也就是说虽然空间是有所限制的，但空间所给我们的限制是宽泛的。于是，我们可以看一看《论语》中的"礼"是不是具备绝对光速宇宙观中空间的这些特征。

《论语》中的"礼"是有界限的，并且是对人的约束。在《论语》中两次提到："君子博学于文，约之以礼，亦可以弗畔矣夫。"其中畔是界限，君子要博学于文，用礼来约束自己，就可以不超越界限。在这里，孔子明确阐明了界限的存在。了解界限，老子思想中的"知止"，在孔子思想中有了两个组成部分：不断学习和知礼。只有不断地学习才能了解世界、人生的界限所在。

孔子在《论语》中提出"礼为用，和为贵"的思想，意思是礼的应用，以和谐为贵。在我们生活中少不了对于礼的要求，其最高境界是和谐。

一、合于礼节乃是仁

颜渊问仁……子曰："非礼勿视，非礼勿听，非礼勿言，非礼勿动。"(《论

语·颜渊》)

颜渊请教什么是仁。

孔子说:"不合礼仪就不去看,不合礼仪就不去听,不合礼仪就不去说,不合礼仪就不去做。"

颜渊问:"实行仁德的具体要求是什么?"

孔子回答:"不符合礼的东西不看,不符合礼的言论不听,不符合礼的话不说,不符合礼的事不做。"

颜渊说:"弟子虽然愚笨,对老师的箴言亦有所感悟:'为仁'是老师坚持的最高道德标准,实行仁德修养完全靠自律、靠自己,正如老师所说,'为仁由己'。我要按照恩师的话行事,做仁德之人。"

小乔和小A是同一天来到这家著名广告公司应聘美编的。单从两个人的作品上看,技术水平不相上下。小乔在思路方面略胜一筹,因为她在广州有过3年的工作经验,两个人一起参加试用,最后只能留下一个。

小乔上班时间从来都是一身T恤短裤的打扮,光脚踩一双凉拖,也不顾电脑室的换鞋规定,屋里屋外就这一双鞋。不管是在工作台前画图,还是在电脑前操作,只要活干得顺手,一高兴起来准把鞋踢飞。刚开始,同事们还把她的鞋藏起来,和她开玩笑,后来发现她根本不在乎,光着脚也到处乱跑。相反小A是第一次工作,多少有点拘谨,穿着也像她的为人一样雅致,带着少许灵气,她从来不通过怪发型、亮眼妆来标榜自己是搞艺术的,只是在小饰物上展示出不同于一般女孩的审美观点来,说话温文尔雅,很可爱。

有一天中午,电脑室的空气中忽然飘出腥臭味道,弄得一班人互相用猜疑目光观察对方的脚,想弄清到底谁是"发源地"。后来,大家听到窗台下面有响声,原来那里放着一个黑色塑料袋,胆子大的打开来一看,居然是一大袋海鲜。众人的目光不约而同地集中在小乔身上,没想到她坦坦荡荡地说:"小题大做,原来你们是在找这个。嗨,这可怪不得我,这里的海鲜只能算是海臭,一点都不新鲜,简直比广州的差远了。"这时小A端过来一盆水:乔姐,把海鲜放在水里吧,我帮你拿到走廊去,下班后你再装走。"小乔一边红着脸,一边把袋子拎走了。

结果呢，试用期才进行了两个月，小乔背包走人，尽管她的方案比小A做得要好，但是老板不想因为留下这样一个太不修边幅的人，而得罪一大批其他雇员。临走的时候，老板对小乔说：

"你的才气和个性都不能成为你搅扰别人心情的原因，也许你更适合一个人在家里成立工作室，但要在大公司里与人相处，该修边幅还得修。"

要将工作环境与家庭环境区别对待。工作就得有工作的样子，这不但是对他人的尊重，也体现出一种礼仪和素质。

二、大臣要懂礼

孔子谓季氏："八佾舞于庭，是可忍也，孰不可忍也！"（《论语·八佾》）

孔子谈到季氏，说，"他用64人在自己的庭院中奏乐舞蹈，这样的事他都忍心去做，还有什么事情不可狠心做出来呢！"

佾：yì，行列的意思。古时一佾8人，八佾就是64人，据《周礼》规定，只有周天子才可以使用八佾，诸侯为六佾，卿大夫为四佾，士用二佾。季氏是正卿，只能用四佾。

春秋末期，奴隶制社会处于土崩瓦解、礼崩乐坏的过程中，违犯周礼、犯上作乱的事情不断发生，这是封建制代替奴隶制过程中的必然表现。季孙氏用八佾舞于庭院，是典型的破坏周礼的事件。对此，孔子表现出极大的愤慨，"是可忍孰不可忍"一句，反映了孔子对此事的基本态度。

季氏是鲁国的大臣，可他在家里组织大家看只有周天子才能看的八排八列的舞蹈。孔子认为这是严重的越礼，是可忍孰不可忍。也许我们认为孔子有些大惊小怪，但是如果我们将这个八排八列的舞蹈转换成今天的语言，那就是县委书记搞阅兵式，当然是不可容忍的。

唐代大诗人、被誉为"诗圣"的杜甫有一首七言绝句《赠花卿》：锦城丝管日纷纷，半入江风半入云。此曲只应天上有，人间能得几回闻？

这首诗表面看写花卿欣赏了美妙无比的仙乐，实际上是语含讽刺，讽刺花卿的越礼。

花卿名敬定，原为西川牙将，曾平定梓州段子璋之乱，其部下乘势大掠东川，本人亦居功自傲。杨慎说："花卿在蜀，颇僭用天子礼乐，子美作此讥之，而意在言外，最得诗人之旨。"可见此诗用以讽喻花卿居功自傲之举。

"锦城丝管日纷纷"意思是花卿在成都无日不宴饮歌舞。"锦城"即锦官城，成都别名。"纷纷"二字给人以急管繁弦之感。"半入江风半入云"即乐声随风荡漾于锦江上空，隐约可以听见，而更多的飘入云空，难以追摄。这句不但写出那音乐如行云流水般的美妙，而且表现出了它的缥缈。"半入云"三字又引出下文对乐声的赞美——"此曲只应天上有，人间能得几回闻。"这里将乐曲比为天上仙乐，看来是对乐曲的极度赞美了。晚唐李群玉就化用这两句诗来赞美歌妓："风格只应天上有，歌声岂合世间闻。"唐时，人们常把宫廷乐曲称为"天乐"。

自天宝后，梨园弟子多流落人间。随着玄宗入蜀，宫廷艺人亦流离其间。因此宫中音乐颇多外传。

然而杜甫说"此曲只应天上有，人间能得几回闻"，就暗示了花卿的享受几乎等同帝王。联系花敬定其人的恃功骄奢，与结语"即赞为贬"的《戏赠花卿歌》，这里显然是有所讽喻的。

三、礼的根本

子曰："人而不仁，如礼何！人而不仁，如乐何！"（《论语·八佾》）

孔子说："一个人没有仁德，他怎么能实行礼呢！一个人没有仁德，他怎么能运用乐呢！"

乐是表达人们思想情感的一种形式，在古代，它也是礼的一部分。礼与乐都是外在的表现，而仁则是人们内心的道德情感和要求，所以乐必须反映人们的仁德。这里，孔子就把礼、乐与仁紧紧联系起来，认为没有仁德的人，根本谈不上什么礼、乐的问题。

孔子认为，礼乐不在形式，不在器物，而在于其本质。其本质就是仁。没有仁，也就没有真正的礼乐。

林放问礼之本。子曰："大哉问！礼，与其奢也，宁俭；丧，与其易也，宁戚。"（《论语·八佾》）

林放问礼的本质。孔子说："这个问题十分重大！礼仪，与其铺张浪费，不如节俭；丧事，与其仪文周到，不如悲戚。"

孔夫子先大大地夸奖了一句，"问得好！"然后告诉林放，"礼仪这种事情，与其奢侈，不如节俭；办丧礼，与其过于治办，不如真正的悲戚"。

中国人好面子是出了名的，而面子，说实话便是由"礼"构成的。即便是一代枭雄曹操，也会因为自己长得不够帅，不敢亲自会见匈奴使者，而找了一位帅哥代替，他则装扮成卫士站在一旁，理由是大汉帝国，不能因为一个长相丑陋的丞相，而不足以"雄远国"。

改革开放这么多年来，各地兴起轰轰烈烈的"面子工程"运动，你有亚洲第一高楼，我就整座全球第一大桥，他则跟进一座亚洲第一摩天轮。这些东西都是形式，在有些人看来，便是"礼"的表现方法，是表达内心的一种途径。

但究竟什么才是"礼"之根本？不妨去问这些搞面子工程的每一个人，他们都会或"愤慨"或"感慨"地告诉你，这些只是形式而已，真正要紧的是内心情感，只要情感真挚，即便礼数不够，也无所谓。

每个人都这么讲，但没有一个人这么做。由社会群体所构成的力量，让每个人都言不由衷，让每个人都成为他人的傀儡。在越来越追求形式的同时，有些人渐渐迷失对于本质价值的认知和认同。过于注重所谓的"礼仪"，只会让礼仪喧宾夺主，覆盖了原先本质的价值。

只不过，有些人永远无法体察这样的文化精髓，不管是一夜暴富的山西煤老板，还是已富到第二代的民营企业家们。他们对于教育的认识，就是孩子要什么就能得到什么。他们对于礼仪的认识，就是车子越贵越好，房子越大越好，反正一句话，怎么花钱多，怎么好。

四、克己复礼为仁

颜渊问仁。子曰:"克己复礼为仁。一日克己复礼,天下归仁焉。为仁由己,而由人乎哉?"颜渊曰:"请问其目。"子曰:"非礼勿视,非礼勿听,非礼勿言,非礼勿动。"颜渊曰:"回虽不敏,请事斯语矣。"(《论语·颜渊》)

复:实现。

颜渊问仁道。孔子说:"抑制自己,使言语行动都合于礼,这就是仁。一旦做到了这一点,普天下的人都会崇敬你、追随你、向你学习。实现仁德要靠的是自己,难道还能靠别人吗?"

颜渊说:"请问行动的纲领?"孔子说:"违反礼法的事不要看,不合礼义的话不要听,不合礼义的话不要说,不合礼义的事不要做。"颜渊说:"我虽不才,愿照此办理。"

在他看来,"克己"的一种方式是"约",即约束。能够自我约束不放纵就可以少犯错误。

"克己"的另一种方式是"自戒"。孔子曰:"君子有三戒:少之时,血气未定,戒之在色;及其壮也,血气方刚,戒之在斗;及其老也,血气既衰,戒之在得。"自戒便是自爱,便不会走入人生的误区。

以"礼"为支柱的治人之学实际上就是孔子的治国思想。孔子继承了西周以来把礼作为治国之经纬的思想,认为礼是治国之本,形成了以礼乐教化治国安邦的总体思路。孔子对周礼抱着很尊敬的心态,而在实际上又有所损益。在继承中创新,目的是为了救世。孔子是十分崇尚"周礼"的,在《论语》中多次谈到自己对西周礼乐的向往。

"礼"的外在形式,包括祭祀、军旅、冠婚丧葬、朝聘、会盟等方面的礼节仪式。孔子认为,注重"礼"的内在精神固然重要,而内在精神终究还要靠外在形式来体现。所以对这些礼节仪式,孔子不但认真学习,亲履亲行,而且要求弟子们严格遵守。

"礼"所讲的行为准则，也具有教化性质，要义是要求人们通过加强修养，自觉地约束自己，达到人际关系的协调，因而在精神上与"仁""德"互相渗透贯通，所以孔子明确地把二者结合起来，认为"克己复礼为仁。一日克己复礼，天下归仁焉"。在政治上，他反对使用强制性的刑法，主张"道之以德，齐之以礼"。

伟大的泰戈尔就说过，"一个人在年轻时，应该通过独身苦修，这样才能有节制和有规律地丰富心灵活动。"他用的比喻是，就像农民捣碎土块，锄去杂草，不能视之为糟践土地，而是为了让它更好地长出庄稼。

孔子走得更远些。

他的自我克制理念，不光限定在人的年轻时候，而是贯穿于人的整整一生。这种克制也不是单纯的限制和挤压，而是在限定中网开一面，独开一门，这扇门就是——复礼。

克己与复礼并不相互独立，彼此游离，他们是一母同胞，是对连体姐妹。克制自己的非分邪想，剔除脑海中的私欲杂念，返身归礼，用礼的标准来审视、匡衡，使自己一切行为符合礼，那么，这就是仁。

仲弓问仁。子曰："出门如见大宾，使民如承大祭，己所不欲，勿施于人，在邦无怨，在家无怨。"仲弓曰："雍虽不敏，请事斯语矣。"（《论语·颜渊》）

仲弓其人，以德行著称。他向孔子讨教有关"仁"德的问题时，孔子从三个方面做了阐述。首先要敬以持己，即无论出门还是使民之时，都应如见大宾，如承大祭。出门，即走出家门，或远行，或访友，均为私人之行为；使民，即治理百姓，当属公众之事务；大宾，即国宾；大祭，即重大祭祀，诸如天地之祭等。这两句的意思就是说：无论是出门的私人行为，还是使民的国家事务，都应如见大宾一样谦恭有礼，如参加重大祭奠一样持重谨慎。

其次要恕己及物，即自己所不希望得到的东西，不要强加给别人。这便是儒家所强调的"推己及人"理念的延伸。如果说前两句讲的是尽己之心为忠，这两句则说的是推己及人的"恕"之道。如能推己及人，自会处处以自己之心去体会别人，也就能做到己之所不欲，决不施之他人了，所以张载说"以爱己之心爱人则尽仁"。

第三，能做到上面两点，效果也是明显的，即无论国邦之中还是家庭之内，均无人会怀有怨言。孔子对仁的阐述令仲弓如醍醐灌顶，恍然大悟，所以他说："我虽不算聪明，但一定要认真按您所说的去做。"

何止是武人，文人也贵举重若轻。清人赵翼在他的《瓯北诗话》中就这样盛赞苏轼的诗，"坡诗不尚雄杰一派，其绝人处，在乎议论英爽，笔锋精锐，举重若轻，读之似不甚用力，而力已透十分。"

孔子反其道而行之，向冉雍提出要举轻若重。

要求他出门如见大宾，使民如承大祭。全己之忠，尽己所能，凡事谨慎而又小心，努力为之，同时要推己之恕，自己感觉不乐意的，就坚决不要强加于别人。如此这样做到后，在邦国为诸侯，或在家为大夫，才能做到百姓心中无怨，自己心中无怨，因为道理就在孔子曾说过的，"求仁得仁又何怨？"

与举重若轻相比，举轻若重就不那么洒脱，不那么慷慨，不见风致与气度，甚至显得琐碎，有副哆哆嗦嗦、谨小慎微的寒酸相。

但从政者所出口的每句话都影响百姓祸福，所颁布的每项条令都关乎百姓冷暖，《尚书》中"民为邦本，本固邦宁"，怎能允许你随手涂鸦，信口开河，潦草行事？

2500多年来，有人常常以孔子制定纲常礼仪来谩骂孔子，认为他只是要百姓无条件服从帝王统治，无知的他们哪里知道，孔子是上下正心，从无偏颇。比如他提出的"使民如承大祭"，不仅深含民本思想，而且超越时代，具有永恒的价值。

五、注重生活中的礼

席不正，不坐。（《论语·乡党》）

席：指铺在地上的草席、蒲苇或竹篾等。古代没有椅子和桌子，都坐在铺于地面的席子上。坐席没有摆正，就不坐。

也许有人会觉得"席不正，不坐"未免太过于吹毛求疵。其实不然。当人在自己渐渐偏离正道的一思一念没有意识到或把握住时，便会造成更大的偏差。大至一个人群或社会更是如此，当大多数人扬弃正确的"是非善恶"观念，便造成世风日下、人心不古的局面。人人为一己之私可以互相争斗、尔虞我诈，做一些损人不利己之事，葬送的是传统淳朴的民风。因此，别再轻忽自己一时放纵的言行，守住做人的根本：真诚、善良、坚忍，那便是对得起个人的生命意义。

食不语，寝不言。（《论语·乡党》）

吃饭时不说话，睡觉时不说话。

这个原则比较适合青少年学生，尤其是刚刚走进幼儿园里接受初级教育的孩子们，他们要养成良好的饮食和睡眠习惯，这样要求完全是有必要的。一方面，让人感觉孩子彬彬有礼，气氛安宁祥和；另一方面，小孩子如果边吃饭边嚷叫，不仅影响吃饭的正常速度，还有可能导致饭食不慎进入呼吸道的不良后果。如果小孩子在临睡前喋喋不休，肯定会推迟进入睡眠状态，影响睡眠质量。

但是这个原则也不是绝对的。尤其是对于现代人以吃饭作为交际方式的生活中，它就显得呆板和多余了。有一个青年人在他的博客里说了这么一段话：

我不喜欢寝不言食不语。倘若这样，不知道人生的经历中，有多少快乐的事情被湮没。以食为天的中国，在餐桌上禁言，实在是件荒谬可笑的事情。而好玩的是，那些让你怀念的一切，都发生在这些无视规则的餐桌时候。

《红楼梦》里的餐桌是奢靡的，也是热闹有趣的。刘姥姥二进贾府，老祖宗设宴款待，上了道经过加工的茄子，刘姥姥愣是吃不出茄子味。在红楼诸多的餐桌上，有了贾政，一番天地；没了贾政，又是一番天地了。

餐桌上是一个无城府的世界，同时也是一个心机的世界。故友相逢，"夜雨剪春韭，新炊间黄粱"，少不了相逢意气为君饮，想想就知道话不会少；请客签单，觥筹交错中肯定也是马屁飞扬；婚嫁喜丧，更是起坐喧哗。餐桌上所承载的并不只是物质上的果腹，"饱暖思淫欲"，饱暖之外又大有文章。

旧话说，"三代为官做宦，方知穿衣吃饭"。穿衣吃饭成了另外的一种修饰，有人说这是文明。《镜花缘》中落难的小姐，几天饥寒，终于有了口饭吃，依然是小口入腹，斯文至极，不知真饿还是假饿。不食嗟来之食，吃饭这点芝麻小事，又成了骨气的象征。

中国最有名的餐宴故事莫过于"鸿门宴"了；而西方，最知名的应该是 The Last Supper（《最后的晚餐》）。餐桌上的事情，也折射出芸芸的众生相。

寝不尸，居不容。见齐衰者，虽狎必变。见冕者与瞽者，虽亵必以貌。凶服者式之，式负版者。有盛馔，必变色而作。迅雷风烈，必变。（《论语·乡党》）

齐衰（资摧）：丧服。狎：亲昵。馔（赚）：饮食。

睡觉时不像尸体一样直挺挺躺着，家居时要放松仪容。见到穿丧服的人，即使再亲密，也一定要严肃；见到穿官服的人和盲人，即使再熟悉，也一定要有礼貌；在车上遇到送殡的人，一定身体前倾表示同情，遇见背负版图的人也一样；在重大宴席上，一定表情严肃致谢；遇到打响雷、刮大风，一定表情严肃表示对天的敬畏。

按照西医的观点，人的心脏在左边，向右侧卧时，心脏不会受到压迫，人就会比较舒坦，可见孔子还是很科学的，2000多年前就知道这些。如果平躺着睡觉，经常会因舌根部的软腭肌肉和悬雍垂放松下垂时堵塞呼吸道，导致打鼾。现在打鼾的人不少，有些严重的会导致猝死，实际上也就是自己无意识地将自己的呼吸停止了，停止的时间过长，当然也就导致了生命的停止。有些人做噩梦，觉得被什么东西紧紧压住不放，也是因为这个毛病。如果大家能够采取左侧卧、右侧卧，当然最好是右侧卧，那么就能大大减少这方面的麻烦。

"见齐衰者，虽狎必变"；见到那些身穿丧服举办丧事的人，即使在日常生活中和他很熟悉、很随便，但是在这个时候脸色一定要庄重严肃。

当病房里面有重患或者是有死亡的患者的时候，要注意自己的形象，不论有多么高兴的事情，也不要嬉笑不知止。哪怕刚刚中了500万，既然是在痛苦的患者和家属面前，还是不要表现出你的快乐，那样别人受不了。

"见冕者与瞽者，虽亵必以貌"，见到戴礼帽的人或者盲人，虽然彼此之间经常见面，同样还是要有礼貌。"凶服者式之"，在车上遇见手上拿着给死人穿的衣服的人时，虽然不认识，还是要将身体前倾，并扶着车前横木表示同情和哀悼。"式负版者"，式就是轼，也就马车前面的横木，在这里作为动词用，就是用手扶着轼，也是当时表示尊重的一种礼节。当遇到持有刻着国家公文的竹简或木板之人，孔子也会表示恭敬。"有盛馔，必变色而作"，在盛大的国家宴会上，面对如此丰盛的酒席，孔子会让自己的脸色变得庄重并站立起来示敬。人家用最好的东西来款待你，是对你的尊重，你自然也是要表示一下。人家对你重视，是要表示一下对对方的尊重和感谢的，同时也是表示这样的款待自己不敢当。

"迅雷风烈，必变。"孔夫子说过："君子有三畏：畏天命，畏大人，畏圣人之言。"所以当看到天道有变、迅雷疾风的时候，神色就会有所变动，以表示对大自然的敬畏。毕竟自然的力量如风雨，一旦过于强烈，就会形成天灾。

当面对可能形成或者已经是现实的天灾时，任何人都不会还持有一份愉快的心情，如果身处在这样的环境里面，那感觉将是非常可怕的。

因此在做事情之前的一段时间内，使自己处于一种静默状态，然后再去做事情，此时你的精气神是凝聚的，在处理事情的时候就会很到位，很全面，很高明。

《诗经》有云："凡民有丧，匍匐救之。"救之我不能，但奉献上我的哀伤之心却总是可以。

《礼记》中记载了一个故事，"孔子过泰山侧，有妇人哭于墓者而哀，夫子式而听之。"

老远听到一个不相干的女人的哭声，他都要在车上抚轼以礼。所以见到身体有残疾的盲人，他有天然的同情之心。

读后收获：

一、读下面两段文字，回答问题。

①孔子谓季氏："八佾舞于庭，是可忍也，孰不可忍也？"

②子路曰："卫君待子而为政，子将奚先？"子曰："必也正名乎！"子路曰："有是哉，子之迂也！奚其正？"子曰："野哉，由也！君子于其所不知，盖阙如也。名不正，则言不顺；言不顺，则事不成；事不成，则礼乐不兴；礼乐不兴，则刑罚不中；刑罚不中，则民无所错手足。故君子名之必可言也，言之必可行也。君子于其言，无所苟而已矣。"

1. 第②则文字中除"名正言顺"外，还可以概括出一个四字成语，它是_____。

2. 用自己的话说明孔子"是可忍也，孰不可忍也"中的"是"指代什么，并结合选文简述这样说的理由。

二、读后分析。

子曰："礼云礼云，玉帛云乎哉？乐云乐云，钟鼓云乎哉？"

子曰："人而不仁，如礼何？人而不仁，如乐何？"

1. "玉帛"和"钟鼓"分别指代什么？

2. 从上述文字看，"礼乐"和"仁"是什么关系？试简析。

第十一章 诗艺兴观

一、孔子眼里的《诗经》

《诗经》不但在先秦文学中具有举足轻重的地位，而且在整个中国文学中也享有很高地位，是中国诗歌的发轫，也是当时最高文学成就的代表。

孔子与《诗经》是有密切渊源的。据说，原来诗经有 3000 首，经过孔子修订，凡 305 首。精选之后的《诗经》才如此流行，还是精选了之后使大量的诗歌流失，不再进入人们的视野，不得而知。在孔子眼里，"诗可以兴，可以观，可以群，可以怨"，具有唤起人心、教育人心的作用。

1. 孔子非常重视诗的作用

子曰："兴于诗，立于礼，成于乐。"（《论语·泰伯》）

孔子说："诗可以感发人的意志，礼可以使人能够立足于社会人生，音乐可以成就人的道德品质的修养。"

兴，是起的意思，与我们讲"赋比兴"的"兴"字义相同。这里孔子是讲人的心志道德的修养常常是起意于诗的感发，实际上是说，人常在读《诗经》作品的时候，受到感发，而起意于心志道德的修养，故曰"兴于诗"。诗，指

《诗经》，古代学者常用"诗"表示《诗经》。礼是教人恭谦辞让的，人能立身社会而有坚定的处世原则，不为世事的利害所动摇，靠的是礼，故曰"立于礼"。音乐歌舞既可以劳人筋骨，教人俯仰进退之节，又可以使人受其教育，修身养性，达到人性的完善成熟，故曰"成于乐"。

治国之道离不开乐，《乐记》云："治世之音安以乐，其政和。乱世之音怨以怒，其政乖。亡国之音哀以思，其民困。声音之道，与政通矣！"

一个国家的政治搞得如何，通过民间的音乐就可以表达出来。如果音乐所表现出来的是安详、和平、快乐，那么就说明整个国家政治清明祥和，一片国泰民安的景象。如果是乱世之音，大家都在发牢骚，音乐里处处都在影射和发泄对国家的不满，那就说明国家的政治有问题。如果是亡国之音，国家就危险了。

当年九·一八事变后，整个东北三省在一个月内相继沦陷，几千万东北同胞沦为亡国奴，前后长达14年，一曲"我的家在东北松花江上，那里有我的同胞，还有那衰老的爹娘……"，在当时唱遍了大江南北，听上去让人感觉到悲愤、哀怨。

由此可见，声音之道的确是与政事相通的。

子曰："小子，何莫学夫诗？诗可以兴，可以观，可以群，可以怨。迩之事父，远之事君。多识于鸟兽草木之名。"（《论语·阳货》）

兴：朱熹解释为感发意志，托物兴辞；引人联想，催人振奋。

观：观察社会，反映现实，考察政治、人心的得失。

群：使人和谐、团结。

怨：美刺现实，批判社会不良现象，成为文学批评的一个标准。

孔子说："同学们，为什么不学诗呢？学诗可以激发热情，可以提高观察力，可以团结群众，可以抒发不满。近可以侍奉父母，远可以侍奉君王；还可以多知道些鸟兽草木的名字。"

"诗可以兴，可以观，可以群，可以怨"是孔子的心得，是孔子对学生的启发。孔子说这句话时，是对"诗三百"在欣赏之后达到的一种更高的超越诗文本本身的境界，无可厚非。这时的诗还是单纯的唯美的，是"窈窕淑女，君子好逑"的真实情思，吟诗诵诗唱诗，人们得到的是美的享受，诗所代表的是人们的心声。

诗可以兴，"兴"只是一种美的形式，在我看来，就如现在我们唱流行歌曲一样，是一种释放，或忧伤或欢乐，诗是人们用来抒发感情的一种途径，是没有功利无关政治的一种直接又有效的途径。

诗可以观，由于诗是人们感情的直接抒发，它所反映的社会现象一定是真实普遍的。所以，自然而然的，诗也会成为统治者的一种参照，通过诗考见得失，也是当时一种朴素的统治思想，有关政治，但无关统治，只是一种参考。

诗可以群，当然是孔子的一种书生意气，觉得诗对社会团结教育会有作用，这是文人的一种美好愿望，至于诗在这方面的具体社会功用，我觉得未必有这么重要，诗可以怨倒是现实一点，民众对于现实不能奈何，唱诗发泄一下也是最实在的做法了，虽然不能跟《诗经》这种经典作比，但我觉跟我们现在的KTV发泄相似，尽管几千年过去了，但这种纯本能的怨的方式背后人们的心境应该很相同的吧。

总之，我们以为，这时的"诗"才是最本真的最美的"诗"，"诗"代表的还都是人本性的自然的东西，有的社会功用也是最单纯的社会教化作用。

可是，后来，当"诗"成为《诗经》之后，它也慢慢从单纯的私塾教材变为经学教材，然后成为儒学教材，直至成为科举教材，彻底沦为统治阶级的一种工具，这时的《诗经》表面上还是教化民众的，实际上它的政治作用已经远远大过了它的教化作用。

"诗"还是那些诗，它所承载的社会功用已经大大不同了，先秦之时，人们赞颂的是"诗三百"本身的魅力，而这时，人们只是专注于征服它之后那些物质的东西，"诗三百"本身的魅力已经在政治的打磨之下渐渐隐退在功名利禄的光芒之下，被传诵的多了，被研读的频繁了，"关关雎鸠，在河之洲"的意境却越来越难完美重现了。"诗可以兴，可以观，可以群，可以怨"成为统治者的借口，本来纯洁的《诗经》也拜这句话所赐，必须在功利窝里摸爬滚打，成为人们向上爬的工具。

庆幸的是，我们现在已经不用把《诗经》奉为教条，《诗经》也摆脱了统治者统治工具的身份，但我们也不知道《诗经》在当今社会所代表的到底是什么，如果幸运的话，也许它是某一个国学爱好者苦苦钻研的经典，这样当然最好，《诗经》终于能寻回它还是"诗"时的单纯美好的小幸福了，但倘若又不幸沦为某位所谓的大家获取名利的工具，《诗经》倒不如做无知者漠不关心的随便任何东西。

2. 孔子大力倡导读《诗经》

推介《诗经》，孔子先对自己的儿子"直销"。他曾问儿子孔鲤学习《诗经》了没有，孔鲤说没有，孔子说："不学诗，无以言。"

就是，不学《诗经》，没法讲话。他对孔鲤说，人如果不研读《诗经》里面的"周南""召南"，就好像面对墙壁站着一样，寸步难行。

当时，《诗经》也是有志从事外交工作的年轻人的必备教材。有人学得好，有人学得不好。怎么算好？考试得 100 分算好，还是背诵得熟练算好？他说："诵诗三百，授之以政，不达；使于四方，不能专对；虽多亦奚以为？"

熟读《诗经》三百首，交给他政治，不会搞；让他出使各国，不能独立应对；读得再多，又有何用？

原来孔子反对读死书，掉书袋，强调学以致用。应该说，他的这个看法，让学生明确了学习目的，倡导起来就有了效果。

3.《诗经》人人应读，但并非人人可与之讨论

子夏是孔子认为可以与之言诗的。为什么？有一天，子夏问孔子，《诗经》里面有句诗"巧笑倩兮，美目盼兮，素以为绚兮"，是什么意思？孔子回答："绘事后素"，先有白底子，而后才画画。子夏又问："那么礼在后？"孔子大为赞赏，说，启发我的是你呀，这样才可以与你讲诗了。

子夏问曰："'巧笑倩兮，美目盼兮，素以为绚兮。'何谓也？"子曰："绘事后素。"曰："礼后乎？"子曰："起予者商也，始可与言诗已矣。"（《论语·八佾》）

倩：笑貌，指面颊酒窝。巧笑：巧好的一笑。兮：语气助词。美目：眼

美。盼：美目转动灵活，黑白分明。素：是指面颊与美目。绚：是指笑倩目盼的姿态。有此好面目始有笑目盼之美。绘：绘画。起：启发。予：我。

子夏问："'笑脸真灿烂啊，美目真妩媚啊，天生丽质打扮得真高雅啊'。这几句诗是什么意思？"孔子说："先有宣纸，然后才能绘画。"子夏问："先有仁义，后有礼法吗？"孔子说："子夏，你启发了我，可以开始同你谈诗了！"

这里的"巧笑倩兮，美目盼兮"节选自《诗经》中的《卫风·硕人》。

在诗中描写一位女人的美，"手如柔荑，肤如凝脂，领如蝤蛴，齿如瓠犀。螓首蛾眉，巧笑倩兮，美目盼兮"。她的手就像柔软的小草，她的肤色就像那凝结的玉脂。她的脖颈洁白丰润，她的牙齿像那瓠瓜的籽。丰满前额弯弯的眉，迷人的笑好漂亮啊，美妙的眼睛眼波流动。

同样是从各个部位去描写美女，再看看现代人都喜欢用些什么词汇。玉腿粉胸、带电的眼神、翘臀……两者相比较，打趣地借用孔子对《诗经》的一句评语，那可真是"思无邪"与"思有邪"啊！

正因为"思无邪"所以子夏才敢跑过来，向孔子请教这句描写美女诗句的内在寓意。

这是一首赞美山歌，赞美的是卫庄公夫人庄姜。

为什么要赞美她呢？仅仅是因为她的美貌和富有就值得赞美歌颂吗？其实不是如此。歌的前三段均是赞美之辞，而点题却是落在末尾上。喧闹的水声使她心绪烦乱，她一方面希冀那姜水（爱情源泉）缓缓流来，浇灌她已干枯的爱情心田，另一方面她又希冀那个读书郎快走，远远地离开她，不要扰乱她宁静的生活。最后这一段充分表现出她的这种矛盾心理。

人们为什么要说这个事，而且还要编成歌吟唱？其实整首山歌所赞美的是她恪守一定的社会行为规范，选择的是最佳行为方式，尽管她渴望爱情，渴望被爱，但她却压抑了内心的冲动，没有去乱爱、泛爱。比起春秋时期卫国卫灵公的夫人南子来说，庄姜也就显得高尚得多了。这在当时淫乱之风盛行的卫国是很难得的一个人。

礼乐是仁义的形式，只有实行仁义大家的欲望才可以都得到满足，如果把欲望作为一种资源，那么仁义道德就是资源优化配置的最佳理论。"绘事"就是实行礼乐，"后素"实行礼乐要符合于仁义。就像诗歌中的美女卫夫人。她所选择做的事情，其德行正如她的美貌一样啊，因此卫国人编制这首诗歌来传唱。

孔子在这里不但阐述了他的哲学思想，还给了我们另一个启发，那就是他善于用形象的语言来表达抽象的哲学道理。由此可以看出，一种思想要想很好地流传，不但思想本身要有价值，还需要有通俗易懂的表达方式。

子贡曰："诗云：'如切如磋，如琢如磨'，其斯之谓与？"子曰："赐也，始可与言诗已矣，告诸往而知来者。"（《论语·学而》）

子贡说："修养的完善，要像对待骨、角、象牙、玉石一样，切了再磋，琢了再磨，对吧？"孔子说："子贡啊，现在可以与你谈诗了。说到过去，你就知道未来。"

国学大师钱穆认为：治骨曰切，治象曰磋，治玉曰琢，治石曰磨，四字分指平列，谓非加切磋琢磨之功，则四者皆不能成器，盖言学问之功。

4. 孔子评价《诗经》

孔子这么重视《诗经》，又不遗余力进行推介，那他是怎样评价《诗经》的？

孔子论诗，强调"温柔敦厚"的诗教。他说：《诗三百》，一言以蔽之，曰：思无邪。

诗三百，《诗经》有305首，三百只是举其整数。

孔子说："《诗经》三百首，用一句话可以概括，就是'思想纯洁'。"

季札论诗，和孔子非常接近，注重文学的中和之美。

所谓中和美，正是儒家中庸思想在美学上的反映。孔子认识到任何事不及或过度了都不好，事物发展到极盛就会衰落，所以他就"允执厥中"。在个人感情上也不能大喜大悲。

龚自珍的"少年哀乐过于人，歌泣无端字字真"就不合孔子的中庸标准。《世说新语》雅量门谢安听到"淝水之战"晋军胜利的消息，强制欣喜之情，以致折断屐齿。顾雍丧子，心中很悲痛，可他强自克制，说："已无延陵之高，岂可有丧明之责?"

体现在文学批评中,就是推崇抑制过于强烈的感情,以合于礼,要求"乐而不淫,哀而不伤"。这对古典诗歌含蓄委婉风格的形成有直接的影响,因为要抑制感情,所以往往是一唱三叹,而不是发露无余。文学的意境也因此深长有味,颇耐咀嚼。但这也是中国没有产生像古希腊那样的悲剧的原因之一。

子曰:"关雎,乐而不淫,哀而不伤。"(《论语·八佾》)

哀:怜悯,同情。

孔子说:"《关雎》这首诗,快乐却不淫秽,悲哀却不悲伤。"

《关雎》:《诗经》的第一首诗,其中经典名句是"关关雎鸠,在河之洲。窈窕淑女,君子好逑"。其中的"窈窕淑女,寤寐求之"、"求之不得,寤寐思服。悠哉悠哉,辗转反侧"等生动地描述了君子追求淑女的过程及心情、状态:在河边初见面时,一见钟情,然后梦寐以求;追求不成,昼思夜想,辗转反侧,翻来覆去睡不着觉的情形。

孔子说:《关雎》这首诗写得非常生动巧妙,既充分表达了对美女一见钟情而发起追求的快乐之情,而不会使人感觉到轻浮和淫秽;既生动表达了追求过程的曲折反复、求之不得、欲罢不能之情形,从而引起人们的共鸣,不免有同情之心,而又不令人感到很受伤。

孔子在《礼记》中指出:"饮食男女,人之大欲存焉",即生存和爱情,是人最重要的、最基本的欲望。他用一句话来评价《诗经》——"思无邪",也就是《诗经》能正确引导人们思想,使人思想健康,不会有邪念。他认为追求女孩是人之常情,只要发乎欲,止乎礼,追求时遵守礼节,做到真心实意,规规矩矩,是值得提倡的。因此,他把《关雎》作为《诗经》的开篇之作,开门见山地提示出《诗经》"思无邪"的中心思想。

可见孔子原本是一个多可爱的老头儿,多么懂得人情世故,并非不食人间烟火的圣人神仙。

子所雅言:诗、书、执礼,皆雅言也。(《论语·述而》)

雅言就是正言,是说官方语言,孔夫子不仅会讲鲁国的地方方言,也会讲周王朝的官话。这有什么不好理解的?"所"在这里是非常重要的,就是"可以"的意思。我还是主张小孩子应该多背诵,为什么呢? 小孩子,记性好,悟性差。古人在 12 岁之前就要小孩子将四书五经背得熟烂,设杏坛之盛,开风气之先,家学的功底尤其重要。

周王朝的京畿之地在今陕西地区,以陕西语音为标准音的周王朝的官话,在当时被称作"雅言"。孔子平时谈话时用鲁国的方言,但在诵读《诗》、《书》和赞礼时,则用当时的陕西语音。此处,"雅言"即当时的陕西语音。

二、孔子评价音乐

音乐家冼星海曾经说过这样一段话:"音乐,是人生最大的快乐;音乐,是生活中的一股清泉;音乐,是陶冶性情的熔炉。"确实如此,千百年来,音乐以其深刻的蕴含及妙不可言的旋律,汇成了一条永远流淌不息,闪闪发光的音乐长河,使众人为之倾倒和沉醉。

音乐的作用主要有三个方面:

(1) 它能陶冶性情

作家叶文玲说过,"音乐永远是我灵魂的伊甸园"。哲学家柏拉图也曾认为,"音乐教育也比其他教育重要得多"。

的确,音乐中美的旋律、变化的节奏,对人的精神、情操的陶冶有着不可替代的魅力和力量。日常生活中的各种音乐,大多是在"随风潜入夜,润物细无声"的情况下,潜移默化地影响着我们的道德、意志、品格和情操。当我们听到《黄河大合唱》雄壮激昂的乐曲时,会精神振奋,热血沸腾;当我们听到《剪羊毛》那热情、活泼的曲调时,心情会随之欢悦、愉快;当我们听到《山谷静悄悄》那宁静、优美的音乐时,情绪会安稳、和谐;当我们听到《二泉映月》那如泣如诉的旋律时,会顿生辛酸、哽咽之感。

(2) 它能开发智力

当我们在吹奏笛子、弹拨古筝、演奏钢琴乐曲时,两眼要看着曲谱,大脑要指挥双手的十个指头,灵敏地把乐谱中排列组合成优美动听的旋律的音符,富于感情地演奏出来，同时，耳朵也要充分发挥作用，灵敏地校正和辨别奏出的音响与曲谱是否相符合。这样，在演奏的过程中，演奏者实际上已经无意识地进行了脑力锻炼，久而久之，使人的左、右脑都得到了发展，人也会因此变得聪慧起来。

另外，在音乐活动和舞蹈中也能使人通过活动而使左、右手协调地运动，使人在不经意中达到锻炼左、右脑的目的。

（3）它能装点生活

一位哲人说过：音乐是人类生活中永恒的主题。在人们的社会生活中，音乐几乎是无处不在。特别是现在，当现代文化的传媒工具，录音机、电视机、卡拉OK、DVD机等走入城乡千千万万普通老百姓的家庭后，音乐就更加绚丽多彩了。

音乐是老少皆宜的一种文化交流方式，它以独特的艺术魅力，脍炙人口的旋律，吸引了众多爱好艺术的人。当你心情愉快时，听一曲抒情的音乐，会把你带到一种极美的意境，使你心旷神怡。当你烦恼和忧伤时，听一曲委婉的曲调，会让你心情平和远离苦恼；当你悠闲自乐时，听一曲激昂的旋律，你会觉得瞬间心潮澎湃热血沸腾。音乐以它博大的胸怀，无尽的艺术魅力，感染着一代又一代的无数英豪，使之为它献身和奋斗。

当你漫步街头，路边店铺播放出的优美音乐使你精神大振、忘却疲劳；当你泛舟湖上，远处飘来的轻音乐会使你怡然陶醉，乐不思返；当你徜徉在田间地头，清脆动人的山歌悄然而至，会使你心旌摇荡，忘记自我；当你躺在母亲怀里，温柔亲切的催眠曲会让你的心神俱宁，渐渐入睡……由此可见，音乐已成为人们生活中不可缺少的一部分。我们无法想象，生活中一旦失去了音乐，将是怎样的死寂和乏味。

子在齐闻韶，三月不知肉味。曰："不图为乐之至于斯也。"（《论语·述而》）

孔子在齐国听韶乐，三月不知肉味。他说："没想到好音乐这样迷人。"

音乐的魔力在于，它会令听者融入其中，久久不忘，不但不忘，还会在记忆中时时浮现，萦绕于耳边和脑际，裹挟着当时的情景、画面和心情，甚至温度和气味。

舒曼听了贝多芬的《命运交响曲》称叹道，"不论你将它听上多少遍，它都会像神秘的自然一样让你产生全新的敬仰和惊叹，只要世界上还有音乐存在，它就会世世代代流传下去！"

勃拉姆斯对舒伯特的《未完成》评价，"那优美的旋律，使每个人的灵魂都被无限的爱意所拥抱。任何人都不可能无动于衷，它用充满温暖和亲切的爱之语言向我们喁喁私语，如此具有大众魅力的交响曲，我从未听过！"

一流的音乐，流进一流的耳朵，跌宕于丰富的内心后，再汩汩流出，就定然会产生一流的对应情感。

如果说季札对韶乐，还仅仅是处于聆听与欣赏时的心情澎湃和激动莫名，孔子对之的感受，则是如痴如醉，全然忘我，而且公然达到三个月内不知肉味的地步。连他自己都说，想不到音乐的魅力竟可以达到这种程度！

像"陶然恃琴酒，忘却在山家"的李商隐。

也像花庵独坐下"忘机林鸟下，极目塞鸿过"的司马光。

世上从来不缺乏美好而动人的人或事物，而是缺乏欣赏它的眼睛，缺乏能够为之怦然而动的心灵。只有至性之人，才有此等至拙至朴的感情流露，而只有至情的行为和语言，才尤为让人感到人之为人的可爱与可敬。

子谓韶："尽美矣，又尽善也。"谓武："尽美矣，未尽善也。"（《论语·八佾》）

孔子评论韶和武乐，说："韶乐太美了，也非常的善。武乐太美了，但不是十分的善。"

韶是舜乐，武是武王时代的音乐。孔子认为舜乐尽善尽美，而武乐还是有缺憾的，就像周朝以栗为社一样。看来孔子并非单纯的评价音乐吧。孔子这样推崇尧舜时代不知是否与我们总有"今不如昔"之感相类似，有时距离确实可以产生美的。只可惜那些音乐都没能流传下来，不过以自己的音乐素养来说，即使听到了，最多也只能感受到它的轻重缓急，对于其中的深刻含义还是领会不到的吧。

有位科学家曾说过这样一句话："音乐是流动的建筑，而建筑又是流动的音乐。"音乐有它的优美动听的能力，建筑物又有它独特的风采。

音乐是流动的，曲子是不变的，但人能从中体会其中的含义，令自己的情感更加丰富多彩。

多听音乐吧！它能在你悲伤时给予你安慰，在快乐时给予你祝福，在生气时给予你平静，在无聊时给予你幸福……

三、整理中国文化

子曰："吾自卫反鲁，然后乐正，雅颂各得其所。"（《论语·子罕》）

研究孔子的生平，这里也是重要的资料。这是孔子周游列国以后，到了晚年，他深感即使获得了权力，也平定不了世界。要想对社会、历史有贡献，只能从事文化与教育。因此决定回到鲁国来，整理中国文化，由此产生了六经。他说，我自从由卫国回到鲁国整理文化以后，中国文化的中心，把它改正了。所以我们说"文化复兴"这个名词，在孔子这个时候，是一个阶段。文学的路子，与文化、文艺的路子配合，才走到正路上。

《诗经》不仅仅是诗歌，同时它还要歌颂周文王、周武王、周公所代表的清明政治。此外还有微言大义，讥讽朝政的作用，一般人不可能公开指责周朝王室乃至上层贵族中的某人犯下了什么样的错误，只能借助诗歌的形式，以隐讳的、有时让人以为是在谈情说爱等方式，来讥讽朝政。

因此《诗经》有"怨而不怒"之说，并不像文化大革命时期的"愤怒声讨"。孔夫子不赞成激烈的方法，而是很隐讳地加以贬斥，并加以教化，使读者能够借此慢慢对自己的心性加以检点和调理。当然对于《诗经》所歌颂的光明的一面，所歌颂的先圣先贤，就应该以此为目标，并向他们学习。

对于《诗经》、《乐经》，孔子花费了相当大的工夫，一方面融入了他本人对诗歌音乐的感悟，另一方面也通过诗歌这种形式，将他在政治上的种种见地、为人处世的原则等思想融入了进去。

四、语言在精不在多

在君子的修养行为中，孔子一向反对夸夸其谈，对于语言的运用，孔子也提出了简洁的要求。

子曰："辞，达而已矣。"（《论语·卫灵公》）

朱熹《论语集注》：辞，取达意而止，不以富丽为工。

《孔子大词典》：孔子认为辞的作用在于言事，因此辞不贵多，亦不贵少，皆取达意为上。

英国人波普说："话犹如树叶，在树叶太茂盛的地方，很难见到智慧的果实。"清代画家郑板桥有句诗说："削繁去冗留清瘦，画到生时是熟时。"当代语言大师们认为，"言不在多，达意则灵。"都与孔子所说的"辞达而已矣"意思差不多。

从蕴含量之丰富看，"辞达而已"应是反映语言应用发展规律的一条深刻学理、一个基本原则。如何认识这一学理和原则？可以从两个方面来讲。

一方面，人们的语言运用，无处不体现"辞达而已"的原则。

首先，精准贴切地表达，是"辞达"。《红楼梦》第三十四回，写贾宝玉挨了他父亲的一顿好打，躺在床上不能动，薛宝钗跑到怡红院去看他，叹道："早听人一句话，也不至有今日！别说老太太、太太心疼，就是我们看着，心里也……"刚说了半句，又忙咽住，不觉眼圈微红，双腮带赤，低头不语了。这里的"我们"是谁？就她自己。她是一个人，为什么要用一个复数形式？少女心态，不好意思！"我们"二字，够精准的。

曹禺的《雷雨》中，"劝药"那场戏里，周萍和周冲在父亲的命令下，劝繁漪喝药。周萍说的是："听父亲的话吧，父亲的脾气你是知道的。"周冲说的是："您喝吧，为我喝一点吧，要不然，父亲的气是不会消的。"周冲用了第二人称代词的敬称形式，在那个家庭背景下，符合母子关系；而周萍则"低声"用了第二人称代词的一般形式，不自觉地流露了他与繁漪二人之间关系的暧昧。作者选用"你"和"您",达意传情,可圈可点。

其次,夸张铺排的表达,也是一种"辞达"。李白《将进酒》:"君不见黄河之水天上来,奔流到海不复回。"气势磅礴,感情奔放!假若你去当家庭教师,你当然必须告诉人家的孩子,黄河发源于青海巴颜喀拉山北麓卡日曲。然而,你不能据此而否定李白的诗句,说老李缺乏地理知识,"黄河之水"不是"天上来"的!

杜甫《古柏行》:"霜皮溜雨四十围,黛色参天二千尺。"宋代沈括按这个直径和长度计算了一下,然后说:"无乃太细长乎?"如果这么做,李白《秋浦歌》中的"白发三千丈,缘愁似个长",岂不也要问:"无乃太长乎?"

理论越精辟,话语越简短。2000多年前,孔子就已为我们提出了有关语言的一条纲领性的原则。辞达而已,一语破的。这一原则,可以用来建构语用学和修辞学,也可以用来解释词汇的发展和语法格式的演变。中国传统文化的宝库中,像"辞达而已"这样的精辟论断,应不在少。

人类一思考,上帝就发笑。

这并非戏言。原因有二:抽象思维占据最优秀的心灵的时间太长而思考的结果太少;感性的文字虽无穷无尽地增加了,而对事物本质的认识却依旧那样的落后。

从根本上,这是一个思想如何表达的问题。

大学问家慎于表达,并且固守于系统的表达,"大音无声",是他们的心像。但惜音过苛,常使他们的思想与他们的身体一起被埋葬。我思故我在。但这是建立在"思"的表达之上的,思而不述,近于无思。所以,胎死腹中的系统表达,不如存活于人世间的思想絮语。

期望太多,是贪心;不知期望,是蒙昧。贪心使人不平,蒙昧使人不争,均让人沦入虚妄。太饱满的,太虚空的,都让人难以接受,这是个很简单的问题。

好的语言是用来表现灵魂的,如同鸟儿丈量天空方显天空的广阔,隐约悠长的驼铃声在耳边回旋方显沙漠的荒凉。文学是真情实感的艺术,单纯、朴素才是语言的本色。

风雨过后，花草的叶被雨水洗得发亮，散发着至真至纯的芳香，这经雨水净化带走浮华的花草流露出它们单纯、朴素的本色，这种本色与语言的本色是相通的，它们都能让人们感受到生命的真诚与精彩，让人心中充满感动。

如果把文章比作树，树根就是文章的语言。树根努力向下生长，汲取生活的养料，树就枝繁叶茂；文章的语言越接近它的本色，感情就发挥得越淋漓尽致。

读后收获：

一、阅读下面文段，回答问题。

陈亢问于伯鱼曰："子亦有异闻乎？"对曰："未也。尝独立，鲤趋而过庭，曰：'学诗乎？'对曰：'未也'。'不学诗，无以言。'鲤退而学诗。他日又独立，鲤趋而过庭，曰：'学礼乎？'对曰：'未也。''不学礼，无以立。'鲤退而学礼。闻斯二者。"

陈亢退而喜曰："问一得三：闻诗，闻礼，又闻君子之远其子也。"

1. 选文中"问一得三"中的"一"和"三"在文中分别是指什么内容？请用自己的话概括。

2. 本章说明了孔子怎样的教育原则？（用一个成语概括）请谈谈你对这一教育原则的认识。

二、下面语段中，第①④两句有语病，第③句有一个错别字，直接在原文上进行修改。

①汉字不是僵硬的符号，而是有声音、有形象、有意义。②每个汉字都有自己的特点。③如"山"字，中间高两边低，真是"横看成岭侧成峰，远近高低各不同"；如"休"字，多像一个人背靠着枝繁叶茂的大树，歇脚乘凉，好不惬意，令人一看就心生羡暮；再看"肿"、"腰"，是不是声形并茂？④所以，只要你用心去品味它，接近它，你一定会发现祖国文字的神奇魅力。

参考书目

1. 孔安国《论语孔氏训解》。
2. 朱熹《论语集注》《四书章句集注》，中华书局1983年第1版。
3. 程树德《论语集释》程俊英、蒋见元点校，中华书局1990年第1版。
4. 杨树达《论语疏证》，上海古籍出版社1986年第1版。
5. 钱穆《论语新解》，三联书店2002年第1版。
6. 杨伯峻《论语译注》，中华书局1980年第2版。
7. 李泽厚《论语今读》，三联书店2004年第1版。
8. 许慎《说文解字》，主要依刘宝楠《论语正义》所引。
9. 顾立雅《孔子与中国之道》，高专诚译，大象出版社2000年第1版。
10. 赫伯特·芬格莱特《孔子：即凡而圣》，彭国翔、张华译，江苏人民出版社2002年第1版。
11. 纪刀《改变自己的命运》，新浪读书网。
12. 萧龙《孔子做人做事智慧全集》，地震出版社2007年1月。
13. 赵凡禹《每天读点论语》，海潮出版社2010年12月第1版。
14. 高世杰《世说论语：寻找回来的〈论语〉》，金城出版社2010年版。
15. 徐敏《孔子智慧讲堂：儒家之仁、义、礼、智、信》，中国长安出版社2007年9月第1版。
16. 于丹《论语心得》，中华书局2006年11月第1版。

17. 于丹《论语感悟》，中华书局 2008 年 3 月第 1 版。

18. 傅佩荣《傅佩荣解读论语》，上海三联书店 2007 年 7 月第 1 版。

19. 李鍌等《国学基本教材——论语卷》，新华出版社 2008 年版。

20. 刘绪慧、刘丕祥主编《孔子文化进校园（中学生读本）》，济南出版社 2009 年 9 月第 1 版。